国家社科基金后期资助项目

GUO JIA SHEKE JIJIN HOUQI ZIZHU XIANGMU

产业政策：
理念、比较与中国的实践

Chanye Zhengce:
Linian , Bijiao yu Zhongguo de Shijian

石奇 著

中国财经出版传媒集团
中国财政经济出版社

国家社科基金后期资助项目
出版说明

后期资助项目是国家社科基金设立的一类重要项目，旨在鼓励广大社科研究者潜心治学，支持基础研究多出优秀成果。它是经过严格评审，从接近完成的科研成果中遴选立项的。为扩大后期资助项目的影响，更好地推动学术发展，促进成果转化，全国哲学社会科学工作办公室按照“统一设计、统一标识、统一版式、形成系列”的总体要求，组织出版国家社科基金后期资助项目成果。

全国哲学社会科学工作办公室

前　言

在一个落后的农业国开展工业化、在一个后发的国家进行经济赶超，是近现代中国人始终要面对的现实考卷。新中国成立以后，从传统的计划经济体制到前无古人的社会主义市场经济，中国共产党人带领全体中国人民矢志不渝探索适合自己的发展道路。对农业为主的后发国家而言，经济赶超是一个持续工业化并以此缩小与发达国家发展水平的过程。工业化是每个后发国家赶超发达国家的必经之路，伴随着政府和市场的彼此互动和相互促进，这样的工业化在新中国渐次展开。中华人民共和国成立70年多来，尤其是改革开放40年多来，尽管历经艰辛和曲折，中国共产党领导下的中国人民，将一个贫穷落后的农业国建成了世界第一大工业国，创造了工业化的中国奇迹，走出了经济赶超的中国道路。当下的中国已经告别低收入阶段并即将迈入高收入国家行列，在经济发展由高速增长转向高质量增长的同时，面临成就巨大和治理问题严重的两头冒尖现象，改革由此进入深水区和关键期。无论是从理论认知、共识，还是到具体行动，深入改革的艰难性和复杂性都是空前的。

从我长期关注的产业政策研究领域来说，改革开放以来，产业政策的全面实施对加快我国主导产业和重点产业发展、促进产业技术进步、推动产业集群化发展、深入推进工业化，起到了积极的、重要的作用，但也存在诸多的问题和不足。这些问题和不足包括政策数量多、管得过宽过细，以选择性产业政策为主，政策变化随意性大，政策工具创新不足，政策从制定到退出全流程治理机制不完善。这一方面是因为指导产业政策实践的理论依据没有及时调整创新，特别是在如何正确处理政府和市场关系这一核心问题上还没有完全理清楚，另一方面，也有基于转轨体制下的政策设计存在“路径依赖”的原因。

在出口导向和成本竞争增长模式所依托的条件发生根本改变的情况下，新时代产业优势的具体内涵与产业政策转型问题凸显出来。第一，探讨产业优势的内涵与来源，为在新的发展条件下建立新的产业优势寻求理论认知。第二，研究传统的选择型产业政策与产业优势形成之间的关系，说明实施选择型产业政策的依据和条件正在消失；研究功能型产业政策与产业优势形成之间的关系，说明产业优势响应功能型产业政策的内在机理。第三，总结、概括和比较产业政策的国际经验与动向。第四，对赶超战略下推动中国工业化和经济结构升级的产业政策进行梳理和特征概括，探讨在经济发展进入新常态、发展理念已然转型的当前阶段进行产业政策设计的基本原则。

本书是研究以上问题的一个初步尝试，试图从理论上界定产业优势的实质和内涵，描述产业政策实施与产业优势形成之间的传递关系，尤其注重探讨新时代的产业政策变革。在把产业政策实施的理念区分为“市场弥补”论、“市场驾驭”论和“市场增强”论的基础上，创新性地提出了基于比较优势要素和比较优势环节的新式产业政策的概念，探讨了我国当前处在高质量发展和经济赶超关键时期的新产业政策的基本逻辑：（1）发挥好产业集聚效应，引导边际成本变化，实现比较优势要素快速积累的政策；（2）发挥好外部经济性效应和规模经济性效应，引导技术进步的方向，促进比较优势要素发展的政策；（3）发挥好贸易结构优化的作用，改善贸易条件，提高比较优势要素层级的政策。

如果上述对当下经济发展阶段及其合意的产业政策的理论认知有其合理性，那么，新时代产业政策向普惠化和功能性转型就是一个自然的结论。如今，我国发展进入新时代，产业运行的宏观环境、制度背景、要素条件都发生了深刻变化，要围绕发挥市场决定作用和更好发挥政府作用的要求，以弥补“市场失灵”和减少“政府失灵”为理论依据，建立“市场友好型”产业政策体系，推动产业政策向普惠化和功能性转型。

对产业政策进行历史的、剖面的比较，有助于我们以纵深视角认识这一事物。事实上，一国的经济发展需要市场力量与政府力量的有机结合，产业政策正是实现这种结合的重要工具。世界上找不到任何一个曾经或者现在没有使用产业政策就实现了工业化、现代化的国家。即使在今天看来，包括一些反对产业政策的国家，实际上也存在大量我们可以称之为“产业政策”的政策工具。当然，使用产业政策相对更多、更集中的是处于加速推进工业化阶段的后发追赶型经济体。这一现象背后的逻辑是，产业政策从来就是一个国家在不同发展阶段主要任务和目标的手段表达。250 年前，当英国在世界上开启了第一次工业革命时，其更多强调的是自由贸易和市场一体化，因为其商品在全世界都具有最强的竞争力，而欧洲大陆和美国则不得不采取一些关税或非关税的手段保护本国的产业。这一时期，这些国家产业政策的主要目的在于保护本国产业尽可能免受外部冲击。此后，当德国和美国相继开启第二次工业革命的时候，处于技术前沿边界内的所有国家（包括德国和美国）在大多数情况下并没有必要从头再来，唯一需要做的就是通过一些具体的政策工具，尽可能使得已有的先进技术在本国特定产业领域得到大规模推广应用。这一时期，这些国家产业政策的主要目的在于加快技术扩散和产业发展，以实现快速经济增长和对领先者的追赶。

总的来说，从已经实现工业化和现代化国家的历史经验看，任何一个国家工业化快速推进时期产业政策的使用都是最多最广泛的，但当其处于技术前沿后，针对特定产业发展的政策就会越来越少，而针对整体营商环境的竞争政策和全面提升技术能力的创新政策则会被更加强调。与此相反，对于世界上绝大多数尚未完成工业化、实现现代化的国家，特别是刚刚开启工业化进程的发展中国家，由于各种约束条件，则不得不采取一些政策工具集中有限资源、发展特定产业，以实现产业升级和经济追赶目标。这就是总体上发达国家产业政策相对更少而发展中国家总体上更多，发达国家更强调竞争政策、创新政策而发展中国家更关注产业政策的主要原因。

本书是在国家社会科学基金后期资助项目（18FJY020）支持下完成的；项目研究和成果出版，得到江苏省哲学社会科学规划办公室副主任汪桥红、中国财政经济出版社编审吕小军的悉心指导；初稿完成后，南京财经大学周宁教授、陈翔教授分别通读了书稿并提出了宝贵的修改意见，在此一并致以诚挚的感谢！

诚如以上所说，本书是对一个宏大和复杂问题的初步探讨，加之本人才疏学浅，书中会有不少错漏、粗浅之论，恳请学界同仁批评指正。

石　奇

2022 年 6 月

目　　录

第一篇　产业政策理念

第一章　绪论 …… 3
第二章　产业优势的含义与来源 …… 15
　第一节　产业优势的含义 …… 16
　第二节　通路优势 …… 19
　第三节　效率优势 …… 33
第三章　选择型产业政策与产业优势 …… 49
　第一节　产业优势对选择型产业政策的响应 …… 50
　第二节　合理运用战略性贸易政策 …… 57
　第三节　关于选择型产业政策的争议 …… 63
第四章　功能型产业政策与产业优势 …… 73
　第一节　选择型产业政策式微与功能型产业政策出场 …… 74
　第二节　产业优势对功能型产业政策的响应 …… 85
　第三节　功能型产业政策的实践：法国的竞争极战略 …… 94

第二篇　产业政策比较

第五章　历史上的产业政策 …… 105
　第一节　第二次世界大战后英国的产业政策 …… 106
　第二节　第二次世界大战后法国的产业政策 …… 118
　第三节　第二次世界大战后德国的产业政策 …… 129
　第四节　美国的经济崛起与产业政策 …… 135
第六章　产业政策的截面比较 …… 143
　第一节　美国面向产业结构调整升级的政策实践 …… 143

第二节　日本面向产业结构调整升级的政策实践 ………………… 153
第三节　德国关于产业结构整改的政策实践 ……………………… 163
第七章　专题产业政策的比较 ……………………………………… 174
第一节　各国支持产业创新的政策 ……………………………… 174
第二节　美国贸易保护的历史 …………………………………… 185
第三节　美国的文化产业政策 …………………………………… 195

第三篇　中国的产业政策实践

第八章　中国产业政策的多重使命 ………………………………… 201
第一节　中国产业政策担负推动大国工业化进程的使命 ………… 201
第二节　中国产业政策担负推动资本形成和资本深化的使命 …… 207
第三节　中国产业政策担负“去依附”的使命 ……………………… 213
第九章　新中国 70 年的产业政策实践 ……………………………… 220
第一节　中国产业政策的特点 …………………………………… 220
第二节　新中国 70 年不同时期的产业政策实践 ………………… 224
第十章　结语：中国产业政策的当前语境 ………………………… 238

参考文献 ………………………………………………………… 253

第一篇　产业政策理念

经济治理机制是经济学范畴，也是社会学和历史学范畴。如何处理政府与市场的关系，是产业政策理念的本质。

第一章 绪 论

关于产业政策，具有代表性的概念表达包括：产业政策是“与产业有关的一切国家的法令及政策”[①]；产业政策是“影响该国的产业结构的所有政策”[②]；产业政策是“政府为了取得在全球的竞争能力，在其国内推行的发展或限制各种产业的行为的总称”[③]；产业政策，“应该是遵照经济发展中资源配置结构进化的客观规律，依据本国的国情及其经济发展的阶段，以市场经济在国民经济的资源配置中所起基础性作用为前提，由政府对国民经济的资源配置结构及其形成过程，进行科学的、必要的、适度的和适时的引导和调控，从而，通过资源配置结构的不断优化，达到持续提高国民经济整体效益的目的，并寻求最大限度的经济增长和经济发展的经济政策”[④]；产业政策是“把有发展前途的产业作为出口产业，重点地给予保护、培育所使用的各种各样的政策手段”[⑤]；产业政策是“国家或政府为了实现某种经济和社会目的，以全产业为直接对象，通过对全产业的保护、扶植、调整和完善，积极或消极参与某个产业或企业的生产、经营、交易活动，以及直接或间接干预商品、服务、金融等市场形成和市场机制的政策的总称”[⑥]；产业政策是“政府为了影响和引导企业——公共的和私人的企业——的投资决定而采用的一套手段，其目的是促进实现诸如低失业率、国际收支平衡这样一些目标，更一般地，是为了形成更有效率的产业经济”[⑦]；产业政策是“是政府为了实现某种经济和社会目标而制定的有特

---

① 阿格拉：《欧洲共同体经济学》，上海译文出版社 1985 年版。

② 贝冢启明：《日本经济事典》，日本经济新闻社 1996 年版。

③ Johnson, C., 1982, MITI and the Japanese Miracle: The Growth of Industrial Policy, 1925 - 1975, Stanford: Stanford University Press.

④ 杨治：《产业政策与结构优化》，新华出版社 1999 年版。

⑤ 植草益：《日本的产业组织——理论与实证的前沿》，经济管理出版社 2000 年版。

⑥ 下河边淳、菅家茂：《现代日本经济事典》，中国社会科学出版社 1982 年版。

⑦ The Political Economy of Industrial Policy. London, Butterworths, 1982.

定产业指向的政策总和”① 等。

按照产业政策和经济治理实践看，我认为可以这样表述：产业政策是政府对产业发展进行干预，通过改变资源在不同产业之间的配置以影响经济活动的各种措施的总称。

一、第二次世界大战后的产业政策实践与2008年金融危机后的产业政策变化

一般认为，出于对弥补市场失灵、规范市场环境、实施赶超战略、发展支柱产业、扶持幼稚产业等因素的考虑，“产业政策”一词作为对经济发展实践的概括和总结得以出现。

李贤沛、胡立君（2005）② 指出，早在1955年，日本通产省开始着手实施所谓的“产业合理化政策”，并且相应地制定了一系列产业合理化的方法，想要籍此达到推动企业管理合理化和实现经济复兴的目的。如果以此为起点，对产业政策的研究和关注已经有了60余年的历史。如果把美国的反托拉斯政策视为产业政策的重要形式的话，产业政策实践的历史可以追溯得更久远一些，但当时并没有冠之以产业政策的名称。1970年，在经合组织（OECD）工业委员会上，日本官员发表题为“日本的产业政策”的演讲，把“产业政策”一词与日本战后的经济增长联系起来，引起了国际社会尤其是各国政府和经济学家的重视，随后，人们开始以产业政策为话题进行讨论。

20世纪50年代中期到70年代，日本从战后混乱中恢复过来，进入经济振兴时期，施行了以“追赶战略”为主题的系列政策。战后日本的政府和思想界认为，仅仅靠市场机制自发作用与企业管理的改善是不可能实现追赶目标的，必须对产业结构的高度化目标进行规划，确定推动经济腾飞的“战略产业”，通过系列的国家经济计划、经济措施和经济手段，促进“战略产业”腾飞，使经济按照既定目标发展。这就是日本当时产业政策的主要内容。伴随着日本经济的奇迹般增长，经济合作与发展组织（OECD）在1970—1972年编写了该组织14个成员有关产业政策的系列调查报告，对产业政策概念的扩散起到重要作用。到了20世纪70年代末期，日本的赶超战略目标基本实现，与前沿国家之间的技术差距不断缩小。此时，日本开始推动“知识密集型”战略向“技术型”战略转变，即实施

① 江小涓：《经济转轨时期的产业政策》，上海人民出版社1996年版。

② 李贤沛、胡立君：《21世纪初中国的产业政策》，经济管理出版社2005年版。

"创造性知识密集型"战略，取代"引进性知识密集型"战略。这一战略思想集中体现在日本政府文件《80年代通商产业构想》中，文件明确提出了实施科技发展新战略的"技术立国"方针：以高新技术、未来产业基础技术和公益性技术为重点，通过培养和使用创新型、开拓型的技术精英和基础研究人才，提高基础研究的比重，最终通过自主研发和创新，实施"技术立国"战略。这一战略的推行激发了经济活力，使日本的产业结构进一步高级化。20世纪90年代后，日本虽然又相继提出"新技术立国"（1994年）、"科学技术立国"（1995年）等新举措，但是，在经济市场化程度提高、"泡沫经济"崩溃造成经济萧条等因素作用下，日本产业政策的实施在20世纪90年代事实上处于停滞状态。进入21世纪以后，日本各界进入反思和重新认识产业政策的阶段。

第二次世界大战后，美国制定了农业、能源和高科技产业等系统化的产业政策，同时推动反垄断立法。美国农业政策经过多次调整和变化，但农业始终是各届政府重点关注的行业。针对农业的政策是典型的产业政策，而且美国的农业政策具有很强的直接干预色彩，限产、限售、价格支持、信贷支持、扩大国内外市场等，历来都是其基本政策措施。在能源方面，20世纪50年代，美国开始实行石油进口控制；70年代初期，美国进行能源自给计划；70年代后期，美国进一步加强石油管制计划，这些都是美国针对能源业的产业政策。战后美国政府重视对高技术产业的扶持，大量的直接投资支持研究开发活动，与高技术企业签订巨额订货合同，并给予风险投资优惠等。此外，针对制造业集中的反垄断立法和对自然垄断行业的规制等竞争政策，在美国战后的产业政策中也占有重要地位。20世纪90年代以来，为了实现产业结构的调整，并进一步提高产业的国际竞争力，美国政府采取了系列干预措施，从不直接参与产业发展到实施隐蔽却效果显著的产业政策。这一时期的主要干预措施可以概括为三个方面。（1）强调产业结构调整过程中科学技术的影响，通过高新技术发展指导产业结构的升级和更新。联邦政府成立总统科学技术委员会，作为协调机构督促政府在研究和发展方面的投资，尤其是在民用技术方面。克林顿政府时期，制定并实施了系列中长期科技发展规划和项目，"信息高速公路"计划是其中最突出的项目之一，该项目有力推动了美国高技术产业，特别是信息产业的快速发展。此外，克林顿政府还支持大学和大公司的联合发展，并将大学的科研成果与企业直接挂钩。一系列重大举措对高新技术的发展和相关产业的振兴产生了重大而积极的影响。（2）加强对对外贸易的干预，以国际市场促进美国高新技术产业的发展。（3）重视军事技术向民用技术转移，利用高新技术改造传统制造业。以上政策调整的结果便是，美国在代表21世纪技术发展方向的一系列产业中重新获得了支配地位。

第二次世界大战后的英国也实行过许多产业政策。战后初期，英国重点发展基础设施和基础产业，随后又加强了对不景气的传统产业如煤炭、造船、纺织、电子元器件等行业的援助政策。1968年，英国政府制定了《产业发展法》，对高技术产业的发展提供援助。在援助落后地区发展方面，英国政府采取措施鼓励向这些地区投资和将其他地区企业迁移到落后地区。英国产业政策中的产业改组政策特别引人注目。在这方面，政府以提高产业的生产效率为目标，成立了产业改组公司，通过政府的财政援助来推动企业间的合并行为。

法国是西方国家中"计划性"较强的国家。战后初期，政府重点支持一些基础产业和基础产品的发展，主要有电力、钢铁、煤炭、水泥、农业机械、通信行业，以后又根据形势变化，先后制定了一些新的重点支持行业，如石油化工、精密机械、电子、核能、航空航天等。战后法国一直制定有地区发展政策，较早时期重点支持一些重要的重工业生产基地，以后转向重点支持落后地区的开发，20世纪80年代后更加重视衰退中的老工业基地的改造和发展。法国产业政策有较强的实施手段，为了达到产业发展和社会发展目标，法国战后建立了较多的国有企业，以直接体现政府的产业政策意图。此外，法国有着庞大的计划体系，政府对经济的干预能力较强。

联邦德国战后的产业政策主要表现为对若干传统产业，如煤炭、钢铁造船业进行保护和救助，也对少数"战略产业"，如计算机、航空、核能等产业制定过扶持政策。此外，政府还鼓励企业之间的合并，目的是使那些没有竞争力的企业与先进的企业结合起来，以获得规模经济效益，提高全行业的竞争力。

2008年金融危机爆发以后，世界主要经济体提出"再工业化、重返制造业"的战略，此战略希望利用新技术改造传统产业，结合本国技术优势，重构产业体系，争取新产业结构的话语权。实际上，发达国家一直注重发展新兴技术领域，以支持新兴产业，如表1－1所示①。

二、经济治理机制是经济学范畴，也是社会学和历史学范畴

产业政策并非从新古典经济学推导而来，然而，晚近的关于产业政策

① 赵昌文："'十三五'时期中国产业发展新动向"，《财经问题研究》2016年3月。

表1-1　　　　　　　　世界主要经济体重点新兴产业

欧盟	食品、农业及生物工程，纳米科学、纳米工程、材料和新产品工艺，健康，信息和传媒工程，运输，安全，能源，环境，空间
美国	生物医药，混合动力汽车，信息和互联网，新能源的开发和利用，航天，海洋开发，气候应对
德国	药物疗效和新药安全，成像诊断学，数码软件创新研究，智能传感器眼科学，未来物流，重启核电发展计划，用户友好和环境友好的创新技术
法国	再生能源，未来城市建设，生态经济和绿色化工，未来交通工具，数字内容
韩国	新可再生能源，高质量水处理，低碳能源，LED应用，全球医疗服务，高科技绿色城市，绿色交通系统，传播通信融合产业，新材料纳米融合，IT融合系统，生物制造和医疗设备，机器人应用，绿色金融，全球教育服务，高附加值食品产业，文化创新，会展观光
日本	系统新制造，信息通信，生物及医疗护理，纳米材料，环保型汽车，能源，融合战略，软件
巴西	风能、核能产业，发展以乙醇为中心的产业，电动汽车产业，生物燃料汽车
印度	生态能源，软件产业，文化旅游、农业旅游，医疗旅游，信息产业，医药产业

的争论是在新古典经济学的概念系统中展开，并形成了新古典经济学对当前产业政策问题的话语权。这种话语权甚至是垄断性的。实际上，政府对产业发展是否干预以及如何干预，是“政府—市场”关系的主要体现。在关于“政府—市场”关系的话语体系里，既有以理性选择理论为言说依据的新古典经济学话语，也有更倚重经验研究的经济社会学对发展型政府行为的概括。在新古典经济学中，理性选择独立于社会性先验地存在，因此新古典主义经济学在起点上排除了政府影响经济活动的内生意义，赋予了政府之于经济系统的外在性。然而在经济社会学的学统里，产业政策脱去“原罪”，被建构在非市场治理机制的社会关系契约的框架之中。

首先，经济社会学认为，意识形态对政治话语权和政策范式产生影响。“政策制定离不开流行的思想观念等环境，这里面包括对社会性质和经济性质的集体共有概念，关于政府的适当角色、若干共同的政治理想以及以往政策经验的集体记忆。所有这些理念集中在一起就构成了一个国家的政治话语。这种政治话语提供了在政治舞台上描述政策的语言和对政策进行评判的条件。”①

① Hall, Peter. 1989. The Political Power of Economic Ideas: Keynesianism Across Nations. Princeton University Press. 转引自高柏：《打造产业政策——铁路时代的美国、英国和法国》，上海人民出版社2008年版。

其次，经济社会学认为，政治文化对经济治理模式以及产业政策范式有重大影响。历史地观察，法系传统对以英美为代表的普通法系传统和以德法为代表的大陆法系传统的现代宪政制度的形成产生了深刻影响，宪法的差异成为不同经济治理模式的重要制度条件。主张自由和人权等基本理念是普通法系的传统，这些国家强调个人权利。相反，大陆法系传统的国家、公法原则与私法原则区别明显，国家在保护私人权利的同时，更重要的是保护公共利益，因此，私法中的许多基本概念被严重弱化。这也是通常把普通法系国家归类为自由市场国家、把大陆法系的国家归类为协调市场国家的原因所在。因此，各种曾经在工业化过程中影响政治秩序的制度性安排常常被用来作为建立经济秩序的手段。在美国建立的政治体制中，权力分散于自治共同体政府，而联邦政府集中统治权缺乏。因此可以认为，美国体制将经济生活的决策权分配给了市场。而法国相反，法国体制把权力集中于中央政府，只有中央政府有权力开展对国家重大目标的制定，并进行经济运行秩序的组织。所以，法国中央政府在经济管理方面占据着主导地位。英国的政体权力则分散于精英个体，不仅王室而且官僚机构都不能影响企业决策，[①]。

所以，在经济社会学的视野里，国家既是一种结构，也是行动的主体。作为一种结构，国家是经济活动的政治场域，在这个政治场域里，各种利益集团制造和寻求不同的制度性机会。作为行为主体，国家拥有自身的自主权，表现为它可以在一定程度上摆脱各种利益集团的影响，以国家政策为手段保护国家和民族的利益。因此，“政治并非凌驾在经济之上，它直接渗透于经济结构之中”[②]。在经济社会学的组织制度学派看来，国家是由“一系列政策领域组成的场域。每个场域都是政治行动的舞台。在这个舞台上，各方面利益集团代表制定并执行旨在为行动主体之间的互动提供稳定的规则与治理结构的政策。从这层意义上来说，市场建设离不开国家建设。国家在创造市场稳定性的作用时，少则体现在允许企业使用各种治理机制去处理竞争和冲突，多则通过直接干预市场行为以达到稳定的目的”[③]。在经济社会学的历史制度学派看来，“无论是国家的行为，还是国

① 高柏：《打造产业政策——铁路时代的美国、英国和法国》，上海人民出版社 2008 年版。

② Lindberg, Leon N. , and John L Campbell. 1991. “The State and the Organization of Economic Activity. ”, in Governance of the American Economy, Cambridge University Press. 转引自高柏：《打造产业政策——铁路时代的美国、英国和法国》，上海人民出版社 2008 年版。

③ 高柏：《打造产业政策——铁路时代的美国、英国和法国》，上海人民出版社 2008 年版。

家制度的形式，都可以制约经济行动主体的战略行为和权力”[①]。国家治理经济可通过影响正式或非正式组织的选择来实现，也可以通过影响双边和多边交换形式实现；既可通过影响资源和信息的配置来实现，也可通过操纵产权安排影响主体行为来实现。

历史地看，非市场治理机制始终穿插在市场机制当中。首先，纵向回顾国家在经济治理中的角色变化，我们可以看到，在20世纪初全球化的最后一波浪潮逆转之前，各个发达国家的主要角色，即为界定和保护产权。第一次世界大战爆发，参战国政府开始在战争动员中直接控制资源的分配。到了第二次世界大战的时候，这种趋势变得更加明显。1929—1933年，工业化国家大萧条，各国政府公开支持非市场治理机制，以对冲市场力量对社会的消极影响。其次，从全球化进程中资本主义的往复变化看，在全球化兴起的时期，主张释放市场力量的自由主义和新自由主义的主流思潮盛行，进而影响政府政策范式。在全球化逆转阶段，限制市场力量的政府干预思想占据上风。因此，在全球化的崛起时期，国家干预经济生活受到挑战，非市场治理机制被视为是缺乏效率的。在全球化逆转时，国家与非市场治理机制通常被认为是控制市场力量负面影响的有效手段。再次，各国政治经济制度在演变过程中，往往倾向于某种选择偏好，而摒弃另一种选择偏好。虽然由于结构压力或认知变化，在具体的时空条件下可能会出现不同的趋势，但鉴于一国政治和经济制度的基本逻辑，自由市场经济作为主导性的政策范式，在释放市场力量方面的作用远大于协调市场经济；协调市场经济作为主导性的政策范式在保护社会方面，作用远远大于自由市场经济[②]。

三、政府与市场关系是产业政策理念的本质

不同产业政策的实施是经济治理的市场机制与非市场机制交互作用的体现，反映着处理政府行为与市场机制之间关系的不同理念。通过梳理和总结世界各国的产业政策实践，可以把实施产业政策的理念区分为“市场弥补”论、“市场驾驭”论和“市场增强”论。

（一）“市场弥补”论

以日本、韩国和中国台湾为代表的东亚国家和地区的国民经济，自20

---

① 高柏：《打造产业政策——铁路时代的美国、英国和法国》，上海人民出版社2008年版。

② 弗兰克·道宾：《〈打造产业政策——铁路时代的美国、英国和法国〉序言》，载高柏《打造产业政策——铁路时代的美国、英国和法国》，上海人民出版社2008年版。

世纪60年代以来，出现持续快速增长，这种现象引起国际社会的关注，被世界银行称为“东亚奇迹”。东亚大部分国家和地区实施积极干预的产业政策，“东亚奇迹”似乎为产业政策的有效性提供了有力的证据。一些经济学家认为，中国台湾、日本和韩国等东亚国家（地区）实现了30余年政府主导型的持续增长，说明正确的产业政策有利于经济发展（Pack 和 Westphal，1986）①。“市场失灵”的相关理论是政府推行干预型产业政策最重要的理论基础。“市场失灵”的判断标准是新古典主义经济学的一般均衡理论。也就是说，在市场经济条件下，由于外部性、不完全信息、市场力量和公共物品等因素的作用，资源的优化配置不能通过自由竞争来实现，政府通过产业政策干预市场，弥补市场缺陷，纠正市场低效率。Stiglitz（1993）进一步指出，金融市场的市场失灵（如信息不对称、不完全竞争、外部性等）比其他市场更为普遍，管制不当会导致金融市场运行不良，而政府的合理干预，一方面可以促进金融市场的有序运作，另一方面对提供一个稳定的宏观经济环境、改善整体经济绩效具有作用。因此，针对于金融市场和金融产业，政府干预有必要，重点是如何制定适当的干预目标，并合理有效地使用干预工具②。

（二）“市场驾驭”论

1997年的《世界发展报告》中，世界银行列出了一个国家的3种职能，包括最低、中级和积极。最低职能包括保护穷人和提供基本公共物品。保护穷人的措施包括贫困救助以及灾难扶助。在国防、法制、产权和宏观经济管理以外，公共物品还应当包括公共卫生和健康。国家的中级职能是通过支持教育和保护环境解决外部性问题，管制水、电、煤气、通信供应和反垄断，通过提供保险、管制金融部门和提供消费者保护来解决信息不对称问题，以及通过再分配提供养老金、家庭补助、失业保险等，以解决社会保障问题。与之相对应，国家的积极作用不仅涉及市场和产业集群的培育，还应当进入财产的再分配领域。

弗兰克·道宾（1994）追溯了英、法、美的第一个现代运输产业——铁路业的现代产业政策起源。有的学者将这三个国家在战略上的巨大差异归因于国家在开始工业化时所面临的不同需要，但道宾指出，这些差异早已有之。英国奉行自由放任主义并不是因为其最早开始工业化，而是因为

---

① Pack, H., Westphal, L., 1986, “Industrial Strategy and Technological Change: Theory versus Reality”, Journal of Development Economics, Vol. 22.

② Stiglitz. J. E., The role of the state in financial markets. World Bank Research Observer. Annual Conference on Development Economics Supplement 1993: 19-61.

通过个人自由的最大化实现政治和经济秩序是英国的传统。法国政府在设计和建造铁路中，扮演更为积极的角色，并不是因为它是第二个开始工业化的国家、需要追赶，而是因为法国政府在经济中一直以来扮演着更为积极的角色。正如托克维尔（Tocqueville）在《旧制度与大革命》一书中所指出的那样，无论在什么时期，王朝时期抑或民主时期，法国的政治秩序本身就是更加中心化的。美国采取更为分散的、更加互相竞争的地方自治政府主导的铁路立案和建设方式，并不因为其后来者身份，也不是因为美国要求地区之间为取得建设权而竞争，而是美国在独立革命前的市镇会议和殖民地制度时期，就已经采取了这种方式，同时也因为美国整个政治秩序依赖于地方自治的观念[①]。

在上述支持政府通过产业政策干预经济的研究中，具有代表性的观点包括 Johnson（1982）、Wade（2004）等。在 Johnson 看来，日本以参与工业文明建设为主要动机发展自身经济，为了获得被其他国家平等对待的权利，经济民族主义体现在产业政策中，在此背景下，民族主义表现为国家利益唯先。因此，国家利益的实现为各种形式和措施的产业政策的存在提供了合理的基础[②]。在 Wade（2004）看来，发达国家在达到目前完善的市场经济之前，普遍施行产业政策，那么发展中国家政府为了促进经济的发展，也需要能够“驾驭市场”（Governing the Market）的产业政策，张夏准（2003）持有相似的观点。此前的文献往往在制度或政治安排上，从政府能力与私营部门之间的相互作用视角分析东亚模式，Wade（2004）集中探讨了政府“驾驭市场”的动因、政策公信力建立、政府的优势以及产业政策与经济绩效的相关性。Wade（2004）认为，政府主导的产业政策在经济发展中扮演着重要的角色，动机良好的政府并非全知全能的指导者，而是致力于促进产业发展的学习型指导者[③]。

产业政策是国家意志的表达，体现着“驾驭市场”的政策理念，在国民经济学美国学派的政策主张中表现得十分充分。

在独立前一个多世纪的殖民时代，美国的“出口、进口和航运都受到宗主国（英国——引者注）《航海条例》的约束，殖民地无权退出”[④]，长

---

① 弗兰克·道宾：《打造产业政策——铁路时代的美国、英国和法国》，上海人民出版社 2008 年版。

② Johnson, C., 1982, MITI and the Japanese Miracle: The Growth of Industrial Policy, 1925 ~ 1975, Stanford: Stanford University Press.

③ Wade. R.. 2004, Governing the Market: Economic Theory and the Role of Government in East Asian Industrialization. Princeton University Press.

④ 斯坦利·恩格曼：《殖民地时期的美国政府》，中信出版社 2013 年版。

期依附于以宗主国英国为中心的贸易与产业分工体系。美国独立后，重构与中心国家的关系是其首要的任务，“农业立国”与“工业立国”之间的选择，逐渐转化为对国家制度与发展模式的选择。经过长期的徘徊和争论，国民经济学的“美国体系”逐渐形成，与政治经济学的“英国体系”并立而行①。美国学派的经济思想和政策主张与英国学派大不相同，甚至在关键问题上针锋相对。国民经济美国学派的核心观点包括生产率立国、内部改进和贸易保护三个方面②。第一，推崇技术进步，不懈地追求生产效率提升。按照美国学派的观点，国家实力是“一个建立在科学基础之上，培育实用的机械和制造工艺优势”。机械化对劳动者素质提出了更高的要求，劳动生产率的提高，又提高了劳动者的报酬和需求能力，从而推动供给侧生产和技术进步，实现供求双方的良性循环。美国以生产率的提高为主线，积极、持续推动工业、农业和基础设施领域的生产技术、生产工具、产品和生产组织的创新，大大提升了自身生产效率。第二，放弃自由贸易，实施幼稚产业保护。1807 年英国《禁运法案》和第二次英美战争（1812—1814 年）以后，美国政治家、知识分子和媒体人指出，建立独立的产业体系并实施关税保护，是确保国家安全、提高经济发展韧劲并增强国民福祉的基础，再次确立了汉密尔顿于 1791 年在《关于制造业的报告》中的政策基调。在第二次英美战争后，关税被美国看作是保护主义政策的重要工具，开始对多数工业产品征收 30% 的关税，这个高额的关税也被称作“保护性关税”，而且后期还不断加码。“铜墙铁壁”式的关税保护是主要的工业政策工具之一，帮助美国在 19 世纪末从一个殖民地农业大国转变为世界领先的工业大国。换句话说，在漫长的工业化时期，美国有着保护主义政策的悠久传统。第三，进行内部改造，以扩大内需带动工业化进程。贸易保护主义的高关税政策，削弱了美国利用国际市来促进自身产业发展的可能性。美国通过投资和改善基础设施来弥补这一缺陷，提供经济腾飞所需的条件。内部基础设施改善政策，除了降低运输、产品的直接成本以外，美国还积极促进国内市场的统一和产业的融合，对美国建立依靠国内需求的独立工业体系，发挥了必要的支持作用。可以看出的是，美国学派的政策导向是“生产效率—内部改进—关税保护”，为发展中大国家的工业化快速推进提供了可借鉴的发展思路和战略体系。

---

① 迈克尔·赫德森：《保护主义：美国经济崛起的秘诀》（1815—1914），北京：中国人民大学出版社 2010 年版。

② 贾根良：《美国学派：推进美国经济崛起的国民经济学说》，《中国社会科学》2011 年 7 月。

我们可以看到，在美国240余年的历史中，产业政策在绝大多数时间内被采取，用以推动技术创新、进行产业升级，进一步促进市场扩张和基础设施升级，发展与产业相适应的贸易秩序。相比较而言，自由贸易政策更像是美国在特定条件下的一种权变之策。在当前形势下，自由贸易政策是与美国的核心利益相冲突的，美国政府回归美国学派确立的经济政策的倾向十分明显。

（三）“市场增强”论

现代产业政策理论拓展了传统“市场失灵”学说，认为一般意义上的市场失灵有“协调失灵”和“信息外溢”两种，正是这两种市场失灵的存在，导致市场在一些重要领域不能实现对资源进行合理的配置，于是，政府运用产业政策的需要由此产生①。在Pack和Westphal（1986）看来，在工业化进程中，促进投资的货币外部性大，需要通过投资者之间的明确协调来达成最优产出②。Okuno－Fujiwara（1988）基于外部性的存在论述了政策含义，认为外部性和协调失灵的广泛存在即意味着政府在工业化过程中进行大量干预的必要性，政府可以通过提供信息交流的便利条件来协调相关部门的外部性③。Rodrik（1996）根据Okuno－Fujiwara的逻辑，建立了相应模型描述了上游或下游企业之间存在的投资互补性。也就是说，如果一个企业的投资收益取决于其他投资者是否投资就容易出现协调失败。因此，在理论上，政府可以通过实施产业政策来引导市场主体采取一定的行动，甚至直接进行投资以替代失灵的市场。但Rodrik同时指出，政府在处理协调失灵问题时应谨慎从事，原因在于通过政府的干预来解决协调的失败“是一个冒险的策略判断”④。

在有关现代产业政策的理论中，市场失灵的另一个重要原因是信息外溢。Hausman和Rodrik（2003）专门强调了自发发现（Self－discovery）过程中存在的知识外溢。也就是说，当企业寻求生产新产品的成本结构时，可能会发生知识外溢。一家企业必须承担未盈利的尝试过程所发生的所有搜索成本，但其发现盈利机会并最终实现盈利时，就会吸引其他进入者模

---

① Hausman. R.，Rodrik，D.，2003，Economic Development as Self－discovery，Journal of Government Economics. Vol. 72.

② Pack. H.，Westpal，L.，1986，Industrial Strategy and Technological Change. Theory versus Reality. Journal of Government Economics. 22：87－128.

③ Okuno－fujiwara，1988，Interdependence of industries，coordination failure and strategic promotion of an industry，Journal of International Economics. Vol. 25（1－2）：25－43.

④ Rodrik，Dani. 1996. “Understanding Economic Policy Reform”，Journal of Economic Literatre34. 1：941.

仿。因此，创新型企业的收益将低于社会收益，市场不能为创新的“自发发现”提供足够的激励。这一结论的政策含义是政府应该补贴创新者，使创新者收入与社会收入相一致。研发活动中的正外部性是一种典型的信息外溢现象，也是各个国家实施科研扶持政策的重要原因。事实上，伴随着科学技术在现代经济发展过程中发挥着越来越重要的作用，发达国家越来越重视采用这种功能性产业政策来促进科学技术的研究和发展。

拉尔（Lall）称这种以克服市场的“信息外部性”和“协调外部性”缺陷为依据的产业政策为功能型产业政策（Functional Policy）[①]。功能型产业政策与选择型产业政策是不同的，选择型产业政策出于贸易保护与产业保护的需要，政府选出“赢家”，通过特殊补贴、税收、金融甚至行政干预等手段，实现产业发展目标，而以创新能力、营利能力建设为核心的新式功能型产业政策则致力于推动产业国际竞争力的提升。相较于选择型产业政策，着眼于“市场增强”的功能型产业政策具有以下特点：（1）产业政策以补充和扩大市场功能为导向，是通过政府与私营部门的密切合作，克服信息问题和协调问题的过程。（2）不针对特定行业，而是着眼于通过技术、金融资本、市场信息、基础设施、人力资本等的协调来分担创新活动的风险和成本，提高企业的“自我发现”能力，提升产业创新能力，促进产业创新活动。（3）新产业政策的运作方式是“匹配赢家”，而不是“选出赢家”，通过政府与企业之间的双向互动、经验和学习，发现瓶颈所在并通过创新制度环境的改善，构建搜索网络和信息集成平台，在创新过程中帮助企业快速发现有关人员或组织以解决相应的问题，从而提高适应新环境的能力。

本篇的后续内容将立足于产业的国际竞争力，从学理上探讨产业优势的来源（第二章），统合产业政策施行依据的“市场弥补”论和“市场驾驭”论，分析产业优势响应选择型产业政策措施的原理（第三章），探讨产业政策的“市场增强”理论依据，阐明产业优势响应功能型产业政策措施的原理（第四章）。

---

① Lall. , S. , 1997, Leaming from the Asian Tigers: Studies Technology and Industrial Policy. St. Martin's Press.

第二章　产业优势的含义与来源

20 世纪 70 年代末以来，中国在改革开放中深度参与经济全球化，取得了举世公认的成就。但是在改革开放和快速发展过程中也累积了一系列的问题，迫使当下中国经济展开深入的改革和调整。首先，收入水平的逐步提高，使中国的出口导向和成本竞争的开放模式所依据的条件发生了根本性的改变：第一，我国的生产能力结构性剩余，国内需求增长滞后；第二，外汇收入盈余的负面影响显著；第三，劳动力、土地等各种要素的成本优势不复存在，对能源资源和生态环境的约束加强；第四，从国际环境的角度看，回流趋势出现于发达国家制造业，世界经贸格局因“再工业化战略”（美国）、“工业 4.0”（德国）等为代表的发达国家再工业化而发生了重大变化。其次，随着竞争参与层次的提高，发达国家用产品标准、技术壁垒展开竞争时，中国企业无法再用低成本扩张来应对。在低劳动力成本模式下，中国企业能够以低成本扩张来应对，但是当产业结构调整为以高精尖为主，直接面对发达国家的竞争时，中国企业因不熟悉对方使用的手段和竞争路径，诸如反倾销、反补贴、保障措施以及 SPS、TPT 等都成为新课题。这些情况说明，我们传统的以速度优先、以解决温饱问题为主要目标的追赶战略已然完成使命，中国经济已经进入“新常态”，增长速度逐步回落，新产业、新业态不断加速孕育，新需求、新动力正在酝酿突破，只有走转型升级的道路，经济才能够进入持续健康发展的新阶段，才能实现“更高效、更公平、更健康、更可持续”的目标。为此，必须以改革促进开放，以开放深化改革，全面构造产业优势，构建起新型开放经济体系。

本书研究产业优势的理论构造和产业优势的实现途径。

第一节　产业优势的含义

从不同的研究角度和目的出发，学界已经对企业竞争优势以及产业竞争力等概念进行过很深入的讨论。然而，中国经济发展的内外部条件正在发生巨大变化。传统的要素投入型、工业拉动型、政府主导型和高速增长型的经济发展模式正在向更高级的形式、更复杂的分工和更合理的结构演进。“新常态”将成为中国经济社会发展的新阶段特征。理解“新常态”，适应“新常态”，引领“新常态”，推动经济由数量增长向质量提升转型，由成本领先优势向以人才、资金、技术等为核心的竞争优势转型，由“中国视角”向“全球视角”转型，由以进出口为主导的“平面式扩张”向“立体式”开放转型，是当前和未来中国经济发展的必然逻辑。新的发展任务要求我们不仅要研究企业竞争优势以及产业竞争力，同时也要进行深入的产业优势分析。

产业优势分析不同于企业竞争优势分析。企业竞争优势概念由英国经济学家张伯伦（E. Chamberlin）在1939年提出，但到目前为止，对竞争优势的解释尚未形成统一的认识。安德森（Alderson，1965）是战略理论设计学派的代表人物，他首先提出了战略制定的SWOT分析框架，并较早地提出了企业优势的概念，从企业战略的发展入手，重点应放在企业的环境和自身资源上，从而获得比较优势。熊彼特（Schumpeter，1934）认为，为了实现市场领导地位，必须在竞争活动的选择中取胜。安德鲁斯（Andrews，1971）进一步认为竞争武器是组织相对于竞争者表现非常优异的活动。霍夫和申德尔（Hofer和Schendel，1978）认为竞争优势是“企业通过对自身资源的配置，获得相对于竞争对手的独特市场地位”。安索夫和麦克唐纳（Ansoff和McDonnell，1990）认为，竞争优势是指，企业在一定范围的产品或市场上具有的、能够使其相对于竞争对手具有竞争优势的特质。波特（1980、1985）认为，价值链中的价值活动，包括设计、生产、营销、服务以及其他相互分离、相互作用的辅助活动，对于企业获取和维持竞争优势至关重要，企业只有在这些重要的价值活动中做得比竞争对手更好，才能创造更高的顾客价值，从而获得竞争优势。巴尼（Barney，1999）认为，“如果一家企业能够实施一种价值创造战略，而其他任何现有的和潜在的竞争对手都无法同时实施这种战略，那么它就可以说具有竞争优势。”戴维·贝赞可、戴维·德雷诺夫和马克·尚利（Beasanko、

Dranove 和 Shanley）认为，“当一家企业的表现优于行业平均水平时，可以说它具有竞争优势。” A. 汤姆森和 A. J. 斯迪克兰德（Thompson 和 Strickland）认为，“只要一家企业在吸引消费者和抵御竞争力量方面具有相对于竞争对手的优势，就可以说它具有竞争优势。佩尔斯（Jon. L. Pierce）等认为，竞争优势是“抓住行业中的机遇，克服行业中的困难，使公司长期获得超额利润的能力、资源、关系和决策”。特雷西和威尔斯玛（Treacy 和 Wiersema，1995）认为价值教条（Value Disciplines）是竞争优势的核心，包括三个关键性的变量：产品优异（Product Leadership）、营运杰出（Operational Excellence）和顾客偏爱（Customer Intimacy）。

在鲁迈尔特（Richard Rumelt）看来，企业竞争优势的本质所在是创造经济租金。理查德·马卡多克（Makadok，2001）把企业经济租金区分为李嘉图租金（Ricardian Rents）、张伯伦租金（Chamberlanean Rents）和熊彼特租金（Schumpeterian Rents）。李嘉图租金是基于有形资源的稀缺性而言的。短期内资源供给缺乏弹性导致的经济租金可以看作是独特的资源要素的结果，这些要素通常具有价值性、稀缺性和不可替代性。资源禀赋程度的差异将导致资源供给程度的差异。这样，资源禀赋良好的企业可以获得更多的经济租金。张伯伦租金是基于对资源的垄断。在经济学中，一旦存在垄断，就可能存在超过正常利润的利润。拥有垄断权力的买方或卖方可以通过利用规模经济、沉没成本和支配地位等机制，设置高进入壁垒，对市场上其他潜在竞争者施加人为限制，从而获得高于平均水平的收益就是一种垄断租金。在张伯伦和罗宾逊夫人（Robinson，1933；Chamberlin，1933）看来，通过战略协同或价格协同，垄断者往往可以最大化短期利润。约瑟夫·熊彼特租金是根据创新活动产生的租金计算的。约瑟夫·熊彼特认为创新是“生产要素的重组”，借助于“要素的重组”，即通过创新新企业、新技术、新供应来源和新组织模式，以确保创新公司在特定时期内垄断专利产品，进而获得创新租金。

在国家某一特定产业的主导厂商层面上，企业竞争优势属于产业优势的重要形式。但是，从一个国家某一产业来看，产业优势不仅可能来源于产业内一些企业拥有创造上述各种租金的能力，也可能来源于产业内企业之间形成和共享外部性经济从而占有全球价值链租金分配的更大比例的能力。这里所说的外部性经济包括专业化外部经济和多样化外部经济。马歇尔（Marshall，1920）认为，一国或一地区的工业集中通过产业内竞争、模仿和加速资源变化来加强知识溢出，从而促进工业增长，后来的经济学家称这种效应为专业化外部经济，由于 Arrow、Romer 等的贡献，也被称为

Marshall - Arrow - Romer 外部性或 MAR 外部性；而雅克布斯（Jacobs，1969）则认为最重要的知识传播来自不同产业的集中，地理位置相近的产业多样化比单一产业结构更有利于创新和经济增长，一个国家或地区的许多产业共存比单一产业集中更能带来活力，人们把主要得益于地区产业格局多样化的产业增长效应称为多样化外部经济，或者称为 Jacobs 外部性。事实上，专业化外部经济、多样化外部经济不仅表现了交易费用的节约，更重要的是反映了相关核心资源共享形成的交易增值效应。大量研究证实了在不同条件下专业化外部经济和多样化外部经济的存在性。

产业优势分析相异于产业的竞争力分析。"产业竞争力指一个国家的特定产业通过国际市场销售产品所反映的生产力"，"从一国特定产业参与国际市场竞争的角度来看，一个特定产业的国际竞争力就是该产业相对外国竞争对手的比较生产力"（金碚，2003），因此，生产同类产品的效率是产业竞争力的表现。在本质上，产业竞争力概念属于生产力范畴，体现的是产品的技术特性，只是强调了与国际竞争对手相对的比较意义。作为比较生产力范畴，产业竞争力被定义为技术水平或生产能力的因变量。进一步的，在更久远和更深沉的意义上，在中国的经济发展历程中，优秀的中华文明的连贯性传承在近代以后遭受连续打击，经过全民反思，技术水平或生产能力又被我们以民族意识的形式归因于产品的研发水平或研发能力。在这种潜意识的濡染之下，长期以来我们各级政府所推行和实施的产业追赶战略，总是把产业竞争力简化成企业产品的研发问题来对待和解决。显然，这是一种不易被察觉的局限性的认识。

讨论显示，在观察一个国家特定产业的发展水平时，不论是企业竞争优势分析还是产业竞争力分析都存在一定的局限性。为了克服这种局限性，本书提出产业优势的概念，并把产业优势界定为，一个国家特定产业或特定产业的主导厂商所拥有的能够主导国际市场并有效配置生产要素的能力。因此，产业优势概念在内涵上包括以下三方面的内容：（1）一个国家特定产业相对于外国竞争对手的比较生产力；（2）一个国家特定产业内的企业形成外部经济性、产生产业租金的能力；（3）一个国家特定产业的主导厂商之间的竞争优势。

不论是产业的比较生产力优势，还是产业租金优势以及主导厂商的竞争优势，在现象上总是通过通路优势和效率优势呈现出来。本章的后续内容讨论通路优势和效率优势。

第二节　通路优势

一个国家的特定产业或特定产业的主导厂商如果能够有效整合资源禀赋、历史传统、公司战略以及国际市场规则，从而掌握和控制了规划配置国际市场资源的关键权力，或者通过整合上述要素而释放产业外部性经济和产业租金，就是拥有了该产业的通路优势。按照 Rajan、Zingales（1998）的解释，通路（Access）指使用关键资源的能力以及同关键资源协同工作的能力。此处的关键资源不但可以是物质资产，还可以是人力资本。一个国家的特定产业，或者在特定产业中拥有国际市场通路优势的主要厂商或主导厂商，掌握着该产业的垄断势力或市场势力，有能力获取租金或经济利润，原因是，通路优势的拥有者在市场行为上作为垄断者出现，市场需求曲线是向下倾斜的。

这里，我们先刻画通路优势拥有者获得产业优势的一般原理，然后从要素市场优势和产品市场优势两方面展开具体探讨。

一、通路优势一般原理

在国际市场上，无论是一个国家的特定产业还是其主导厂商，如果拥有通路优势，其行为都表现为垄断厂商的行为特征，因而，产业通路优势的一般原理可以借助于垄断厂商模型进行描述。

市场需求曲线限制了通路优势拥有者的垄断。为了追求最大化利润，通路优势的拥有者只能设定价格或产量，而不能同时设定两者。如果通路优势的拥有者设定产量，市场价格将由市场需求决定。如果通路优势的拥有者设定价格，市场需求曲线将决定产量。

给定如图 2－1 的需求曲线，如果通路优势拥有者希望销售 Q_0 单位的产品，它将面对的价格为 p_0。如果通路优势拥有者希望多销售 1 单位产品，那么他就不得不将价格降为 p_1。

如果通路优势的拥有者将价格降为 p_1，收益将会有所增减。通路优势的拥有者按价格 p_1 出售额外 1 单位产品可获得的收益为图 2－1 中的区域 B。但是为了销售这 1 单位的产品，通路优势的拥有者必须把 Q_0 单位的价格从 p_0 降为 p_1，结果损失了$(p_1-p_0)Q_0$，如图 2－1 中区域 A 所示。

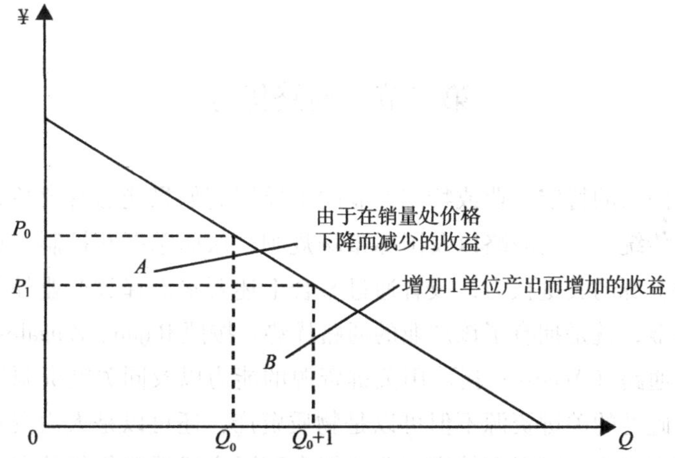

图 2-1　通路优势拥有者面对的需求曲线

在我们熟知的对竞争性企业行为的讨论中，我们并不用考虑由于价格降低而带来的利润损失。由于竞争，价格接受企业面临一条水平的需求曲线，即使他扩张其产量，他所接受的价格也不会下降。

在图 2-1 中，如果区域 B 的面积大于区域 A，那么多销售 1 单位产品可以增加收入。边际收益指企业通过多销售 1 个单位的产品而获得的额外收入 $p_1(Q_0+1)-p_0Q_0$。因此，边际收益等于区域 B 的面积减去区域 A。如果通路优势的拥有者多出售 1 单位产品并不需要降低价格，那么额外收益为销售 1 单位产品的价格，即最初的价格 p_0。但是，由于需求曲线是向下倾斜的，通路优势的拥有者必须降低价格来销售更多的产品，因此其边际收益总是小于价格，如图 2-2a 所示①。而在完全竞争市场中，一个企业的边际收益等于价格。

边际收益和总收益是密切相关的。当边际收益为正时，总收益随着产出的增加而增加，但是当边际收益为负时，总收益反而随着产出的增加而下降。因此，当边际收益为零（图 2-2a）时，总收益达到最大（图 2-2b）②。通路优势的拥有者追求最大化利润而不是收益，利润最大时的产量

---

① 如图 2-2a 所示，如果线性需求曲线与横轴相交于 Q 点，则相应的边际收益曲线也是直线，与横轴相交于 $Q/2$ 点处。为了证明这一结果，假设线性需求曲线为 $p=a-bQ$，总收入为 $R=pQ=aQ-bQ^2$，将 R 对 Q 求导，可以得到边际收益曲线 $MR=a-2bQ$。需求曲线与横轴（$p=0$）交于 $Q=a/b$ 处。边际收益曲线与横轴（$MR=0$）交于 $Q=a/(2b)$处。

② 如果通路优势拥有者试图通过选择 Q 来最大化收益，$\max\limits_{Q}R=p(Q)Q$，令边际收益为零（一阶条件）：$MR=p+\frac{dp}{dQ}Q=0$。

要小于收益最大化时的产量，如图 2－2b 所示。

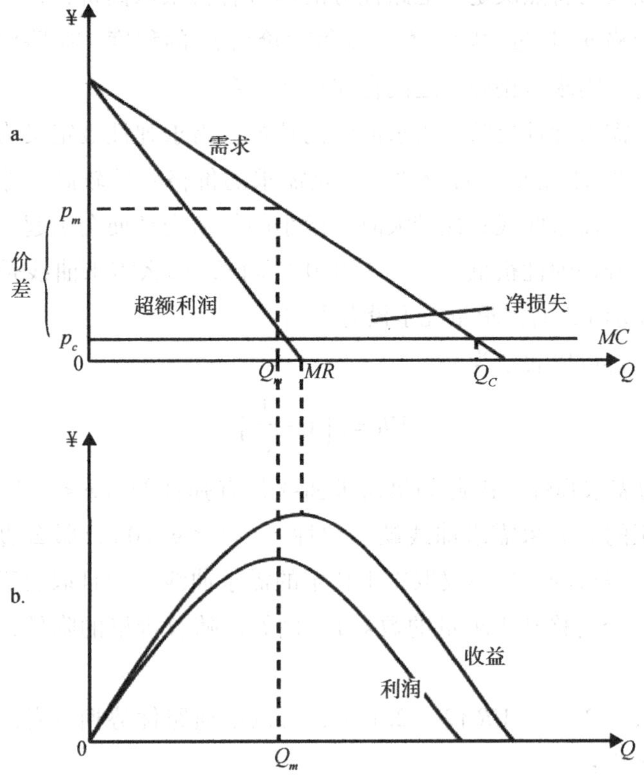

图 2－2　通路优势拥有者利润最大化

当多出售 1 单位产品的额外收入恰好等于生产最后 1 单位产品的额外成本时，通路优势拥有者最大化其利润。也就是说，利润在边际收益等于边际成本时达到最大①：

$$MR = MC \tag{2.1}$$

图 2－2a 说明了利润最大化的关系。利润最大化的垄断产出 Q_m 小于由需求曲线和边际成本曲线决定的、价格水平为 p_C 情况下的竞争性产出 Q_C。由于通路优势拥有者的产出取决于边际收益和边际成本，通路优势拥

① 如果通路优势拥有者希望通过选择 Q 来最大化利润：$\max\limits_{Q}\pi = p(Q)Q - C(Q)$，令边际利润为零（一阶条件）：$\frac{d\pi}{dQ} = MR - MC = (P + \frac{dp}{dQ}Q) - \frac{dC}{dQ} = 0$，即设定 $MR = MC$。另一个利润最大化的条件是边际收益曲线在边际成本曲线上方与之相切，如图 2－2a 所示，即必须满足二阶条件：$\frac{d^2\pi}{dQ^2} = \frac{dMR}{dQ} - \frac{dMC}{dQ} < 0$。

有者的供给曲线不再只由价格的变动来确定。

需求曲线的特点决定了通路优势的拥有者会索取高价：即图 2－2a 所示的垄断价格 p_m 超过边际成本或竞争性价格 p_c 的程度。通路优势拥有者的索取高价与需求价格弹性之间存在相互关系。

可见，需求弹性反映了需求曲线的特征。需求弹性被定义为价格变动 1% 所引起的需求变动的百分比。若是需求的价格弹性较高，那么曲线也存在弹性。当需求曲线弹性较大时，微小的价格变动便会引起大幅的需求量的变动。若是弹性很低（在 －1 和 0 之间），那么需求曲线是缺乏弹性的，价格变动 1% 对需求量几乎没有影响。

边际收益可以表示为①：

$$MR = p\left(1 + \frac{1}{\varepsilon}\right) \tag{2.2}$$

其中，ε 为需求弹性。因此如果需求曲线是有弹性的（$\varepsilon < -1$），那么边际收益是正的。如果需求曲线缺乏弹性（$-1 < \varepsilon < 0$），那么边际收益为负。总之，需求的弹性不仅取决于特定的需求曲线，而且取决于需求曲线上的点（一个价格和需求量的数对）。例如，随着价格的降低，需求弹性将会降低。

将等式 2.2 中的 MR 代入 2.1 中，可以把通路优势拥有者的利润最大化条件表示为：

$$\frac{p - MC}{p} = -\frac{1}{\varepsilon} \tag{2.3}$$

式（2.3）的左边为价格－成本加成：价格和边际成本之差与价格之比为 $[p - MC]/p$。该等式表明，决定价格－成本加成的唯一因素是通路优势的拥有者所面临的需求弹性，即在需求富有弹性时，通路优势拥有者的价格较为接近边际成本 MC；当需求弹性降到很低时，价格将远超过 MC。例如，价格等于边际成本的两倍发生在需求的弹性为 －2 时；价格等于 $1.01MC$ 则发生在价格弹性为 －100（非常有弹性）。需求弹性越高，产品价格越接近于竞争性价格。因此，考察市场势力的关键因素在于需求的价格弹性。

所以，与价格接受的竞争性企业不同，通路优势的拥有者知道他们可

---

① 对收益 $R = p(Q)Q$ 求 Q 的导数，可得边际收益为：$MR = p + \frac{dp}{dQ}Q = p(1 + \frac{dp}{dQ}\frac{Q}{p}) = p(1 + \frac{1}{\varepsilon})$，其中 ε 定义为 $(dQ/dp)(p/Q)$。

以设定自己的价格，而且价格的选择将会影响销售量。通路优势的拥有者可以将价格设定的高于边际成本，但是并不一定能获得超过竞争水平的利润。例如，如果通路优势的拥有者存在固定成本，那么即使价格超过边际成本，通路优势的拥有者的利润也可能为零（即等于竞争性水平）。人们通常认为当企业可以没有损失地将价格设定在超过边际成本的水平上且有利可图时，企业就具有市场优势。

二、要素市场优势

一个国家的特定产业或特定产业的主导厂商如果由于资源禀赋、历史传统的原因，或者由于实施高效、适用的公司战略的原因，掌握和控制了国际市场的关键生产要素，或者掌握和控制了与关键生产要素协同工作的能力，就会获得国际市场的要素市场优势。

经典的比较优势理论认为，一国的竞争力主要来源于劳动、自然资源、金融资本等要素的投入。迈克尔·波特的国家竞争优势理论，除了继续强调生产要素的重要性外，也纳入了需求因素、支持性产业和相关产业、企业战略等因素的分析。

根据迈克尔·波特的基本观点，一国的国内经济环境对产业竞争力具有很大的影响，其中最重要和最直接的影响因素有4个方面：其一是生产要素；其二是需求条件；其三是相关和支持性产业；其四是企业战略和市场结构。这些因素可能导致国内产业竞争力的培育速度加快，也可能使产业发展停滞。在一个国家的许多产业中，那些在该国的4个关键因素中特别有利的产业在国际竞争中取胜的可能性最大。迈克尔·波特的理论表明，生产要素是生产产品所需要的各种投入，主要包括人力资源、知识资源、天然资源、资本资源和基础设施等。生产要素可分为初级要素与高级要素。初级生产要素是一个国家拥有或不需要支付很大成本就能获得的要素，如自然资源、地理位置、气候、非熟练或半熟练劳动力、融资等。高级生产要素，是通过长期投资或培养而创造出来的要素，如现代通信基础设施、高质量人力资源、大学和研究机构等。伴随世界产业结构升级，在初级要素重要性不断下降的同时，高级要素的获取和培育，对国际竞争具有更重要的意义。

对于一个正在进入新发展阶段的高速发展的大国来说，指导我国开放型经济的理论出发点既不是古典的国际贸易理论，也不是传统的发展经济学或激进经济学。要素的国际化流动是经济全球化的最基础特征之一，经典贸易理论与传统发展经济学理论的适用条件因这一特征的存在而从根本上发生改变。在经济全球化条件下，跨国公司的全球布局与国家的物理边界既重合又交错，生产要素的国际流动构成了一种全新的时空结构，它深刻地改变了国际竞争模式、禀赋结构、国际分工等一系列概念的传统内涵。

20世纪80年代，国际劳动分工逐渐演化，基本特征从以国家间产业差异转为国家间产品差异。90年代以来，经济全球化的深刻变化导致了以生产要素为基础的国际分工的建立，国际分工的标志不再是贸易结构，生产要素的国际差异成为国际分工的基础和核心。从某种程度上而言，这是一种要素供给的国家专业化，是更深层次上的要素合作型国际分工。因此，90年代以后的国际分工可称为“要素分工”，甚至可以说分工已突破了其本义，转化为“合作”或者“参与”，即在全球化的经济条件下，不同国家以一种或多种特定的生产要素参与国际生产。重要的是，在经济全球化深度发展进程中，决定利益分配的基础并未发生本质变化，要素的所有权属性没有被要素的国际流动所改变，因而并不改变要素的国民属性。这意味着由要素稀缺性决定的要素价格规律没有改变，即一个国家由于参与国际合作的要素相对稀缺而获得相对利益。

一般加工型劳动力的低流动性由当代民族国家的属性造成，进而决定和维持了各国劳动力供给的差异。改革开放以后，中国长期保持着劳动力供给过剩和低廉的劳动力价格，从而能够以廉价的、几近无限供给的劳动力参与经济全球化进程。在这一进程中，资本品与劳动的价格比决定了中国的优势要素是劳动力。换句话说，虽然经济全球化的基本特征是要素流动性，但不同要素的流动性却大不相同：具有极高流动性的是管理、技术、资本等要素；尽管高素质劳动力同样具有一定的流动性，但一般加工型的劳动力流动性更低，土地、自然资源等不具备流动性。上述因素在流动性方面的差异会产生两方面的结果：其一，在经济全球化条件下，高流动性的要素会流向低流动性的要素，主动寻求与低流动性要素的结合与配置；其二，高流动性要素的供给价格弹性较大，其国际价格呈现趋同趋势，而低流动性要素的供给价格弹性很小，级差地租的存在，造成了这类要素国际价格的巨大差异。正是这一原理决定了中国参与以要素合作为基础的国际分工的利益分配地位，或者说，这一原理决定了在经济全球化进程中，中国利益分配的不利地位具有先天性。

决定一个国家在全球化合作中获得相对收益的大小由不同国家的要素结构、产业结构、禀赋条件等决定，差异和不均衡是必然存在的，这取决于国际市场上要素的稀缺程度，因此可以说，相对收益大小在不同要素之间存在不可比性。然而，具有不可比性的相对收益水平，由于其直接关乎中国更高水平的发展及其战略，在当前却又是问题的核心而无法回避。中国改革开放对经济增长和社会发展的影响是深远和巨大的。讨论深化改革开放的新思路与新政策，以期解放在某些环节上仍然被束缚或是重新被束缚的要素，以获得新的改革和开放利益，这种讨论不在于改变开放战略的取向或改变开放政策这个基本点。在这样的意义上，上述无法回避的问题就转化为两个层次的问题：第一个层次，中国如何通过掌握相对更稀缺的要素而提高相对收益水平；第二个层次，如何深化改革以消除非市场性体制、机制方面的不利因素，攫取体制改革红利和深度开放红利。

在此我们必须深入讨论和重新认识劳动力的价格构成问题。

众所周知，中国发展的最大困难之一是人口众多，当前中国经济发展的最紧迫任务是解决就业。那么，在当前人口红利已经枯竭的情况下，中国40多年发展的成就是否已经为我们的战略转型提供了条件以及提供了什么条件？从过去落后的发展水平上来说，发展劳动力密集型产业是当时不可避免的一种战略选择。曾经在相当长的一段时期，中国劳动力资源不仅富裕，价格也十分低廉，具备较强的竞争力，成为承接国际产业转移和发展劳动密集型产品出口的重要基础。然而在劳动力资源条件几乎已经发生逆转的情况下，我们现在有条件探讨一个问题：中国的劳动力价格在1978年开始的传统开放模式中有没有被过度压低。这一理论问题十分严峻，且必须面对。

一般而言，劳动力价格包括劳动力自身的简单再生产成本，反映劳动力的再生产成本，应当包括劳动力自我发展的成本，既有经济因素、市场供求的作用，同时受到社会发展水平等因素影响。劳动力维持和再生产，必需的生活资料的范围、数量及其构成，由一个国家的自然条件决定，即劳动力对食物、燃料、衣服、住房等自然需要；另一方面，由生产劳动所必需的生活资料范围、数量、组成以及满足这些需要的方式决定，是历史发展阶段的产物，由一个国家的经济、社会、文化的发展水平决定。马克思指出："不像其他商品，劳动力的价值规律包含着历史和道德因素。"劳动力的价格随着这些生活资料的价值而变化，即生产这些生活资料所需要的劳动时间的变化而变化。在发达国家，较高的劳动力价格，并不完全由劳动生产率和劳动力再生产的成本决定，还同时取决于其社会发展水平。在具备较高劳动生产率的基础上，社会的发展要求使劳动者拥有更好的社会福利、更高的自我发展需要及更多的闲暇时间，才能形成其较高的劳动力价格。

随着经济发展水平的快速提高，中国社会进步的标志是以人为本的社会责任标准。如果劳动力价格仍然只是从劳动力的简单再生产上定价，就会严重脱离时代，从而成为经济健康发展和社会文明进步的限制因素。所以，当前中国一方面是劳动力供给总量增长受限，出现了所谓的“刘易斯拐点”，另一方面，经济、社会发展的成果应该为全体社会成员所享有，劳动力价格构成不仅要满足劳动力的简单再生产，也要体现社会文明和道德的进步。这意味着，当前我国发展战略的重点是尽快进行要素结构的改变，培育新的要素优势，从而改变经济全球化过程中的分工地位和利益分配格局。

迈克尔·波特的国家竞争优势理论认为在国家或企业竞争优势的发生机制中，初级生产要素不再重要，高级生产要素对竞争优势的重要性日益提高。这不仅仅因为高级要素是发展新产品、独家产品的必要条件，更因为高级要素的相对稀缺。高级要素的开发不但需要资金和人才方面的大量投入，还需要有助于高级要素生成发展的社会、经济、法制环境和相应的体制机制。高级要素的重要还在于其难以在公开市场上取得，也很难通过建立海外分支机构的办法获得。新产品开发的关键是高级要素，要与企业的科研、设计、开发、调查、试制等各部门紧密结合。产业优势形成过程中，高级要素具有极为重要的意义。

生产要素同样可区分为通用要素及特殊要素。通用要素指的是通用于各个行业的生产要素，例如，共用的高速公路和其他基础设施，大学里普通专业的毕业生等；特殊要素指的是较为专业的人才和要素，其应用范围一般较窄，某些时候甚至仅限某一个行业。这些专门化的特殊要素，往往比通用要素更有利于企业的发展、产业优势的形成，也有利于产业优势的长期保持。这不仅因为特殊要素的生成时间往往很长，也是因为特殊要素的供给有限，致使竞争者难以模仿和超越。

所以，在新的要素优势的培育中，要特别重视制度建设的重要性，形成能够促进集群进步、能够促进企业良好成长的制度环境，一个有利于形成高级要素与特殊要素的成长环境。这就要改变传统的、基于比较优势和要素优势的思维方式，建立基于要素可培育性和流动性的稀缺要素开发思维。

国家和企业作为不同的主体，在培育新的要素优势时，应有不同的分工。国家的投资重点，是基础设施和经过基础教育的劳动力等一般生产要素，这些一般生产要素对高级产业形成与发展至关重要，却是企业不愿意或不能投资的领域。与此相反，核心企业竞争力的来源是以专门技术等为代表的高级生产要素，因此，企业将更加重视这一生产要素的投资。高级要素投资，具有高风险、高收益的特点，这也符合企业投资的本质。要进一步完善社会风险投资机制，促进高级要素和特殊要素的形成。促进生产要素形成和发展的制度基础是风险投资的有效机制，即利用现代金融促进现代技术进步的机制。我国应努力促进风险投资基金发展，在规范的基础上加快发展。推动风险投资市场形成机制，有效地吸收社会资金进入风险投资，创造高水平的生产要素。风险投资基金可以作为投资的主体，风险投资市场可以作为投资的进入、退出渠道，科技人员作为创新者，企业家作为要素组合者，是高新技术产业发展的整体条件，其中制度的关键是金融对产业的支撑。

三、产品市场优势

一个国家的特定产业或特定产业的主导厂商如果拥有较强的与市场需求的结合能力或者开发市场需求的能力，从而掌握和控制了国际市场的关键销售资源，获得了市场通路，便占据了产品市场优势。产品市场优势来自产业或产业内主导厂商的战略行为和产品差异化行为，其中，战略行为包含了产业或产业主导厂商的顾客价值创造行为和战略竞争行为。

先讨论战略行为对产品市场优势的影响。在企业层面上，如果其他条件相同，可以认为产品市场优势来源于企业的顾客价值创造能力和战略竞争行为能力。

（一）就顾客价值创造能力

顾客价值是顾客根据消费经验、偏好、相关知识、自身对产品和服务的属性、功效的期望价值，以及所支付的相应成本，在对比相互竞争的供应商的产品和服务中所进行的权衡和评价。顾客价值的定义包含了以下要素：首先，顾客价值是顾客对产品和服务的主观感知价值的整合；其次，客户评价对象是相互竞争的供应商的产品和服务；再次，评价内容包括产品和服务的属性、使用效果和顾客成本；最后，评价的依据是顾客消费体验、知识和偏好。

从20世纪80年代顾客价值概念提出到20世纪90年代，顾客价值理论越来越流行。不同的学者从不同的研究视角对顾客价值进行了深入的分析和阐述，影响较大的学者有：Christopher（1982）的“基于对产品或服务收益的感知，顾客愿意为产品或服务付出的价格”；Zeithaml（1988）则认为“顾客价值是在相对较低的价格、期望获得的、相较于价格的质量、收益和损失之间的权衡”；Gale（1994）将顾客价值定义为市场感知质量。

“顾客市场感知质量是顾客将目标企业所提供的产品或服务与其竞争对手进行比较时所做出的评价”；Kotler（1994）提出了顾客让渡价值的概念，指出“顾客让渡价值是顾客总价值与顾客总成本的差值”；魏中龙和郭辰（2007）认为，顾客价值是顾客对产品在性能、质量、服务和费用等方面总体价值的主观评价。从以上对顾客价值的定义可以看出，虽然学者们对顾客价值有着不同的理解，但其中有一些共同点：（1）顾客价值理论在一定程度上区分了顾客价值与企业价值的差异；（2）顾客价值是顾客的主观行为，由顾客感知到的而非产品或服务的提供者确定；（3）顾客价值是内在的，或者与产品或服务使用效果相关；（4）顾客感知价值是顾客从产品或服务消费中获得的收益与为获得产品或服务所付出成本之间的权衡和评价。

一个国家的特定产业或特定产业的主导厂商为了在激烈的国际竞争中取胜，必须比竞争对手创造更多的顾客价值，以获得顾客的认可。同时，顾客价值的实现程度已经成为衡量一国特定产业竞争优势的重要指标之一。为此，一个国家的特定产业或特定产业的主导厂商就必须把关注的重心放在顾客价值实现的最大化上，具体来说，整合价值链应当以顾客价值为中心。

根据迈克尔·波特的竞争理论，价值链将企业分解为一系列与战略相关的活动，在企业层面，就是通过较低的成本或优于竞争对手的方式完成一系列的战略活动来赢得竞争优势。因此，企业应以顾客价值为导向，对价值链进行系统的调整，对企业内部的各个环节进行认真的分析，解决存在的不足，发扬特有的优势从而增强核心竞争力；企业应该扩展其内部价值链，与供应商、销售商和顾客的价值链相连接，通过多点整合来实现顾客价值的让渡，通过对整个价值链系统的系统优化，为顾客创造更大的价值。

（二）企业战略竞争行为能力

战略竞争行为是产业内企业为了减少实际和潜在对手的竞争而采取的行动。这些行动比简单地设定价格和产量要复杂得多。例如，国际市场中的某一个企业可以建立一些庞大的工厂，从而只给潜在对手留下很小的进入空间。战略竞争行为的目标是影响市场环境，市场环境包括消费者和对手的信念、实际和潜在竞争对手的数量、生产技术以及企业进入市场的成本或速度。通过操纵市场环境，企业能够增加利润。获取和保持市场优势的战略行为是企业通过其相对于对手地位的提高来最大化自身利润的行动，这种获取和保持市场优势的战略行为是非合作性的。非合作型战略行为通常会提高一个企业的利润而降低竞争对手的利润。

企业采取非合作战略行为，其目标是战略替代。企业使用各种工具来阻止竞争对手进入市场，甚至将它们逐出市场或者缩小规模。主要的战略行为包括掠夺性定价、限制性定价、提高对手的成本等。当存在快速进入和退出的壁垒以阻止其他相仿企业使用同样的战略时，这些战略才能起作用。没有这些壁垒，企业之间将会对称，那么这些战略也就不再奏效。

1. 掠夺性定价。

企业为将对手驱逐出局或吓退那些潜在的竞争对手，可以进行掠夺性定价，即先通过降低价格，将定价低于某些成本指标，等对手退出市场后再将价格提高。换言之，企业承担了短期损失以获取长期收益。

为了将对手赶出市场，企业应该如何做呢？企业首先要让对手相信：它会把价格降低到低于成本的水平，直到对手退出市场。只有企业可以在低价格水平上比竞争对手存活更长的时间，该战略才会有效。但是，在多数情况中，企业没有能力让对手相信它愿意保持低价格，直到对手退出市场。

如果企业成功地赶走了现有的对手并且提高了价格，新竞争者就会进入市场，在位者必须再次降低价格以驱赶进入者。成功的掠夺性定价必须使得潜在进入者相信，由于在位者的定价行为，进入该市场将得不偿失。只有这样，在位者才能将价格提高到垄断水平而不用担心会引来进入者。如果掠夺者成功地迫使竞争对手破产，那么他必须试图控制破产对手的资产，或者盯着他们确实永远退出市场。否则，当在位者提高价格时，竞争对手会再次使用那些资产，或者其他企业会购买那些资产来进行竞争。即使对手的资产被另一个市场中的企业所购买，他们也能重新配置这些资产来和掠夺性定价者进行竞争。

如果企业是同质的，即不同企业拥有相同的成本函数，那么，掠夺性定价战略不太容易奏效：正像假设在位者威胁进入者一样，假设进入者威胁在位者也是完全合理的。具体探讨如下：如果进入者担心其进入会引起价格战，造成价格低于成本，那么它可以采取措施来避免这一问题：首先，进入者可以尝试与在位者进行合并，从而可以立即收取高价，避免耗费成本地掠夺性定价阶段。其次，竞争对手在掠夺性定价阶段减少产出来最小化损失。在一些市场中，竞争对手可以无成本地退出市场，在掠夺性定价阶段重新配置资产来进入另一个市场。当在位者提高价格时，对手重新进入市场。只要掠夺性定价不会给对手造成很大的损失，进入和退出就会重复发生。

所以，为了成功实行掠夺性定价，掠夺性定价企业要比其对手具有内在优势：在位企业有实力以相对低价格应对进入，从而收获它作为一个低成本企业的声誉。

2. 限制性定价。

若一个企业经过设定价格与产出造成剩余需求不足的局面，阻止其他有利可图的企业进入市场，那么该企业便是在实施限制性定价。

同掠夺性定价的情况一样，对于同质企业来说，在位企业的威胁同样不可置信：由于在位者和潜在进入者都具有相同的成本，和假设在位者可以通过限制性定价威慑进入一样，潜在进入者同样可以通过威胁进入并生产一定单位的产出来恐吓在位者。所以，如果企业是同质的，限制性定价战略无法奏效。

可信的限制性定价能够成功实施的关键在于，当进入发生时，在位企业可以在某种程度上控制市场环境。如果在位者和潜在进入者存在内在的不对称性，在位者会首选投资，使得其不管进入是否发生都会生产其承诺数量的产出，而进入者于在位者行动之前不能预先其承诺产出水平，从而，在位者通过为自己创造超越竞争对手的优势而控制了基本的环境。

通常的情况下，企业采取动态限制性定价的方式为：企业设定一个可以随时间而变化的价格（或产量），以此减少或消除对手进入市场的激励。从自身最大利益的角度讲，主导企业最好首先设定高价，而后随着进入的发生慢慢降低价格。在许多新兴产业的例子中，产品引入时价格很高，随后会迅速下降到竞争性水平。一个产业是新兴产业时，当一个或少量企业拥有较大的市场份额且面临相对较少的竞争者，随着时间的推移，逐渐增加的新进入者将迫使价格下降。

3. 提高对手的成本。

如果企业可以无成本地提高对手相对于自己的成本，企业就可以牺牲竞争对手的利益增加自己的利益。

企业能够采用直接的方法提高对手的成本。如果企业可以干预对手的生产或服务方式，它就会直接提高对手的成本。1993 年，英国航空公司（BA）在法庭上承认对竞争者维京大西洋航空公司（VAA）采取了不正当的手法：潜入 VAA 的计算机系统获得了他们旅客的数量和名单，然后打电话或者面见 VAA 的乘客，谎称维京的航班延误或者超员，诱导顾客使用 BA 的服务；骚扰 VAA 员工的住房和汽车；雇用侦探揭发 VAA 股东的丑闻并制造负面新闻；撤销和该公司的维修和培训合作等。法国政府曾经将窃听器藏匿在法国航空公司飞往巴黎的航班上，收集美国企业有关营销和技术计划的信息，并通过得到竞争性投标的内部信息而获得了向印度提供喷气式飞机的数十亿美元的合约。这些行为都增加了竞争对手的相对成本。另一个采用直接方法的案例是使得竞争对手难以收集信息。比如，如果进入者通过试销来观察产品是否受欢迎，那么在位者可以通过在本地进行大量的折扣促销来扰乱该实验，使得进入者难以判断自己的产品相对于在位者的产品哪个更能为消费者所接受。

企业也可能使用一些间接方法来提高对手的成本。第一，通过政府管制来提高对手的成本。许多政府管制给予在位企业免于受到管制的“关照”，使得新企业在市场中的运营更为艰难。例如，一些环境管制对新设备的要求比旧设备更为苛刻，从而偏袒了在位企业，而不公正地对待了进入者。第二，在互补性产品市场上，在位者通过签订消费者必须同时从在位者处购买产品的合约，或者通过产品设计使得进入者的产品不能兼容或很难和在位者的产品一起使用，从而使进入者处于不利地位。例如，计算机制造商可以使用非标准接口来连接打印机。即使产品设计减少了消费者所愿意购买的数量，也可以通过损害竞争者而增加利润来弥补这一损失。第三，在位者设置某些障碍，使消费者很难使用进入者的替代产品。例如，恰当的设计可以使得为一种计算机所编写的程序不可能用于其他计算机。尽管这种特殊设计也会使得在位者的产品吸引力下降，但是可以用来提高消费者的转换成本。因此，潜在进入者面临的需求将小于其他情况下所面临的需求，进而减少了进入的激励。第四，拥有特定生产技术的在位者可以通过提高市场中所有企业的投入成本，来不成比例地提升其竞争对手的成本。例如，如果对手使用的单位产出劳动量大于在位企业，那么与进入者相比，在位者因工资上涨而增加的成本将较少。尽管随着工资的上涨，市场的总利润将会下降，但是使用更少劳动力企业的市场份额会增加，因此利润也会增加。另一种提高对手成本的方法是增加产品分销的成本。如果在位者可以控制大部分分销商（比如批发商或者零售商），那么就可以提高对手的成本。或者，企业可以战略性地获得专利并对专利加以尘封，如此一来，企业可以阻止对手获得并使用这些发明。

接下来，在企业战略层面上讨论产品的差异化行为对产品市场优势的意义。

差异化作为追求与众不同的战略举措，指的是企业向顾客提供独特的产品或服务，且区别于竞争对手的战略。如果说差异化战略实施中成本不再是战略的根本目标，但也不能说企业可以忽视成本。相对来说，侧重于从企业内部建立竞争优势是低成本战略，主要根据市场需求的差异性及其在该方面的竞争状况为差异化战略，其要义所在便是更侧重在企业外部建立某种企业优势，因此，实施差异化战略的意义可以从以下三方面来看待。

（1）实施差异化战略使企业得以避免对成本领先地位的刻意追求。差异化的实施往往给企业产品带来较高的溢价，其不但可以补偿实施差异化战略所增加的成本，还将给企业带来相对较高的利润。随着产品差异化程度的增加，其具备的特性或功能被替代和模仿的难度越大，顾客越愿意为这种差异化支付额外的费用，企业由此获得的差异化优势也相应增大。

（2）企业实施差异化战略所产生的较高利润可以用于应对竞争所产生的压力。

（3）企业的竞争抗衡因差异化战略的存在能够得以缓冲。产生于差异化战略中的产品和服务指向特定目标，满足一些消费群体的特定需要，致使这些消费者不愿转而购买其他的产品或服务，而其他竞争对手无法提供这种差异化产品或服务，顾客因而降低对这类产品或服务的价格敏感性，甚至可能产生相应的品牌忠诚度。

因此，企业通过差异化战略的成功实施，能够成为行业中的高收益者，不仅可以有效地防御外部竞争，还可使得企业在行业内保持优势运行。

实现企业差异化战略的途径十分广泛，因为产品差异可以通过产品的多方面特性来体现。概括来说，企业实现产品差异化的途径有以下三种。

（1）通过对外观、性能、结构、质量等产品自身特性的改进和完善来实现差异化。这显然是产品差异化实现的最基本途径，也是最直接的途径。但一方面，随着产品自身特性的不断改进，成本将相应增加，另一方面，产品特性的改进和完善对于某种成熟产品而言是有边界的，所以，在推行差异化战略的同时，企业必须结合企业自身所拥有的资源和能力，深入了解顾客需要以及选择偏好，慎重行事。

（2）通过强化、延伸附加产品来扩大差异化。产品差异化的另一个重要途径便是在产品服务、交货方式及速度等方面进行强化，延伸相应附加产品，尽管这一举措无法直接改变核心产品自身的特性，却能为顾客带去更多方便和安全。况且，实现这类差异无须支付更多的成本。当然，某种情况下，企业必须付出较高成本去建立适合特定市场需求的延伸差异，但这一差异的建立具备相对的持久性，能够借助后续市场份额的扩大而收回成本。

（3）通过引导和强化那些无形差异来实现差异化。应该说，通过对外观、性能、结构、质量等产品自身特性的改进和完善来实现差异化，以及通过强化、延伸附加产品来扩大差异化都是产品的有形差异化。在有的情况下，顾客并非仅仅通过产品有形的特征来体验产品或服务的价值，企业因此要通过实施无形差异化来获取竞争优势。事实上，消费者在对产品的特性或性能标准进行判断和评价时，往往会受到社会因素、感情因素、心理因素的影响。这些因素的组合、重叠能够形成产品更为多样的无形差异化结构。例如，公司形成差异化的途径包含其价值观、品牌、经营理念及风格、核心文化等诸多方面。当然，其中最可取的途径无疑为在形成公司品牌的过程中实施差异化。因其共享性、不可磨损性、可继承性等特征，无形差异化能够产生的影响最大、企业所获效益也最好，因此通过强化、引导无形差异而实现产品和服务差异化应该是企业的优先选择。

第三节　效率优势

一个国家特定产业的国际优势总是要通过产品的市场份额来衡量和检验。能够持久地占有高的国际市场份额，除了第二节讨论过的通路优势外，据以解释的就是比较意义上的生产效率。或者说，从一个国家特定产业参与国际竞争的角度看，产业优势如果不是来自通路，那么一定是来自产业效率。产业效率可以以不同的方式呈现，但最终还是归结为成本的节约，因此，效率优势就是通过更节约的方式进行产品的设计、生产及营销而获得的优势。本节讨论企业的成本节约与产业优势的关系。为了讨论的需要，这里把效率优势区分为平滑型成本优势和平移型成本优势。

平滑型成本优势，指通过规模或范围的扩大而获得的成本优势。之所以称其为平滑型成本优势，是因为在经济分析的意义上，沿着同一条平均成本曲线向右滑动，平均成本呈现下降的趋势。有条件地实施规模经济和范围经济的发展战略，能够使企业保持行业领先地位。粗略地说，当平均成本随生产或销售的商品和服务数量的增加而减少时，就存在规模经济现象；当生产并且销售多种产品的成本，低于单一产品的生产和销售成本时，就存在着范围经济。

首先，规模经济是源于企业规模扩大而产生的成本节约优势。

第一，规模扩大促进生产专业化从而降低成本。一是基于专业化分工的效率提高一般被认为是规模经济的主要来源。大规模经营使得进一步细化分工成为可能，从而使员工的业务活动不断集中在更加专业化的领域，每个员工的工作将更容易掌握，这不仅有助于节省因换工作而损失的时间，还有助于提高员工在业务活动中的技能水平和熟练程度，这无疑会有效提高企业的劳动效率。二是随着规模的扩大，企业购买更专业化的设备规模经济可以通过两种替换方式实现：其一是用专业化程度高的设备替换专业化程度低的设备，以提高产品质量和生产效率，例如与使用传统设备相比，使用立体整烫机的服装公司一般可以提高生产效率 30%—35%；其二是用专业化的设备完成劳动力的替代，即用高效率的专业设备来完成原来低效率的劳动力的操作。例如机器人制版的效率大为提升，是手工制版效率的 2.7 倍，机器人放码的效率是手工放码效率的 5—6 倍，机器人排料的效率是手工排料效率的 10 倍。

第二，生产性物理设施的扩容和市场范围的扩大可以产生节约成本的效果。物理设施的成本节约往往来自大型工厂和设备的建设和使用。在通常情况下装配线、输送管线、炼钢炉或反应塔等设备，其制造成本与生产能力不成比例。这些设备的制造成本与其表面积相关，而生产能力，即设备容量却与其体积直接关联。在平均水平上，成本增加 60% 即可使得容量增加 100%。类似地，扩大企业的市场范围也可以降低单位产品的运输成本。若设企业市场半径为 r，市场的辐射面积 πr^2 是企业的市场范围，圆心到圆周的运输距离为 r，如果运输距离扩大 2 倍，即可扩大 4 倍的市场范围。

第三，通过优化要素比率节省成本。现代化大型工业特点之一是机械设备与其他要素的不可分割性。这种不可分割性要求企业达到一定的规模，以便形成要素间的最佳配合。如马克西－西尔伯斯通曲线指出，汽车工业中，整个生产过程的最佳规模，是每个生产过程的最佳规模的最小公共倍数。这意味着，为了实现这一生产工序的最佳比例，扩张规模时可以充分利用闲置要素的生产能力，已达到成本节约的目的。

第四，实现成本的节约还可以通过优化采购量。大企业需要大批量地采购原材料、零部件等生产要素，与小企业的小批量采购相比，大企业不仅能节约谈判和签订合同的时间，节省履约监督的成本等，还可以在采购价格、运输费用等方面享受更大的折扣，这可以有效降低企业生产要素的投入成本。而且，如果大宗购买的数量能够对市场价格产生影响，其有利地位甚至可以影响价格，也将大幅度降低大规模企业的采购成本。

其次，范围经济的优势还来源于生产经营范围的扩大所带来的成本节约。

范围经济的概念，由 Panzar 和 Willig 于 1975 年提出。范围经济指，当企业从专门生产一种产品转向生产多种产品时，平均成本降低的经济现象。设 $TC(Q_x,Q_y)$为总成本，是甲厂商同时生产 Q_x 单位的产品 x 和 Q_y 单位的产品 y 时的总成本；$TC(Q_x,0)$为乙厂家只生产 Q_x 个单位的产品 x，不生产 y 产品时的总成本，$TC(0,Q_y)$代表丙厂家只生产 Q_y 个单位的产品 y，不生产 x 产品时的总成本。设

$$S = TC(Q_x,Q_y) - TC(Q_x,0) - TC(0,Q_y) \tag{2.4}$$

如果 $S<0$，即 $TC(Q_x,Q_y) < TC(Q_x,0) + TC(0,Q_y)$，这个生产过程就存在范围经济。在存在范围经济时，联合成本低于各自的单独成本之和，这时甲厂家同时生产 x 和 y 两个产品，比由乙、丙两个厂商分别生产 x 和 y 的成本更低。S 小于零越多，范围经济的程度越高。当出现范围不经济时，S 大于零。

1981 年，Panzar 和 Willig 进一步认为，范围经济来自投入的分享（Shared Inputs），或者准公共投入的分享（Shared Quasi - public Inputs），也就是说，用于生产一种产品的投入，同时也对于生产其他产品有帮助。具体地，可以作如下区分。

第一，增加生产副产品以获得范围经济。这种范围经济由于企业在同一地点的同一生产线或者同一装置生产形成，与空间经济性无关。例如，发电厂生产热气作为附带产品，炼油厂生产油渣，水泥厂生产以烟尘作为附带产品的水泥，如果允许任意排放，将对外部环境产生负面影响；如果政府征收排污费，或者将其收集、利用和加工成为暖气、沥青、硫化物等副产品，然后出售，将消除外部不经济，减少企业应支付的排污费。该收益关联将节约两个生产厂商分别生产它们的成本。

第二，在纵向一体化中获得范围经济。其一，通过纵向一体化，在工序技术衔接上进行范围扩张以期产生成本节约效应：因为时间前后继起、空间紧密相随，连续的生产过程刚性限制了最有效率的生产布局。因此，如果企业通过纵向一体化的方式对生产进行集中，可以带来较低的运输成本或较低的其他生产成本。一个例子是，在钢铁生产中，可以加入冶炼等后向一体化，或者加入轧制等前向一体化，这样不仅避免了钢铁的再加热，同时也大幅降低了运输成本。其二，通过纵向一体化降低税收成本：由于政府从不对企业内部交易征税，因此在某些情况下，企业可以通过后向整合兼并上游供应，或前向整合统合下游生产，来避免必须支付的部分税款。其三，在一定的条件下，以兼并等形式实施纵向一体化会降低交易合约的协商和执行成本：企业间的业务关系，尤其是低替代性的专用性投资，由于合同的不完全性和机会主义倾向的存在，很难事先形成真实的共

同信息，又由于“资产专用性”的情况存在，会导致“敲竹杠”（Hold - up）现象产生。举个例子，制造商需要一个零部件，需要供应商对制造商产品特有的组件进行投资，而供应商不愿意对该组件进行投资，因为投资完成后，有可能被制造商“敲竹杠”，或者供应商即使投资，也必须事先要求更高的价格，以对潜在的投资风险进行补偿。此时，制造商如果通过合并零部件来生产专业零部件，可以有效地节省交易成本。

第三，管理成本节约会形成范围经济。企业家能力是重要的无形资产，尤其是管理能力、管理经验或者经营技能。这些经验、能力和技能，不仅在企业家身上体现，也在组织、管理体系和企业文化中体现。其中，这些经验、能力和技能大部分不针对特定的产品，而是通用的。这种无形资产被多种产品共享，这种共享提高了生产材料、设备等有形资产的利用效率。此外，利用现成的营销网络推销同类产品时，通常不需要额外投资，或只需要少量额外投资，而且分配和销售成本在产品之间分摊，这也节省了流通成本。而且如果企业已有了销售网络，新产品就可以利用现有网络迅速占领市场，加快度过婴儿期。

第四，研发活动（R&D）的外部性也是范围经济的来源。现代企业的一个特点是研究和开发的作用越来越重要。公开资料显示，许多美国最大的公司将其销售额的5%以上用于研发，资本密集型公司大多也同时是知识密集型公司。基于这个角度，范围经济可能的一个来源就是研发的溢出效应（Spillover），即研究开发产生的知识和创新可以应用到原有的业务范围之外。

第五，品牌经营和广告行为有明确的范围经济效应。一个消费者如果品牌忠诚，他倾向于认为，同一品牌下的另一种产品“也会令人满意”，即伞品牌效果（Umbrella Branding，Besanko、Dranove 和 Shanley，1996）。当消费者以过去的购买经验来推断同一品牌下的新产品时，伞品牌效应就会产生。这为新产品提供了外部经济，利用这种保护伞效应，可以抵消消费者对新产品的不熟悉，从而诱导需求。新进入市场者通常需要花费大量的前期投资。但对于一家现有企业来说，在一个品牌名称的保护伞下开发新产品并不需要太多的投资。另外，多产品的厂家在做广告的时候也会享受到范围经济。

平移型成本优势，指通过技术创新、“干中学”以及集成经济而获得的成本优势。所以称其为平移型成本优势，是因为在经济分析的意义上，发生了平均成本曲线整体向左下方移动的情况。技术创新效应、“干中学”效应、集成经济效应都会表现为平均成本曲线向左下方整体移动。

领先的技术创新能力以及通过“干中学”掌握更有效的生产经营手

段，都会使企业获得知识优势。企业关于生产技术的特有知识使其可以比其他企业以更低的成本进行生产，而其他企业却不能发现该高效企业的生产技术。我们利用图 2－3 说明这种可能性。最初，所有竞争性市场中的企业具有不变边际成本 m_1，因此均衡价格 p_1 等于 m_1，均衡产量为 Q_1。一个企业开发了一种新的生产技术，而且可以独享这一秘密，这种技术可以把边际成本从 m_1 降低到 m_0。由于许多企业都能按价格 m_1 生产和销售，企业面对的剩余需求曲线（给定价格下其他企业销售了他们想要卖出的全部产品后仍未满足的需求）到 Q_1 为止是水平的 p_1（等于 m_1），超过 Q_1 后（价格低于 p_1），剩余需求曲线和市场需求曲线重合，因为没有其他企业能在价格低于 p_1 时仍然盈利。

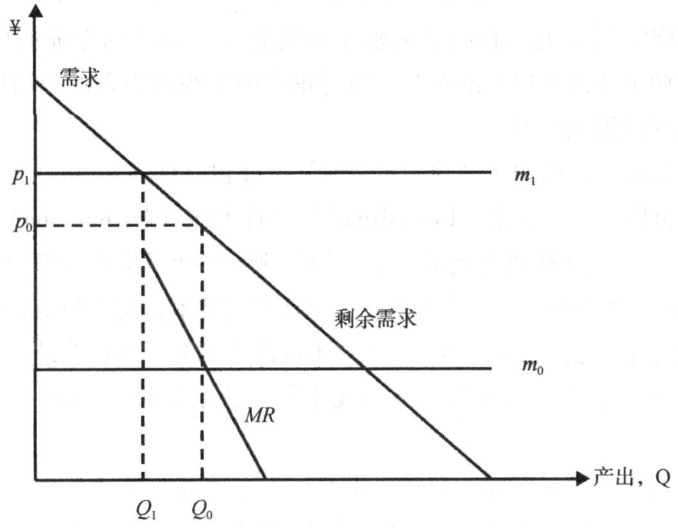

图 2－3　通过知识优势获得领先地位

如果 m_0 接近 m_1，企业可以通过在价格等于 p_1 处销售达到利润最大化。但是，如图 2－3 所示，如果 m_0 远远低于 m_1，利润最大化的领先者价格可能会在 m_1 之下、m_0 之上的某处。由于剩余需求曲线在 Q_1 处有折点，那么在 Q_1 处相应的边际收益曲线是不连续的。当剩余需求曲线水平时，边际收益曲线是水平的，当剩余需求曲线向下倾斜时，边际收益曲线就是向下的。为了最大化它的利润，拥有秘密生产过程的企业在边际收益等于边际成本的情况下生产 Q_0 单位产出。企业将价格设定为 p_0，小于 $p_1 = m_1$，使得没有其他企业能留在市场上。

集成经济是平移型成本优势的另外一个来源。下面讨论集成经济效应。①

近年来，企业间越来越多地通过相互协调的方式来组织生产和交易活动：企业采取柔性生产的方法，在供应商、分包商与产品消费者之间建立深入的跨企业联系，以协作方式进行生产；企业之间存在着长期联系，依赖分包关系和合作学习，共享资源。这种现象越来越引起研究者的注意，学者们用不同的术语来概括这一新的组织形式，诸如“准企业”（Eccles，1981）、“灵活专业化”（Piore 和 Sabel，1984）、“战略网络”（Jarillo，1988）、“组织的网络形式”（Powell，1990）、“混合组织”（Williamson，1991）、“网络组织”（Miles 和 Snow，1992）、“组织网络”（Uzzi，1997）、“网络治理”（Jones、Hesterly 和 Borgatti，1997）、“企业间网络”（Schibany 等，2000）等，它们指的是区别于市场和科层组织的企业间的协调形式，是由两个或两个以上的企业，通过正式的契约和隐含的契约所构成一个相互依存的组织模型。

不仅如此，还提出了“供应链管理”“外包（Outsourcing）”“准时生产技术（JIT）”“微缩化（Downsizing）”“日本化（Japanization）”“虚拟企业”等概念。这些概念更侧重于组织管理，概括了生产组织的变化：企业原有价值链的延伸、企业优势资源，包括关键技术、优秀分销系统和高质量管理模块等，通过价值链传播和共享不仅改善了为用户创造最大价值的关键环节，而且通过消除和精简冗余或重复的价值链环节协调了各项价值活动。

为什么企业需要形成一个生产技术和业务联系紧密的企业群来实现生产协作？为什么越来越多地采取相互协调的做法？以上两种术语都试图从各自的角度解释这种新的组织行为学模式。前者从经济学企业理论的角度研究新模式的激励结构，后者从管理理论的角度研究新模式的战略意义。我们认为，无论是契约意义上的合作，还是价值链意义上的分解与组合，企业的动机都是一样的：变薄“市场切片”，增加市场的层次，最大限度地挖掘各个市场的利润潜力。因此，可以说企业对市场的“切片”是为了更好地集成市场。市场集成是企业重新安排要素市场的配置和战略环节的行为。在我们看来，企业可以通过市场集成获得集成经济：在相同的生产规模和技术水平下，企业可以通过移动成本曲线获得收益。集成经济来源于同一价值环节拆分后，对不同边际生产力的更充分利用。

---

① 该部分的主要内容曾在《中国工业经济》（2004.10）发表。

传统文献将集成经济现象作为一个规模经济问题来研究。首次将规模经济与劳动分工、生产专业化联系起来的是马歇尔。马歇尔在《经济学原理》中提出大规模生产的好处："大规模生产的主要好处是技术经济、机械经济和原料经济，但与其他两个相比，原料经济在迅速失去其重要性"（马歇尔，1962 年）。换句话说，经济规模主要是生产规模，核心内容是技术装备的经济规模。这成为新古典主义经济学讨论规模经济理论的主要依据。新古典经济学将其形式化为：在一个正则拟凹齐次生产函数中，如果生产要素投入的产出弹性之和大于 1，则该生产函数具有规模报酬递增性，具有规模经济的潜力。

由于集成经济自身的特点和规模经济在某些方面具有相似性，而且长期以来市场集成行为没有集中和典型地呈现出来，集成经济容易和规模经济相混淆。本书试图建立一个简单的集成经济理论模型，用集成经济原理解释产业转移现象。

首先，通过与规模经济的比较，阐述了集成经济的基本理论框架。在微观经济学和产业组织理论中，对规模经济的研究主要基于技术规模经济。例如，平狄克和鲁宾费尔德认为："如果所有的投入增加了一倍，产出增加了一倍以上，那么规模的回报就是递增的。""我们认为，企业喜欢规模经济，它可以以低于双倍的成本获得双倍的产出""规模经济常常是以成本－产出弹性（*Ec*）来计量。*Ec* 代表单位产出变动的百分率所引起的平均生产成本变动的百分率。（平狄克、鲁宾费尔德，1997）"斯蒂格利茨也认为，"如果所有投入同时增加一定比例，而产出增加的比例完全相同，那么规模收益不变；如果产出增加的比例小于投入，那么规模收益递减；如果产出增加的比例大于投入，那么就存在规模收益递增或规模经济（斯蒂格利茨，1997 年）"。泰勒尔虽然未明确定义规模经济，但他也用自己的表述阐述了相似的观点，"能够利用规模经济或范围经济的程度是企业规模的一个主要决定因素"。"大量生产允许使用更加有效的技术，以降低成本为特征的技术，证明投资值得进行，这些技术还使工人更加专业化，使产品的单位生产成本降低。这种与单一产品的生产数量相联系的规模经济，被称作产品专门化经济。尽管通常并不这样做，我们把所谓的密集存货经济也包括在这种类型中"。"另外，有些聚集的技术活动，无论它们是针对同一产品还是不同产品，虽然狭义上看似与生产无关，但与伴随着生产的服务有关；这包括监督、营销、人事、财务、分配、原材料采购、研究与开发等。这样的聚集减少了与这些服务有关的固定成本的重复，至少平均地降低了这些成本"（泰勒尔，1997）。

与规模经济不同，集成经济形成于对产业链中不同价值环节最优效率的利用。产业链由不同的价值环节组成，不同价值环节的生产要素构成也不同。生产要素的构成不仅在要素所占的比重上存在差异，而且在同一要素的边际生产力上也存在差异，因此生产要素价格具有差异性。由于产业链的价值环节处于不断变化之中，企业会根据不同价值环节的要求调整战略，通过市场集成，充分利用不同边际生产力的要素来获得经济效益。因此，规模经济和集成经济来自相反的方向：规模经济来自同一价值环节中各要素的连续增加；集成经济来自同一价值环节分割后不同边际生产力的充分利用。

为了更好地解释集成经济的原理，设生产函数 $q = Ax_1^{\alpha}x_2^{\beta}, \alpha, \beta > 0$，$\alpha + \beta > 1$，产生总成本函数：

$$C = (\alpha + \beta)\left(\frac{r_1^{\alpha}r_2^{\beta}}{A\alpha^{\alpha}\beta^{\beta}}\right)^{1/(\alpha+\beta)} q^{1/(\alpha+\beta)} \tag{2.5}$$

相应地，平均成本函数为：

$$AC = (\alpha + \beta)\left(\frac{r_1^{\alpha}r_2^{\beta}}{A\alpha^{\alpha}\beta^{\beta}}\right)^{1/(\alpha+\beta)} q^{(1-\alpha-\beta)/(\alpha+\beta)} \tag{2.6}$$

在相关规模经济的讨论中，假定 r_1 和 r_2 为不变的常数，AC 是 q 的递减函数。

为了区分规模经济和集成经济，假定生产规模不变，因此不存在规模经济；同时假定技术条件既定。在这种情况下，企业实现成本降低只能来自市场的组织。以下我们讨论产量 q 为常数时，平均成本 AC 与 r_1 和 r_2 的关系。在这种情况下：

$$AC_{\mathrm{int}\,e} = ar_1^{\ \alpha/(\alpha+\beta)} r_2^{\ \beta/(\alpha+\beta)} \tag{2.7}$$

其中，$AC_{\mathrm{int}\,e}$是存在集成经济时的平均成本，

$$a = (\alpha + \beta)\left(\frac{q}{A\alpha^{\alpha}\beta^{\beta}q^{\alpha+\beta}}\right)^{1/(\alpha+\beta)} . \tag{2.8}$$

显然，$AC_{\mathrm{int}\,e}$是一次齐次的，如果$AC_{\mathrm{int}\,e}$处处可微，则根据欧拉方程有：

$$AC_{\mathrm{int}\,e} = r_1 \cdot \frac{\partial AC_{\mathrm{int}\,e}}{\partial r_1} + r_2 \cdot \frac{\partial AC_{\mathrm{int}\,e}}{\partial r_2} \tag{2.9}$$

这说明，$AC_{\mathrm{int}\,e}$是 r_1 和 r_2 的递增函数。除了充分利用规模经济和技术改进之外，还能够通过寻求更低的 r_1 和 r_2 达到目的，这几乎是不言而喻的道理。企业通过采用更低的 r_1 和 r_2 来获得的收益即集成经济。

图 2 -4 清楚显示了规模经济和集成经济的不同来源。

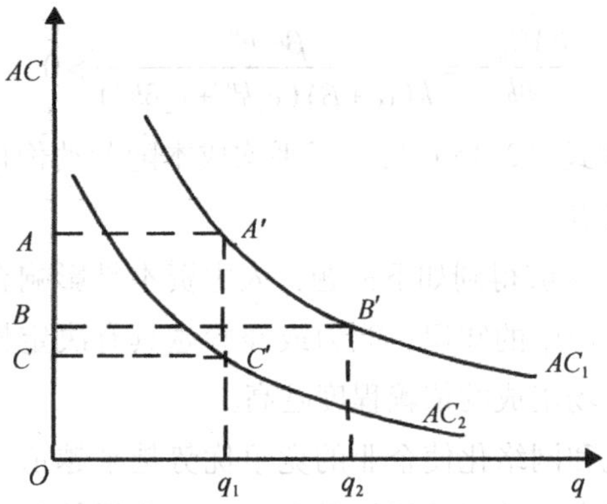

图 2-4　规模经济和集成经济的不同来源

图 2-4 中，在平均成本曲线 AC_1 上 A' 到 B' 的移动对应的产量分别为 q_1 和 q_2，与产量从 q_1 变化到 q_2 相对应，平均成本从 OA 下降到 OB，表现为规模经济；相比之下，如果通过非技术手段，平均成本曲线 AC_1 移动到 AC_2，对应于同样的产量 q_1，平均成本从 OA 下降为 OC，表现为集成经济。

集成经济的比较静态分析如下：考虑资本要素是人力资本、资产专用性强度和物质资本的函数。假设人力资本与实物资本之间存在常替代弹性，资产专用性通过影响资产的流动性来影响资本要素的价格。h、δ、k 分别代表人力资本价格、资产专用性强度和物质资本价格，令 $r_2=\sigma(e_1h^{-\rho}+e_2\delta k^{-\rho})^{-1/\rho}$。把 r_2 代入 $AC_{\text{int }e}=ar_1^{\alpha/(\alpha+\beta)}r_2^{\beta/(\alpha+\beta)}$，有：

$$AC_{\text{int }e}=sr_1^{\alpha/(\alpha+\beta)}(e_1h^{-\rho}+e_2\delta k^{-\rho})^{-\beta/\rho(\alpha+\beta)} \tag{2.10}$$

其中

$s=a\sigma^{\beta/(\alpha+\beta)}$

该式可变换为：

$$\ln AC_{\text{int }e}=\ln s+\frac{\alpha}{\alpha+\beta}\ln r_1-\frac{\beta}{\rho(\alpha+\beta)}\ln(e_1h^{-\rho}+e_2\delta k^{-\rho}) \tag{2.11}$$

设 $\tilde{AC}_{\text{int }e}=\ln AC_{\text{int }e}$，那么：

$$\frac{\partial\tilde{AC}_{\text{int }e}}{\partial r_1}=\frac{\alpha}{(\alpha+\beta)r_1}>0 \tag{2.12}$$

$$\frac{\partial\tilde{AC}_{\text{int }e}}{\partial h}=\frac{\beta e_2k^{\rho}}{h(\alpha+\beta)(e_1+e_2\delta h^{\rho})}>0 \tag{2.13}$$

$$\frac{\partial\tilde{AC}_{\text{int }e}}{\partial\delta}=-\frac{\beta e_2h^{\rho}}{(\alpha+\beta)(e_1k^{\rho}+e_2\delta h^{\rho})}<0 \tag{2.14}$$

$$\frac{\partial \tilde{AC}_{\mathrm{int}\,e}}{\partial k}=\frac{\beta e_2 h^{\rho}}{k(\alpha+\beta)(e_1 k^{\rho}+e_2\delta h^{\rho})}>0 \tag{2.15}$$

式（2.12）和式（2.15）反映了平均成本随劳动价格和物质资本价格的增加而增加的特点。

由式（2.13）能够得到如下命题：人力资本是影响企业成本行为的重要因素。个人在生产中的知识、能力或经验越具有决定性，人力资本要素越重要，企业对市场集成的依赖程度越高。

经济的信息化和网络化使企业的竞争优势越来越依赖于人力资本。对于传统制造企业而言，独特的机械设备、多年积累的经验、依存于特定企业的技术等因素自然成为龙头企业的保护屏障，使其能够在较长时间内享受先行企业的创新利润。但在信息化、网络化的时代，龙头企业长期保持创新租金的难度越来越大。因此，企业生存和发展的更为决定性的因素就变成了对个人知识、能力或经验的依赖，传统中要求作业者服从于机器的生产方式变得不合时宜，作业方式越来越以人力资本为中心。

由式（2.14）能够得到以下命题：资产专用性提供了机会主义风险的可能。企业克服资产专用性的能力越强，就越容易形成市场集成。

资产的专用性强，资产所有者对保护性治理结构的需求就越大。这是因为，专用资产的所有者，被捆绑在与某些交易相联系的业务上。为了减少这种关系带来的不利影响，专用性资产的所有者对交易的保护性治理结构的需求强烈。这种保护性的治理安排，以减少专用资产被“套牢”的风险为目标。根据奈特的原则，即风险承担者要拥有资产的控制权，哈特也认为，剩余控制权的配置，应该给专用性程度高的投资所有者。这意味着，相互专用的资产，置于共同的所有与控制下是有效率的。威廉姆森进一步讨论了不同资产专用性下的治理结构：当资产专用性比较低时，具有规模经济和治理优势的是市场采购；当资产专用性较强时，有优势的是内部组织的一体化治理；混合治理适用于中度的资产专用性。这种根据资产专用性程度而不同的治理安排，一方面减少了交易的不确定性，另一方面，激励双方保持持久的交易关系。因此，对资产专用性的协调能力越强，企业就越有可能依赖正式或隐含合约来维持稳定的交易关系。

这两个命题并没有反映需求因素对市场集成的影响。为了使研究更加全面，我们加入了需求因素。

根据萨洛普模型的框架，每个厂商都生产一种存在差异化的产品，假定厂商 1 和厂商 2 制定均衡价格 p^e，以此分析厂商 1 的行为。在萨洛普模型中，交通成本为距离的线形函数，消费者 $\hat{x}$ 对从厂商 1 还是厂商 2 购买是无差异的，则：

$$p+t\hat{x}=p^{e}+t\left(\frac{1}{N}-\hat{x}\right)，或者\ \hat{x}=\frac{p^{e}-p}{2t}+\frac{1}{2N} \tag{2.16}$$

考虑到厂商 1 左侧和右侧的消费者是对称的，故厂商 1 的需求为：

$$q(p,p^{e})=2\hat{x}=\frac{p^{e}-p}{2t}+\frac{1}{N} \tag{2.17}$$

设固定生产成本为 F，边际成本为 c，厂商 1 选择价格 p 实现利润极大化，有：

$$\max_{p}\pi(p,p^{e})=pq(p)-(F+cq)=(p-c)\left(\frac{p^{e}-p}{t}+\frac{1}{N}\right)-F$$

一阶条件为：

$$\frac{\partial\pi(p,p^{e})}{\partial p}=\frac{p^{e}-2p+c}{t}+\frac{1}{N}=0 \tag{2.18}$$

因为厂商 1 的选取是任意的，由此可以得到一个对称均衡：

$$p^{e}=c+t/N \tag{2.19}$$

由式（2.19）可知，均衡价格是厂商数目 N 的减函数。显然，市场中的厂商越多，相互间的竞争越激烈，进而价格越低。如果市场进入是自由的，那么正的利润就会吸引新厂商进入，最终的结果是，每个厂商只能获得正常利润，超额利润为 0。超额利润为 0 决定了市场上的供应商或品牌的数量。根据对称性，均衡使每个厂商的需求为 $1/N$，则零利润的条件可表示为：

$$(p^{e}-c)/N-F=t/N^{2}-F=0 \tag{2.20}$$

由此我们可以得到自由进入下的对称均衡：

$$N^{e}=\sqrt{t/F},p^{e}=c+t/N=c+\sqrt{tF},q^{e}=1/N^{e} \tag{2.21}$$

式"$N^{e}=\sqrt{t/F}$"表明，厂商数量与单位运输成本之间存在正相关关系。在我们的讨论中，"单位交通成本"是不同商品之间的"替代成本"。$N^{e}=\sqrt{t/F}$ 意味着，消费者在不同商品之间的替代成本越高，需求越分散，每个厂商的市场覆盖面越小。式"$p^{e}=c+t/N$"说明，厂商实行单位成本加成定价，加成的幅度随着消费者替代成本"t"的增大而增大。显然，替代成本"t"越大，产品差异化越大，制造商的市场力量就越大。式"$q^{e}=1/N^{e}$"说明，产量等于厂商数目的倒数。消费者在单位圆上均匀分布，具有单位需求，故总需求为 1；因为有 N 个对称厂商，故每个厂商得到 $1/N$ 的市场份额。

以上分析表明，异质性和离散性需求要求企业增加价值环节，这将增加企业满足消费者需求的成本，同时，企业的市场力量将在每个差异化市场中增大。由于离散需求不断变化，企业必须根据不同价值环节的要求调整战略，通过市场集成充分利用不同的边际生产力要素，以获得集成经济的效益。在此条件下，厂商能够利用市场集成降低成本，实现集成经济。由此，可以得出以下命题：离散程度高的需求状况为市场集成的实现提供了条件。需求越离散，市场集成就越容易。

因此，最接近分散化需求的分销商最先看到集成经济的好处。在纵向结构中，如果对商品的需求足够分散，使制造商分别提供不同服务的成本高昂，分销商可以通过下述三种市场集成途径来控制制造商获取集成经济：第一，利用大规模采购来对上游生产商实行买方的垄断定价（刘志彪，2000）；第二，零售企业利用市场控制实行许可经营或专卖制度，实现零售价格维持（RPM），即实现超出边际成本的最低零售价格目的；第三，连锁超市企业形成排他性的区域经营，可以将整个市场划分为几个不同的区域市场，各零售企业的分店在其分店市场中占据垄断地位。在分销商控制的纵向结构中，通过自有品牌控制制造商、强行收取通路费用的现象十分普遍。

商业雇主制是分销商纵向控制的原始形式。与过去的商人资本不同，它并非简单地依靠贩运将商品转移到其他地区，而是依靠把握市场需求和控制生产要素和生产能力，要求小作坊、小企业主和家庭劳动者组织起来进行生产并获取流通利润。

供应链的形成是企业通过市场集成克服需求离散化的又一例证。在消费者需求多样化、个性化的条件下，大量生产方式下刚性的生产经营系统已不再具有经济性。这使得企业从纵向一体化模式转变为与上游或下游企业建立战略伙伴关系，将不具有竞争优势的业务与企业分离，委托给合作伙伴企业。

从以上讨论得出的命题表明，人力资本在生产中的重要性、资产专用性程度和需求分散程度是影响市场集成决策的因素。企业根据产业链中价值环节的变化，权衡人力资本、资产状况和需求状况，通过市场集成，对不同边际生产力的要素有效配置获得集成经济效益。

从集成经济理论的角度来看，产业转移是企业实现市场集成的手段。由于发展中国家人力资本积累不足，并受资产专用性等限制，国际产业转移必然从劳动密集型产业转移开始。实际上，发达国家向发展中国家的产业转移，首先是劳动密集型产业的生产环节、产品和零部件的转移，具体表现是，发展中国家建立出口加工区、发展“三来一补”贸易，发展中国家出口的商品结构，最初以初级产品为主，然后向劳动密集型产品为主转型。在发展中国家人力资本要素初步积累之后，发达国家开始转移钢铁、机械、化工等资本密集型产业的环节产品和零部件等。随着发展中国家人力资本要素更好地积累，发达国家继续向发展中国家转移的是劳动和资本密集型产业，同时，成熟的中间工序、非核心复杂技术工序和零部件生产，也开始向发展中国家转移。产业转移由劳动密集型产业向资本和技术密集型产业转型，产业转移被赋予了技术的内涵。所以我们得出推论如下：

推论1：国际产业转移以产业中较少要求人力资本要素的生产职能转移、分销职能转移以及物流服务职能转移为主。

如果该推论正确，那么可以解释为什么随着经济全球化和产业的国际转移，“供应链”“外包”“生产模块化（虚拟企业、微缩化）”“准时生产技术”等新生产组织方式迅速被广泛接受，“外包”“模块化制造”容易成为生产功能转移、分销职能转移和物流服务功能转移的适当方式。引言中提到的“企业间网络”和“虚拟一体化”等是对模块化制造网络的描述。

业务外包指将企业将内部不能胜任或不具有优势的业务外包给专业、高效的服务提供商。为了保证产品的市场竞争力，需要快速的研发能力、高质量和高柔性的生产能力、完善发达的市场营销能力等，业务外包的方式为企业提供了具备上述能力的可能性。另一方面，许多实例表明，正确的外包决策可以使企业保持较小规模和较高灵活性。在过去的20年里，外包从根本上改变了世界企业的组织模式，并且仍在以惊人的速度增长。高新技术企业，特别是信息技术企业外包比例最大，占外包总量的近30%，制造业外包占25%。

模块化制造网络由多个模块化加工单元组成。每个企业都是在网络上专门制造标准零部件或设计软件的企业。网络企业之间紧密合作，与网络用户企业建立了相互依赖的生产关系。模块化制造网络使传统的开发和生产方式发生改变，使企业不必按照顺序完成研究开发—试生产—工业设计—生产线建设—批量生产等这些本无法或缺的环节，只需要重新将零部件组合就能够完成新产品的研制生产。利用模块化制造网络，企业可以缩短产品开发和试生产周期，缩短从创新完成到市场投放的时间。近年来，大多数计算机制造商和通信设备制造商直接从模块化制造网络订购现成部件。

在模块化制造网络中，组织市场集成的主体不一定是总成产品的生产企业，而是通过不断创新活动控制关键零部件最新技术的企业。上述企业通过持续创新的活动，不断提高产品技术特性，从而扩大市场需求规模。模块化制造网络是一个开放的生产体系。用户企业可以根据其产品的技术特点和市场需求，与多个零部件制造企业建立合作生产网络，或者根据新的变化进行重组。与此同时，模块化制造网络向新进入者开放，拥有新技术或更高性能标准部件的公司可以随时加入制造网络，与现有公司争夺定制合同。总成企业择优组合与同类型零部件生产企业之间的竞争，对制造网络中企业创新活动进行激励。

模块化网络以信息网络技术而非实物资产为基础，它利用信息共享来协调供应、生产、运输、库存和配送活动，以隐性契约为基础，通过分工协调，使所有相关企业成为整个价值链中的不同环节，充分享受市场集成带来的最低生产成本。模块化网络一方面通过定制来响应客户的多样化需求，从而提高市场适应性；另一方面通过剥离非核心业务来发展和提高核心竞争力。深圳市意丹奴服装公司在休闲服装品牌经营中采用了模块化网络组织形式，与供应该品牌服装的40家生产厂家和120家以特许经营方式加盟的专卖店建立了联盟关系，在成立后的头两年内，公司的销售额就从200万元增加到了2亿元。

模块化网络组织中基本单元的资产具有高度专业化和高度灵活性，能够根据市场需求快速调整生产，保持对各自市场的高度弹性。同时，成员之间还可以依靠信息技术和隐性契约来保持高度的协调。隐性契约市场实施机制的一种运作方式是向潜在的欺诈者提供其资产价值的未来“升水”，换言之，提供的价格足以超过平均可变成本，以保证准租金流超过潜在的欺诈收益。未来业务关系的持续或中断导致资产价值的升水或者缩水，是模块化网络组织稳定的外部保证。此外，隐性契约使企业的资产不易被上游或下游“锁定”，因而具有外部的适应性弹性。因此，与纵向一体化和明示契约相比，隐性契约形成的模块化网络在生产成本和管理费用上都是最低的。

第一个命题表明，在人力资本积累上，发达国家和发展中国家是有差异的，这种差异使国际产业转移，总是由发达国家向次发达国家、发展中国家推进，从加工贸易开始转移，在发展中国家建立加工基地，输出装配技术和中间产品，再向各个市场销售最终产品。根据第二个命题，可以理解的是，由于跨国公司不断努力克服资产专用性，以及发展中国家人力资本的不断积累，发展中国家的技术水平提升，发达国家将会增加采购发展中国家生产的零部件、原材料，这会刺激发展中国家零部件和原材料的发展。最后，中间产品和最终产品的生产都落户于发展中国家。此时，发展中国家承接了发达国家的相关产业，相关的技术、管理经验和市场渠道也实现转移和接替，发展中国家完成产业升级。此时，发达国家凭借自身的人力资本积累的特征，发展出了技术含量更高的新产业。所以，我们能够得到以下推论：

推论 2：国际产业转移的顺序，从加工装配开始，经过资本、技术、管理经验的积累，最终过渡到零部件和原材料的本地化生产，产业转移得以实现；伴随着产业转移会形成东道国新的产业关联。

从东道国（次发达国家和发展中国家）产业关联产生的历史来看，情况也的确如此。在一般情况下，东道国的进口替代，最初只是非耐用消费品，然后逐渐扩大到耐用消费品，外国企业对东道国的进口替代发展起了重要作用。这些外国企业，一方面获得东道国公司的财务与技术资源；另一方面又将产品远销东道国市场。实际上，外国企业的这部分市场份额在早期的产品出口中就建立起来了。外国企业的制造品和消费品大部分都是利用东道国的技术和商标。东道国从外国企业那里也得到相应的许可证与生产技术，有时甚至收购外国企业的技术，东道国企业也利用外国的品牌（*OEM*）有效地改进本国产品的适销性。

当一国的进口替代产业，从非耐用消费品生产升级到中间产品生产，再升级到耐用工业产品的生产时，生产活动的当地化含量就已经很低了。最初转移过来的外国技术，大部分是用于简单的工艺配件。在矿业等资源型产业中，当地生产大都局限于资源的初级加工中。在一些国家中，合资企业会不断崛起，但是，大部分的活动仍是由跨国公司的分支机构来进行的。由于外资进入量少，东道国企业生产的垂直一体化水平就低，同时，来自国外母公司的供给及其投入物弥补其子公司在东道国的市场损失。对外国直接投资，当地关联生产的低水平，限制了外资向东道国进行技术与直接投资的进程。然而，20 世纪 60 年代以后，随着东道国工业化的发展，外国公司通过增加对当地的购买，达到更高的生产当地化含量。东道国通过技术引进、吸收与创新，就会使其生产能力提高，其结果是产生关联效用，推动产业替代与升级。

近年来，东道国这种由外国直接投资，引致制成品出口的增长，引起了经济学家的关注，尤其是由外包所引起的关联创造在相关文献中得到证实。与进口替代过程中的产业关联创造相比较，出口导向型的外国直接投资，被认为是对东道国产业升级更有效的一种关联创造形式。按照拉尔在

1995年的观点，在出口导向的外国直接投资中，关联创造由三个决策阶段决定：第一，是选择外国还是当地作为投入来源；第二，是在自己制造或购买当地投入中做出决策；第三，建立与当地企业，以及与当地供给商的联系。为此，拉尔把关联定义为：从事纯市场交易以外的互补活动的企业所确立的直接联系。从这种意义上说，东道国产业结构升级的过程，就是使外国直接投资最大限度增加对当地投入物购买的过程。

由此得出，不同的投资形式会产生不同的关联效用。首先，有些外国直接投资，从开始就是迎合东道国出口导向政策的。它们对拥有廉价劳动力的部门进行直接投资，其投资活动以比较成熟、但又不太先进的技术为主。东道国利用其品牌进行贴牌出口。这些外国直接投资活动，在早期阶段就已形成相当大的国内关联。其次，在东道国经济中，有大量的外国投资企业，这些企业的特点是技术的应用程度或资产的专用程度比较低，产品的差异性不大。这种情况也会产生与国内生产相联系的潜在关联。再次，外国直接投资也可能影响现代工业部门，它们主要从事出口，向东道国转移复杂的技术窍门并供应国际市场。此类外国直接投资会扩大东道国的当地关联，促进当地现代产业的成长。由此可见，关联东道国的创造程度，与东道国工业化发展阶段、人力资本的积累程度、外资政策及需求变化等是必要的。外国直接投资的主要好处是给东道国创造就业、推动出口、转移技术并创造当地关联。

所以，从微观层面上看，国际产业转移是企业在技术手段之外通过对市场的重组和集成实现经济性的结果。由于国际产业转移服务于企业寻求集成经济的目的，所以这一过程以产业中较少要求人力资本要素的生产职能转移、分销职能转移以及物流服务职能转移为主，从加工装配开始，经过资本、技术、管理经验等的积累，最终过渡到零部件和原材料的本地化生产，实现产业转移，这是这种产业转移的规律，并随着产业转移形成东道国新的产业关联。但是，必须认识到，如果没有人力资本的全面和主动提升，这种新的产业关联会被锁定在国际强势企业的市场集成体系内，从而处于被动的地位。

第三章　选择型产业政策与产业优势

从政府职能的不同侧面出发，产业政策体系可以划分为贸易政策、投资政策、科技政策、促进微观主体（尤其是中小企业）发展的政策、人力资源的培训与升级政策、区域发展政策，有时还包括环境政策等组成部分。

理论研究则更倾向于从政策作用方面来看待产业政策，并将产业政策区分为水平型产业政策（Horizontal Industrial Policy）、选择型产业政策（Selective Industrial Policy）及功能型产业政策（Functional Policy）（拉尔2003）。水平型产业政策从社会全局角度出发，经过采取改革制度环境、完善金融市场、放松管制、资助研发和培训等方式改善投资环境，进而促进产业发展。水平型产业政策必不可少的，但却因缺乏针对性，其对实现既定产业发展目标产生的作用过程极为缓慢。源于贸易保护及产业保护的需要，选择型产业政策指的是政府通过选择赢家，并采取特别的补贴、税收、金融甚至行政干预等手段加快产业发展目标的实现。这种产业政策存在着一定风险，即可能因信息不对称及寻租行为而导致政府失灵。功能型产业政策同时被称为新式产业政策，其核心为创新能力建设，重点在提升产业的国际竞争力。

一般认为，水平型产业政策的范围界定过于宽泛，有把涉及产业发展的所有政策都称之为产业政策的倾向。过宽的范围容易模糊产业政策与一般经济政策的界限，不利于研究和认识产业政策的特殊性及其对经济发展的影响，所以一般认为的产业政策指政府针对特定产业的发展所采取的各种措施的总和。我们也是在这个意义上讨论产业政策。本章将探讨选择型产业政策和产业优势对选择型产业政策的响应。

为简便起见，在本章后续内容中，“产业政策”一词均指选择型产业政策。

第一节　产业优势对选择型产业政策的响应

选择型产业政策的本质是政府对产业发展展开干预，这一政策的理论基础包括两个方面：一是在自由竞争条件下，企业无法获得租金，难以扩大生产规模，难以获得规模收益，毕竟新的技术扩散速度很快，导致租金耗散，从而对技术研发的投入也缺乏足够的激励；二是在企业采用新技术或进入某个新兴行业时，需要支付一定的壁垒，此时，生产技术具有规模报酬递增的特征。但企业在启动该类项目时，往往缺乏足够的资金，便需政府介入。根据新贸易理论，国际间依赖初始条件进行分工，若一个国家扶持那些规模报酬递增强的行业，分工将不断向有利于该国的方向演进，直到穷尽其所有规模报酬递增优势。

上述因素需在不同的程度上，通过产业政策对其所扶植的企业提供一定的垄断租金。这类行业的利润率能够高出一般水平是因为有租金的存在，从而刺激私人进行更多的投资；而这些租金的存在，可以诱使企业从事研发或投资那些具有外部性或强大关联效应的行业。于是，产业政策涉及租金分配及管理的问题。换言之，选择型产业政策的政策过程实质上是租（或准租、租的机会）的分配和运用的过程，租的分配效率及运用效率决定了政策的成败。

从现象上看，政府通过低息融资、外汇配额、优惠税制、无偿援助等手段对特定产业进行援助与支持的过程便是采用选择型产业政策。从经济学视角出发，这些政策手段则是通过政策租、准租、租的机会或类似租的转移支付的提供而实现的。

学术上，关于租的认识深受20世纪70年代兴起的寻租理论的影响。实际上，作为经济学概念的租不单在经济学史研究中占据重要地位，还渗透在现代经济学的研究前沿。从某种角度，理解现代经济学的发展和现代市场经济的关键之一便是理解租的经济学含意及其应用。从经济学角度出发，当要素供给缺乏弹性时，要素所有者获得的收入即定义为租（准租）。经济学研究中，首先被认识的租是土地资源，正是因其明显稀缺性的存在，然而不止于此，租在经济生活中广泛存在，比如由稀缺性而引起的自然资源租和垄断租、由政府规制引起的政策诱导租、由组织及技术革新引发的准租等。这些都是租在现代经济生活中的表现形式。

经济发展初期存在的瓶颈往往是资源，特别是有限的资本。政府通过规制、低息融资、外汇配额等方式将有限的资源（租或者租的机会）引导向特定产业，进而促使这些产业的发展。政府可以通过转移支付等方式，短期维持衰退产业的就业，并提供再就业培训，为使资源能够顺利地从衰退产业退出并顺利进入成长产业。由此，从经济学的角度来看，转移支付也具有租的性质，可以看成是一种特殊的租。

综上，向特定产业提供租、准租或租的机会是选择型产业政策的根本所在。选择型产业政策的实施过程便是政府向特定产业分配租、准租或租的机会，而特定产业则利用这些租、准租或租的机会的过程。政府分配租、准租或租的机会的效率（主要表现为寻租成本的高低），以及特定企业运用租、准租或租的机会的效率决定了选择型产业政策的成败。

东亚地区是实施选择型产业政策的典型地区，政府干预产业发展的形式多样，包括出口补贴、汇率贬值、政府对银行资金流向的干预、推动企业的兼并重组、政府人员直接进入企业、制定发展计划指导企业经营等。以上方式均具备租金创造的效果，其中一些以直接创造租金为目的。通过政策实现租金创造的典型形式具体说明如下：

1. 关税与税收政策。

利用关税政策赋予企业一些进口特殊生产资料的垄断权是日本曾经的做法，以确保一些企业能够获得超额利润。典型的案例是，1950—1953年，日本政府许可某些进口企业的进口垄断权，同意其在国内市场以高价（高达为进口价格的2至10倍）出售古巴糖，但附加条件是，企业需要拥有附属造船企业并从事出口，或者可以证明用部分贸易收入补贴船舶出口。20世纪50年代到70年代，企业免税使得日本政府税收减少了8%—13%；在20世纪50年代，税收减免甚至占到了留存收益的1/3。但是，日本企业因此具备了强大的积累能力。数据表明，日本经济高速增长的时期，内部储蓄是企业投资的重要来源，政府给予一些企业垄断机会是主要原因之一，这些企业的高利润是其高投资的基础，推动了企业的快速成长。研究指出，20世纪70年代，在韩国政府的推动下，韩国形成了大型企业集团促进出口，虽然这些企业在海外的出口几乎没有利润，但是这些企业从政府贷款和其他垄断性经营机会中，获得了可观的利益，这种干预方式与日本大致相同。

2. 利率优惠与信贷干预。

日本、韩国在第二次世界大战后，均采用扭曲的金融政策，压低利率并贷款给政府资助的公司。数据显示，韩国的利率在经济增长期间相对较低，这明显是政府干预的结果。存款货币银行和韩国开发银行的贷款中，各自有15%和80%属于设备贷款。这不仅鼓励了资本密集型企业的发展，也为创造租金、为发展有前途的产业创造条件。在20世纪80年代中期以前，韩国政府借入了大量的外国贷款，为企业提供担保，最终，这些贷款中的绝大部分流向了大型企业集团，这表明政府的目标在于培育大型企业，政府偏好为它们提供贷款担保，这进一步扩大了大企业与中小企业在信贷市场的融资能力不平等。

3. 科技园区政策。

我国的台湾地区在经济赶超阶段创立科技园区，有力地推动了技术进步，这也是租金创造政策的典型实例。新竹科技园成立于1987年，是官方主导的科技进步的主要载体，大量美国回台的科技人才汇集于此。科技园模式的成功，很大程度上得益于政府的制度安排。政府制定的吸引企业的政策主要包括出口补贴、提供低息资金、政府技术转让和合作开发。在企业投资中，官方资金最高达到50%。官方研究机构成功孵化了台湾集成电路制造公司（以下简称台积电）等高科技公司，该公司与私营企业合作运营。同时，政府对进入科技园的企业提出高标准，企业的研发投入需要达到政府规定的比例，并且发展的产业应为政府主导产业。这种政策目的在于为那些政府认为具备潜力的企业及行业提供垄断租金，具有较强的差别性或歧视性。1984年时，台湾地区制造业产值中，新竹科技园区仅占到0.3%的份额，到了2000年，这个比例达到10.95%。台湾地区的集成电路晶圆制造行业至今在国际中保持着绝对的优势。在2011年，全球四大晶圆制造公司，4家台湾企业进入总营业收入的前10名。园区的劳动生产率高于整个台湾地区制造业的劳动生产率，人均获利能力是整个制造业的3倍多。如今，新竹科技园已成为全球第三大计算机硬件生产基地，并成功跻身于全球著名的高科技区之列，被称为“台湾硅谷”。

政府向特定的产业分配租、准租或租的机会，而特定产业利用这些租、准租或租的机会，进而形成产业优势的政策响应机制如图3－1所示。

就新中国的情况来看，社会主义改造完成以后，我国经济逐步呈现出发展型国家特征①，虽然在不同时期有不同的重点，但各级政府一贯有产业倾斜发展的意图。这种倾斜式发展的意图早期并不是寻求产业优势，但随着开放的展开和深化以及经济发展水平的不断提高，构造产业优势越来

---

① 发展型国家的理论由查默斯·约翰逊在《通商产业省与日本奇迹》一书中提出。查默斯·约翰逊认为，发展型国家的特点包括具有持续的发展意愿、凝聚力极强的经济行政机构、良好的政商合作关系以及有选择性的产业政策。发展型国家或政府（Developmental/State，不同语境下使用国家或政府）模式被认为是取代苏联中央计划型经济和美国自由市场模式的第三条道路。

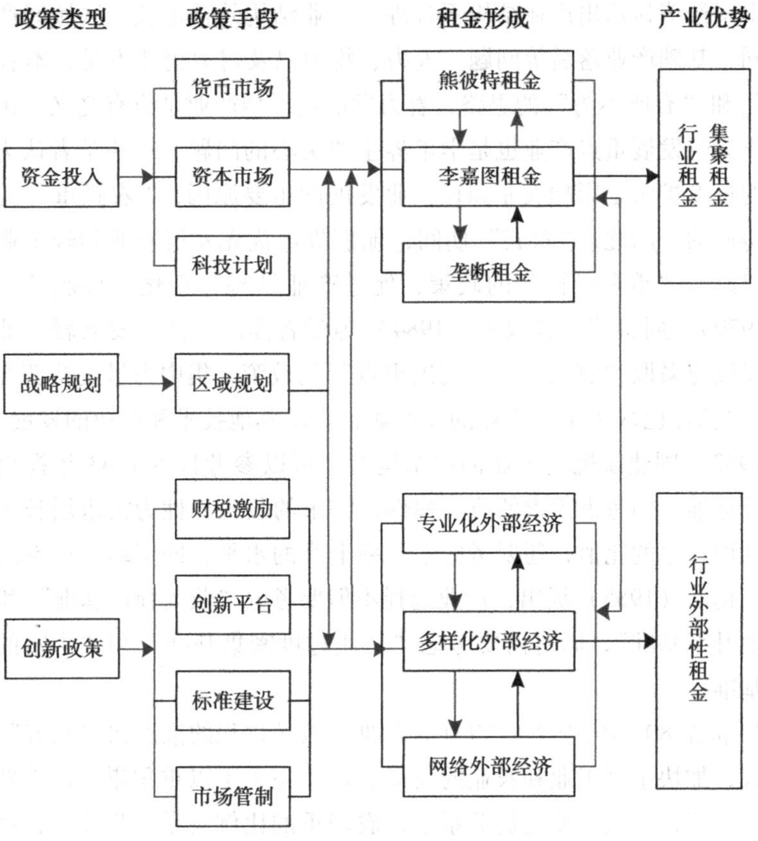

图 3－1　产业优势对选择型产业政策的响应

越成为政府的自觉追求。学界关于产业选择的讨论反映了这一转变和演化过程。虽然在倾斜式发展战略中，产业选择的困难是人们诟病产业政策有效性的重要原因之一，但为了说明在中国经济成长历程中人们对产业优势响应选择型产业政策的认识的演变，需要回顾一下学界关于产业选择的讨论。

从 20 世纪 50 年代到 1978 年这段时间，中国经济发展战略的主要目标是高速赶超，优先发展重工业，以行政计划指令为主要实现手段。在政策的研究和运用方面，在不同历史时期先后提出了一系列的政策主张，比如，要重视处理好“两大部类”的关系；要协调好农、轻、重的比例关系，实行农轻重并举；要实行“以农业为基础，以工业为主导”的方针；在工业内部要处理好原材料工业与加工工业的关系、轻工业与重工业的关系、采掘业与加工业的关系等。

改革开放初期到 20 世纪 80 年代中期这段时间，计划经济色彩依然浓厚，中国经济显示出产业结构不合理、工业结构效益不佳、区域间产业结构趋同、基础产业落后等问题。人力、物力以及财力仍然不足，本着“有所为”和“有所不为”的思路，着力发展选择型产业是应有之义。国家怎样集中力量发展重点产业也是学术界主要关心的问题。一些学者认为，重工业的过度扩张是影响农业和轻工业发展的重要原因，“农轻重”的关系是不协调的。因此，“六五”期间，他们提出优先发展农业和轻工业的想法，以改变“重重轻轻”的政策，促进产业结构合理化（周叔莲、吴敬琏，1979）。周叔莲、裴叔平（1984）等学者提出要优先发展轻工业，新产业建设应采取“有限目标、突出重点”的政策，集中力量支持新产业的发展，“抓住已成为主导产业的新产业，带动其他技术和产业的发展”。塞风（1982）则建议规划工业部门结构时，可以参考日本1963年提出的产业选择标准，即考虑需求的收入弹性，需求的收入弹性为需求增长率与国民收入增长率的比值，还要考虑生产率上升的水平，即劳动生产率的提高程度。杨治（1985）提出，产业选择不但要考虑“收入弹性基准”和“生产率上升率基准”，同时需要考虑“防止过度密集基准”和“丰富的劳动内容基准”。

20世纪80年代中期至90年代初期，改革进程的推进和“六五”计划的完成，加快了轻工业和农业的发展，逐步完善了以重积累、轻消费的产业结构改革，三次产业比例关系中，农轻重的比例关系初步改善；高度集权的经济模式得到弱化，逐渐扩大了市场机制的范围。1987年，党的十三大正式提出，产业政策是经济发展战略的重点。缓解“瓶颈”产业的制约及选择主导行业的目标也在“七五”计划期间的产业结构政策中被正式提出。

在这一阶段的学术界讨论中，产业政策为计划与市场的结合点，以此作为计划体制改革的突破点。在方法上，由探讨两大部类的关系、农轻重的关系，向现代产业结构理论范式转型。第二次世界大战后日韩的成功经验引起我国学者的大量关注，受其经验启发，20世纪80年代中期以后，我国产业结构研究中的一个热点便是优先发展产业的选择问题，包括对“主导产业”“优先发展产业”和“支柱产业”等相关概念的讨论。这一时期，中国经济学界关于产业选择问题的讨论呈现一些特点。首先，开始注意到市场机制在产业选择中的作用。在杨沐（1989）看来，政策导向和市场导向共同作用导致了经济结构高度化的现象。周振华（1991）介绍了产业政策形成的逻辑基点是弥补市场机制不足。其次，开始关注量化产业选择基准。严素静（1988）确定了发展的主导产业。中国社会科学院数量经济与技术经济研究所课题组（1988）认为，2000年以前，电力工业、运输邮电业和电子工业是我国优先发展的产业。许长新（1989）认为，确定主导产业选择的7个指标应该是：收入创造连锁度、产业连锁度、就业水平连锁度、收入弹性系数、成本利税率、技术进步水平和相对出口绩效，强调了国外产业选择基准应与中国的国情相结合。杨云龙（1988）认为，中国的主导产业的选择，可借鉴世界各国工业化进程中主导产业的普遍选择标准，不同的是，应将中国基本国情的限制纳入考虑当中，其中包含严重不足的工业积累资金和极为丰富的劳动力资源等。周振华（1989）则认为应该以增长后劲基准、短缺替代弹性基准和瓶颈效应基准等替代"收入弹性基准"等产业选择基准。周叔莲、裴叔平和陈树勋（1990年）提出，在参考国外产业选择基准时，应考虑我国产业状况、技术、资本和资源等实际情况。最后，趋于理性和合理地对国外产业选择标准进行评价。周叔莲、裴叔平和陈树勋（1990）的研究表明，外国产业选择具有借鉴意义，但这些理论模型抛开许多因素抽象得出，可能只概括了某一时期某些国家的特定情况，因而具有一定的局限性，未必适用于其他国家。

20世纪90年代，产业结构失衡、产业低度化及分散化等问题因初期的投资热潮而加重。"九五"期间，经济"软着陆"，产业结构的调整和升级有了一定程度的进展，通信设施、基础设施和交通运输状况明显改善，家电制造业已发展成为具有国际竞争力的行业。与此同时，市场机制的调节功能被经济运行态势的变化及市场取向改革的深化而加强，此时经济发展的主要目标，由重整社会再生产的秩序，向持续增长和适度加速的结构转型，战略产业的重心在重视"瓶颈产业"的同时，开始向支柱产业转移。

随着经济的不断发展与改革的深入，人们的认知背景进一步拓宽，这一时期对产业选择的认识得以深化。首先，为体现市场机制在产业选择中的重要性，社会主义市场经济体制被提出。江小涓（1996）提出产业选择的"市场失灵"基准，认为在应对产业结构调整和产业政策问题时，期望政府"公平客观"地制定政策的前提条件，是经不起考验的，"市场失灵"问题应该放在首位，是决定性因素。周耀东（1998）指出，计划机制是主导产业战略实施的唯一形式，是中国主导产业选择实践中存在的缺陷，而在实施主导产业战略中，计划安排不仅有害于主导产业的成长，而且由于计划的僵化和垄断，还抑制了主导产业市场化成长的自然机制。其次，对于国外产业选择基准的相关争论更激烈。江小涓（1996）质疑国外主导产业选择基准：对于那些市场容量大、生产率上升快的产业，虽然为投资者带来较高收益，但却是不需要政府的特别支持就能快速发展的，因此这个基准是无法计算出来的，而且不同基准间也难以排序。刘伟（1995）认为，在世界各国工业化进程中，技术进步率、生产率上升基准、收入弹性基准等主导产业的普遍选择标准在政策实践中并未失效，他也反对以短缺标准来选择中国主导产业。江小涓（1993）提出了主导产业部门的选择主体不一定是政府的观点。杨冶（1996）认为，筱原基准和关联度基准只是识别主导产业的标准，它们并不是选择战略重点产业的标准。选择战略重点产业的决定性标准应该是经济战略目标。政府对某产业在达到经济目标过程中重要程度的判断决定了该产业是否可以被选为战略重点产业。最后，主张在产业选择上层次性与时效性并重，在不同时期，选择支柱产业的标准要有所不同。

2000 年以来，产业结构调整升级取得重大进展，但由于制度和政策的制约，第三产业没有得到较大发展，国家指定的许多主导产业，虽然得到包括巨额财政补贴在内的大量优惠政策，但并没有成长为具有国际竞争力的产业，也没有发挥其在国民经济中应有的主导作用。相反，那些没有政府支持和有力保护的行业，更早地引入了市场机制，较彻底地摆脱了行政干预（如家电行业），得以快速发展，产业集中度与国际竞争力随之稳步提高。

这一时期人们对产业选择问题有了更多、更深入的认识。首先，关于产业选择的讨论，在加入世界贸易组织后，对国际环境和国际因素更加关注。林毅夫、姚洋和刘明兴（2002）提出的禀赋比较优势产业选择基准，认为在一个国家的经济发展中，发展战略和禀赋结构是两个重要的外生变量，其他变量，如技术水平、增长速度、积累率、金融结构、产业结构和收入分配，均内生于这 2 个变量。其中，一个国家的禀赋结构决定了其最具竞争能力的技术结构（产业区段），遵循比较优势，特别是根据国家的禀赋结构选择相应的技术结构，将使该国家的产业在市场上最具竞争力，经济持续增长和工业化的关键便在于如何更好地利用本国的比较优势。中国工业化取得显著成就的原因在于政府选择了技术结构和产业结构，这是政府根据自身比较优势的选择。郭克莎（2003）认为，在对外开放背景下，进出口贸易和资本国际流动趋势 2 种要素，对产业的增长潜力有重大影响，衡量需求的收入弹性不能单靠国内市场，世界市场的变化也应被考虑在内。钱雪亚和严勤芳（2002），将波特的国家竞争优势理论中的要素禀赋、需求条件、相关与支持性产业、企业战略与结构等基本要素，加上机遇、政府行为 2 个偶然要素，具体化为显示性比较优势、竞争力系数和市场占有率3项指标，对主导产业领域的相对优势进行测度。其次，在产业选择的讨论中，进一步重视可持续发展、环境保护和产业发展的就业功能。郭克莎（2003）在研究新兴主导产业选择问题时，提出就业功能基准和可持续发展基准。关爱萍和王瑜（2002），提出可持续发展、环保基准。长期看，区域主导产业的投入要素应该是可持续的，以确保主导产业投入供给的可持续性。钱学亚和严勤芳（2002）认为，衡量主导产业的一个基准是就业吸纳率，如果产业的发展可以缓解就业压力、具有利用丰富劳动力的比较优势，那就是主导产业。再次，关于产业选择基准的定量化研究取得了相应进展。郭克莎（2003），从增长潜力、驱动效应、就业功能、生产率上升率、技术密集度和可持续发展等方面，探讨了工业化新时期新兴主导产业的选择，实证分析了中国制造业主要产业并进行综合排序。最后，分别讨论了市场和政府在产业选择过程和机制中的作用。冯子标（2002）认为，产业选择是政府与市场相互作用的结果，最终，市场是产业选择的基础，价格是影响产业结构的主要因素和机制，努力纠正市场扭曲是政策干预目标，以实现“合意的”产业结构。

综上所述，改革开放和经济发展的存在，逐渐暴露出产业领域深层次的矛盾和问题，也进而推动了理论研究的进步。总体来说，国内关于产业“选择原则”的认识越来越着眼于经济的长远发展和发展的国际环境，在综合考虑其他因素的情况下，越来越着眼于产业优势的构建及其与选择型产业政策的关系。

第二节　合理运用战略性贸易政策

想要形成特定产业的国际优势地位，应当支持和促进主导产业、新兴产业的发展以及产业结构的升级，贸易政策是产业政策的一个重要支撑，其中要特别对战略性贸易政策的合理运用高度重视。

20世纪80年代，由布兰德（J. A. Brander）、斯潘塞（B. J. Spencer）、克鲁格曼（P. R. Krugman）等发展起来的新贸易政策理论被称为战略性贸易政策。基于不完全竞争和规模经济理论，将产业组织中的市场结构理论和企业竞争理论作为分析框架，突破了以比较优势为基础的自由贸易学说，政府适度干预贸易对于本国企业和产业发展的作用也再次被强调。从本质上看，战略性贸易政策并非关于战略性产业的贸易政策，是一种有助于政府有效干预、可用于促进战略性产业发展的对外贸易政策。战略性贸易政策包括利润转移理论和外部经济理论两个方面。

利润转移理论的主要主张是，第一，出口补贴是国内寡头垄断企业抢占市场份额的主要手段。当国际贸易中存在少数寡头垄断的企业时，企业具有巨大的规模经济，并产生巨大垄断利润。实力与竞争对手相当时，如果一国政府能够率先利用出口补贴的方式支持国内的垄断企业，其企业将相应地赢得国际市场份额和超额利润，从而将利润从国外转移至国内，而且转移利润高于政府支付的补贴金额，增加了补贴国的净福利。出口补贴贸易政策的一个典型例子是，美国的波音和欧洲的空中客车在世界飞机市场上的争夺，空中客车通过欧洲政府的补贴，成功获得了相当的市场份额。第二，对外国寡头垄断企业获得的垄断利润征收关税。假设外国寡头垄断企业将产品出口至进口国，进口国内的企业进入这个行业，进口国就可以通过征收关税，获得外国寡头垄断企业的垄断利润；如果进口国内市场的需求弹性大，且存在国内企业潜在进入的可能，对外国垄断企业征税后，外国垄断企业的产品价格上涨对其造成压力，外国垄断企业自己会承担部分关税引起的价格上升，最终，进口国政府在弥补价格上涨造成的消费者剩余损失后，还将有盈余，实现了贸易条件的改善和净福利的增加。第三，进口保护也是促进出口的一种手段。在规模经济和寡头垄断下，当一国政府采取关税或者配额的贸易保护措施来完全或部分地封闭本国市场，本国企业在市场中的特权地位会受到进口国的重视，最终本国企业拥有优于国外竞争对手的规模经济优势，这种优势可通过“增加产量－降低边际成本－增加产量”的相互强化作用机制，获取本国与他国的市场份额；由于销量减少和边际成本上升，极大地削弱了外国企业在国内、外市场的竞争力。此外，国内垄断企业通过进口保护，利用其垄断性优势地位，对相互隔绝、具有不同需求的商品市场进行价格歧视，如在国内市场收取较高价格以支持向国外市场倾销，最终促成出口。所以，政府贸易政策能够使不完全竞争市场成为利润转移论的核心思想。特别地，当寡头垄断市场的竞争开始向有利于国内企业的方向倾斜时，会使外国企业的超额利润向国内转移。

与利润转移理论相比较，在外部经济理论的贸易政策主张中，更加重视各国政府执行的保护政策。出口竞争力通常在生产领域形成。因此，促进对外经济产业的出口，应以生产领域为抓手，通过影响产业规模、结构等影响产业的国际地位，将产业政策与贸易政策有机结合。在国际竞争中，政府选择最有可能胜出的产业或产业中的相关产品，实施有针对性和差异化的支持。为促进产业建设，政府可采取以下措施：加大基础研究的力度，对企业进行研发补贴和建立风险规避机制等；产业建立后，政府可通过为企业提供信贷优惠、生产补贴以及税收减免等方式，放宽限制并鼓励适度集中，引导国内消费市场需求等手段，促进高新技术产业的形成和规模化，向具有国际优势的产业快速发展；进一步，建立高新技术产业园区和出口加工区，对于高新技术产品允许适度低价出口，在国家的支持下，使国内民营企业扩大出口、开拓国际市场、使目标产业获得较大的规模经济；高新技术产业的进口政策，既要通过适当的保护占领更大的国内市场，还要及时引进先进技术，注意对引进技术进行消化、吸收及创新提高，使国内企业承受适当的竞争压力，随着产业的发展对其降低保护，直至撤销保护。

日本是典型的成功实施战略贸易政策的国家。其战略性贸易政策源于政府的经济战略思路，这种战略思路否定了比较优势理论，尤其是比较优势中关于发展劳动密集型产业的主张。依据“动态的国际分工理论”，选择资本密集型及知识密集型产业为主要经济发展产业，这些产业的就业吸收能力强、高技术含量高。在日本，战略性贸易政策有两个不同阶段：第一阶段，从第二次世界大战到20世纪70年代，贸易政策表现为严格的进口限制、严格的对外直接投资和关税等战略性贸易政策，来保护和扶植日本国内特定的战略性产业部门和幼稚产业。如基础化学、钢铁、造船、汽车、石油精炼等基础原材料及电子机械、电机等高加工装配业。这些产业一方面是资本和技术密集型行业，也是大规模生产和装备行业。第二阶段，从20世纪70年代中期开始，日本的产业政策集中于鼓励系列新兴产业的发展，即对“知识密集型”产业或高科技产业的扶持。此时战略政策工具由低利率融资和税收优惠等硬政策，向产业结构变革转型，表现为发展尖端技术和经济信息，以吸引私营企业等软政策，为研发活动提供适当补贴，鼓励政府与企业合作研发一些有前景的技术项目等。

自由市场的主要倡导者通常是美国。虽然战略性贸易政策并不明确，但美国在农业技术研发、国防和国家安全导向的技术和产业技术进步、新兴产业的建立和发展等相关领域，政府起到主导作用，其中战略性贸易政策手段“301”特别条款，改变了对贸易战略的预期。美国在战略性贸易政策的指导下，实施国家出口战略，主要包括以下几个方面的内容：建立贸易促进和协作委员会，设立“出口援助中心”，放宽出口限制的相关标准，强化政府的商贸信息服务职能，强化政府的金融服务职能，促进重要市场和重点产业的出口等。

如今，世界贸易组织（WTO）是国际多边贸易体制的组织和法律基础。在八轮贸易谈判之后，关税和贸易总协定（GATT）大幅削减关税，以至于不允许使用相应的补贴，限制了战略性贸易政策措施的使用。

首先，WTO关税减令的谈判结果限制了战略性贸易政策关税措施的使用。战略性贸易政策的手段之一是通过征收关税来转移垄断企业利润，但相应的WTO关税削减规定对关税措施的使用具有很大影响。GATT八轮贸易谈判中，尤其是乌拉圭回合的关税减让谈判，导致各成员国的关税大幅下降。发达国家对工业制成品的关税，从乌拉圭回合之前的6.3%下降至3.8%，而经济转型国家的整体关税则从8.6%降至6.0%，发展中国家的关税下降幅度有高有低、差别明显。在乌拉圭回合中，发达国家在医疗设备、药品、矿山钻探机械、建筑、酒、农业机械、家具等领域甚至达成零关税协定；对纺织品和化工产品达成协调关税协定。WTO《信息技术协定》规定的关税减让目标的实现，很大程度上降低了WTO成员国的关税水平，使国际贸易在WTO成员国中间自由化程度明显提高。通过多边贸易谈判，WTO成员国中主要国家的关税水平明显下降，在战略性贸易政策中，运用征收关税的方式达到转移的最终目的也得到限制。

其次，世界贸易组织对补贴的具体内容有详细的规定。在WTO《补贴与反补贴措施协议》中，将专向性补贴具体分为三种类别：严格禁止使用的补贴、可申诉的补贴和不可申诉的补贴。严格禁止使用的补贴也称为“红箱补贴”，主要包括出口补贴、进口替代补贴。对于世界贸易组织，严格禁止使用的补贴就是不允许的补贴。可申诉补贴，通常是那些并非一律被禁止、但又不能免于置疑的补贴。此类补贴的具体效果决定了它们是否符合WTO的规则。不可申诉的补贴亦称为“绿箱补贴”，是被允许的补贴。在《补贴与反补贴措施协议》的第四部分，规定不可申诉的补贴主要包括非专向性的补贴以及专项性补贴两大类。需要指出的是，禁止使用的补贴以及可以申诉补贴的有关规定，限制了成员国在战略贸易政策中的补贴措施使用。成员国不允许使用《补贴和反补贴措施协议》所禁止的补贴。如果违反规定使用补贴，其他会员可根据要求与其进行协商。如果提出协商后，30天内双方未能达成一致，则任何一方成员可将该事项提交争端解决机构。争端解决机构的专家组如裁决为禁止性补贴，则专家组建议立即取消该补贴。如果在规定的时间限制内，成员国没有遵守专家组的建议取消补贴，争端解决机制会授权起诉方采取适当的反措施。对可申诉的补贴，如任何成员有充分理由，认为这项补贴对其国内产业造成损害，则该成员可要求与补贴成员进行协商。如果无法达成一致，该事项应提交争端解决机构，由专家组作出最终裁定，如专家组确实认为补贴对申诉方成员的利益具有不利影响，实施补贴成员应撤回补贴。如被投诉成员仍不撤回补贴，申诉成员可采取反补贴措施。《补贴与反补贴措施的协议》中，规定了反补贴措施的相关规则：进口方的主管机构可根据相关产业的申请，对受补贴的进口产品进行反补贴调查，利用反补贴税以及价格承诺等抵消贸易的扭曲，并最终恢复公平竞争。

如上所述，战略性贸易政策的重点是通过提供出口补贴、征收关税和数量限制等举措，来支持本国企业和提高国内产业的国际地位，而由于不公平贸易会造成他国的利益损失甚至造成他国市场受到进口的巨大冲击，WTO 为此规定了反倾销和反补贴措施、保障措施等贸易救济措施。目前，少数国家正试图利用 WTO 贸易救济措施来作为一种战略性贸易政策工具，以提高其本国产品的市场份额、扶持本国产业。

首先，战略性贸易政策的主要工具是反倾销措施。WTO 的《反倾销协议》显示，某产品从一个国家出口至另一国家，出口价格低于在正常贸易过程中的同类产品的可比价格，便叫作倾销。换言之，倾销是以低于正常价格进入另一个国家的商业。倾销作为一种不正当竞争行为，会在一定程度上造成贸易扭曲，因此，国家可通过采取反倾销措施，维护良好的国际贸易秩序，促进国际贸易的公平竞争。WTO《反倾销协议》规定，反倾销措施的实施，需要具备倾销存在、造成损害以及倾销与损害之间存在因果关系三个要件。如果进口产品价格符合以上三个要素，进口方可实施反倾销措施，包括临时反倾销和最终反倾销措施两种。根据世界贸易组织的相关规定，反倾销措施一般可通过关税执行。值得一提的是，虽然世界贸易组织已对倾销及其构成要件进行了明确规定，合理的反倾销手段对于防止国际贸易中的不正当竞争和维护国际贸易体制也是必要的。但是在现实中，以发达国家为代表的一些国家，经常滥用反倾销措施以达到保护本国生产者的目的。有的成员国使用反倾销措施，并不是为了贸易公平，而是让竞争变得更加不公平，反倾销措施演变成这些国家实施战略性贸易政策的工具。通常的做法是，以反倾销的名义对进口低价、竞争力强的产品征收高关税，加大国外厂商的成本、转移国外厂商的利润，以达到扶植本国企业、保护本国市场、提高本国企业竞争力的目的。

其次，通过补贴达到促进产业发展和出口的目的。世界贸易组织对补贴有严格的规定，但成员国采取不可申诉补贴和有条件使用某些可申诉补贴，是被允许的。根据 WTO《补贴与反补贴措施协议》中第四部分第八条规定，以下补贴属于不可申诉补贴：（1）对从事研发活动的公司，或对大学、研究机构与公司签订合约开展研发活动的补贴，补贴涵盖不到工业研究成本的75%或研发活动成本的50%；（2）按照地区发展总体框架，对成员管辖范围内的落后地区的补贴，且在符合条件的地区内的非专向性补贴；（3）为适应法律法规，对新的环境要求而提供的补贴，这些法律法规会对公司产生约束和财政负担。因此，尽管在补贴的使用上世界贸易组织有施加限制的条件，但在符合规定时仍可使用补贴。特别对公司和高等教育机构的研究活动，补贴是被允许的，政府补贴激励国内研发活动的增加了出口利润。相应地，若增加的出口利润超过研发补贴的支出，这样的补贴就是具有效果的。同时，国内高新技术产业随着政府研发补贴的增加而快速发展，产生了相应的外部经济效应，国内产业的国际竞争力也相应提高。

再次，滥用相关保障措施。《保障措施协定》中规定，世界贸易组织成员国实施保障措施需要满足3个条件：第一，某项产品的进口大幅增加；第二，进口大量增加是由于不可预见的原因以及成员方对WTO义务履行的结果；第三，进口大量增加，对国内生产类似产品或直接竞争的产业造成了严重的损害或者威胁。如果具备以上3个条件，世界贸易组织成员可采取提高关税、纯粹数量限制和配额等相应的保障措施限制进口。保障措施是WTO规则允许的贸易救济措施，但保障措施的实施，必须对相关条件严格遵守。然而，在现实中，越来越多的国家滥用保障措施，也造成了较多的贸易摩擦。例如，近些年来，中国的出口高速增长，很多国家开始对中国出口实施相应的保障措施。关税和配额成为各国使用保障措施的主要工具。美国和欧盟对中国纺织品实施的特别保障措施就是最好的例子。

因此，在WTO框架下，首先，我国应重视实施战略性贸易政策与遵守相关规则之间的关系。其一，严格遵守WTO各项规则，履行相应的义务，实行不违反WTO规则的贸易政策，尽可能避免贸易争端。其二，结合我国经济实力以及经济发展阶段的情况，合理使用战略性贸易政策，对部分产业提供适度的保护和支持。作为一个发展中国家，中国同样可以利用世界贸易组织对发展中国家的例外规定，积极为国内贸易干预提供相应的辩护。其次，要充分运用WTO的争端解决机制处理贸易争端。当遇到其他国家对我国出口产品滥用反倾销措施、反补贴政策、保障措施时，我国应主动利用WTO争端解决机制寻求公平裁决，改变有关国家不公平贸易的错误做法，遏止其对中国滥用贸易救济措施。再次，高端产业的发展具有明显的外部经济效应，这也往往成为多国政府实施战略性贸易政策的首选。以美国、日本等国实施战略性贸易政策的成功经验，外部经济为基础的贸易干预政策会发挥积极作用。中国还应充分利用WTO允许的措施来提升我国产品的国际竞争力和产业的国际优势。此外，应当积极参与国际贸易规则的制定和完善。我国产品频繁遭遇其他国家反倾销与保障措施的根源，是贸易保护主义的重新抬头。因此，要想约束世界各国的贸易保护主义行为，应当通过制定有效的多边贸易规则来实现。中国是世界贸易组织最大的发展中国家成员，应主动参与多边和双边贸易谈判，推进全球的贸易自由化，为国内企业和经济发展提供良好、稳定的国际环境。

第三节　关于选择型产业政策的争议

在英国、美国，产业政策的地位和作用所产生的影响相对不大，除了日本之外，产业政策在整个西方经济学界都不是主导性的话题。这是因为在新古典主义占据主流地位的经济学界看来，所谓的产业政策其实并没有必要。熊彼特的企业家与创新理论以及新古典模型显示，高利润空间是由企业家精神所推动的创新，在一定时空内创造出来的，市场机制引导生产要素向利润丰厚的行业和地域流动才是产业发展的根本动力。政府政策无法催生企业家和企业家精神，市场竞争的历练才是其真正源头。

美国学界、政策界曾两度热议产业政策问题：第一次是在20世纪70—80年代，第二次是在2007—2008年的金融危机之后。

1979年，哈佛大学傅高义教授出版了《日本第一：对美国的启示》一书，迅速成为学界话题，对日本经济的议论在当时的美国一时成为大热门，美国精英们心照不宣地探究日本成功的秘辛。《通产省与日本奇迹》（约翰逊，1982）一书中包含了一些非学术性目的，对美国精英提出的警示是：为何不能如日本那样在美国实施产业政策？于是，一场关于产业政策的热烈讨论先是在美国学界兴起，随后传至欧美学界。1984年，约翰逊收集了一批知名学者的论文，编就一部题为《产业政策辩论》的论文集，对美国在产业政策中的得失进行全面检讨，笔锋指向“里根经济学”。1994年，由著名智库“二十世纪基金会”资助，美国知名历史学家小格拉汉姆著写的《时间正在流逝：产业政策辩论》由哈佛大学出版社出版，此书语调急迫，呼吁美国尽快放弃里根政府执行的新自由主义经济政策，以实现美国工业国际竞争力的重振。

以上关于产业政策的相关讨论，直到20世纪80年代末至90年代初开始销声匿迹。可以说，1984年，民主党在竞选中失败，是导致相关产业政策失去政治驱动力的原因之一。更重要的是，20世纪80年代后期，计算机技术和高科技革命给美国的产业发展带来了新契机，美国产业的生产效率前所未有地提高。20 世纪 90 年代，美国制造业的发展上升到一个新的高度。此外，美国在政治、社会和文化方面向保守派靠拢。1992 年后，在以格林斯潘为主的推动下，克林顿致力于福利政策的改革，开始减少政府的财政赤字。苏联的解体进一步减轻了美国军费开支的压力，由此产生的和平红利使减少财政赤字成为可能。结果是，天时地利和适时的政策支持，使美国政府不仅出现盈余，还及时使美国经济走出衰退。在一片祥和中，美国传统制造业存在的严重的竞争力问题被隐藏，产业政策问题从那时起被边缘化。

然而，在 20 世纪 90 年代美国经济的复苏过程中，其对产业政策的不关心，并没有扭转美国经济与世界经济关系的基本趋势。不出所料，在 2008 年的金融危机中，美国产业竞争力和产业政策的问题被再次提出。这次讨论，一方面是因为 21 世纪以来，美国面临来自中国等新兴市场的强大竞争压力；另一方面，金融危机暴露了美国经济的偏向和风险，主要是过于倚重金融等服务业，而且，这次金融危机殃及美国的制造业，并对美国的制造业造成直接冲击。例如，在金融危机前的几年，美国通用电气几乎一半的利润来自其子公司——通用电气资本；而美国通用、福特和克莱斯勒汽车的消费信贷部门，同时也是各自公司的主要财源，金融危机对一些制造业的跨国公司造成了致命冲击。

2007—2008 年的金融危机以及由此引发的经济萧条，对社会产生了较大的消极影响，政府的干预政策开始加强。美国政府对通用汽车和克莱斯勒汽车公司进行救助，奥巴马政府也开始对金融、汽车业进行全方位的政府管制，大力扶持汽车、民居以及绿色能源等重点产业。实际上，奥巴马政府的政策干预就是以直接或者间接的方式来推行产业政策。一个很好的例子就是，美国政府对通用汽车公司的扶持不仅仅体现在短期资助方面，更重要的是政府还对公司的战略目标以及公司利润分配决策进行直接干预。不仅如此，美国政府为改变美国汽车业的战略目标，还涉足低耗油汽车的开发领域。在能源产业方面，核发电厂可以获得政府提供的保证贷款，例如，美国的四大公用事业公司建立新的核电站，获得奥巴马政府能源部提供的 185 亿美元贷款保证。美国政府对能源产业的扶持不仅使核能源业恢复发展，更为重要的是有助于减轻对国外石油的依赖，促进美国制造业的繁荣发展。

如上所述，美国实施产业政策的必要性以及可行性在美国政策界引起热议。这场热议的主题表面上看是绿色产业和能源资源问题，但从更深入层面上看，是美国经济发展模式、经济结构以及制造业未来等宏观议题的讨论。

赞成产业政策的观点，从更专门化的经济学理论的意义上看，是有迹可循的。

时间追溯至1791年，亚历山大·汉密尔顿在向美国国会提交的《关于制造业的报告》中提出，市场机制在培育创新产业以及刺激创新投资方面存在不足之处。汉密尔顿认为从短期来看，市场价格是调节需求与供给平衡的一个关键而有效的信号，但从创新技术的投资以及产品选择引导层面，以及在10年至15年期间引导生产规模方面仍然不够完善。汉密尔顿的解释为现代产业政策论者反驳新自由主义观点奠定了基础。

新自由主义者过于理想化的前提假设遭到产业政策当代支持者的批评。斯蒂格里茨在《在全球化世界中的发展政策》（2003，http：//www.globalpolicy.org）一文中，对新自由主义的完全市场机制假设进行批评。他提出，新自由主义主张市场是完全的，但事实是，多数发展中国家存在市场失灵与不完全。在这种市场不能满足经济发展需求的情形下，政府为处理好与市场间的关系，通过采取一些政策来实施干预是很有必要的。

拉尔对新自由主义思想的理论基础进行强烈的批判，他提出新自由主义的理论基础是市场的有效性（Lall，2003）。但拉尔认为自由市场不能够达成动态竞争力，因而更赞同政府实施有效干预。拉尔认为市场力量虽有其强大的一面，但由于市场制度的脆弱甚至缺失，并不能保证市场能够有效运作，因而市场并不是完全的。新自由主义者否认产业政策作用的理由之一就是过去实施的产业化政策并没有取得好的成效，拉尔也同意这点理由，但他认为过去实施的产业化政策未能在市场中发挥积极作用的原因并不在于实施的产业政策，而在于过去政府能力的欠缺。政府为充分发挥出产业政策执行的积极作用，需要进一步加强对产业政策的分析研究，来提升政府制定与执行产业政策的能力。

奥野正宽（Okuno－Fujiwara，1988）对外部性存在的政策意义进行详尽分析，他认为政府可以对具有外部性相关部门进行协调沟通，市场中广泛存在的外部性和协调失灵，必然需要政府进一步加大对工业化进程的干预程度。罗德里克（Rodrik，1996）对奥野正宽的分析进行拓展延伸，并建立相关的模型，来研究当（上下游）企业之间投资互补性情形存在时，即当企业的投资收益依赖于其他投资者对其投资时，协调失灵情形可能会出现，从理论上分析，政府实施的产业政策能够对市场主体的行为加以引导，甚至代替市场主体行为来直接进行投资。豪斯曼、罗德里克等

（Hausman 和 Rodrik，2003）也通过深入研究发现，工业化进程中一国生产结构的转变，实现结构单一化到结构的多元化需要经历一个“自我发现”的过程，也就是实行一种创新活动，即企业家为建立适应本地条件的新产业，引入外来新技术、建立新的生产线的创新行为。虽然企业的这种创新活动能够创造巨大的社会财富，但创新者也要面临创新活动失败的全部风险，承担失败成本，如果企业创新活动取得成功，由于行业中模仿行为的存在，创新者的成果被他人进行模仿借鉴，结果就是企业实行创新活动的效益小于创新的社会效益，降低企业实行创新活动的积极性，市场中“信息外部性”随之产生。

协调外部性是市场中存在的另一个不足之处，这一不足在规模经济条件下较明显。由于很多项目是由产业链中上下游企业共同投资完成，只有上下游企业对项目的投资时间具有一致性，形成对项目的大规模投资才能使得项目盈利。市场中单个企业对项目的投资可能不会使项目达到盈利条件，市场中还存在众多的投资者，仅仅依赖市场力量还不能够协调不同投资者行为，故顺利协调市场中不同投资者行为会对新产业的建立与发展产生影响。因为市场中存在关于信息外部性、协调外部性的两点不足，要想产业保持源源不断的创新动力，政府需要借助产业政策来支持新产业的建立、发展及其创新行为。

经济全球化背景下，从经济增长的角度考虑产业政策对国家国际竞争力的提升作用，也是解释产业政策有效性的重要理由。索洛较早地以增长理论为出发点，发现产业政策能够纠正市场失灵，提出当市场力量无法使高增长产业快速获得资源时，政府就可以通过产业政策的实施来对资源加以引导，使资源从没落部门快速流向新兴部门，以此促进经济的良好快速发展。

波特对通过产业政策的实施来提升本国的国际竞争优势、实现本国的健康发展持积极、赞同的态度。波特的国家竞争优势具体指一国使其企业或产业在所处的领域内，能够创造并且保持竞争优势的能力。一国的竞争优势能够决定该国产业在国际上是否具有竞争力，而国家竞争优势由 4 个因素决定，它们分别是要素条件，需求条件，支持性产业与相关产业和公司的战略、结构，竞争。政府执行相关的产业政策就是通过影响这 4 个因素来发挥它的辅助作用，从而培育苛刻的消费者、国内具有较强竞争力的供应商联系以及完善的公共设施环境。

如上所述，首次结合国际贸易问题与产业组织、产业政策，布兰德与斯宾塞提出“战略性贸易保护”政策的概念，他们指出，产业政策能够在企业的国际竞争力方面发挥战略性作用。哲罗斯基和詹奎米恩也赞同，产业政策在国家的竞争优势方面充当重要角色，它影响一个国家的国际竞争力主要是通过影响生产率与技术效率。

学界中的一些学者认为，产业政策是一种加快创新行为的重要手段。泰森提出，从创造财富和保持贸易平衡层面考虑，技术密集型产业与劳动密集型产业发挥的作用相当，但在决定一个国家长期的发展能力方面，如就业、工资、劳动技能、生产效率以及研发活动等，它们所发挥的作用却有很大不同。技术密集型产业对经济能够产生较大的外部性，然而其技术的研发成本也非常高，因此技术密集型产业的发展急需产业政策的推动。园山晴认为，随着不断增强的现代研发行为风险，政府在促进研发行为中发挥的作用越来越大，政府可直接参与一些基础性的研发活动，或者以间接方式，如对私人部门提供补贴来促进研发行为。切卡指出，市场中远离技术前沿的企业，那些能够使企业保持市场份额，并且增加短期收益的保护政策是合理的，若没有这些保护政策，这些企业将失去支撑必要研发成本的市场份额以及收益。

格申克龙认为，相对于工业化国家，不发达国家对现代化资本密集型产业需要实现跳跃式发展，但由于私人部门能力有限、缺乏资本，只有国家才有能力去进行资源的合理配置，对产业政策的需要也就随之产生了。

也有一些学者通过分析历史和现实，提出赞同产业政策的观点。

张夏准（Chang，2002）提出，在现代经济发展初始阶段，欧美国家使用各种产业政策扶持本国的幼稚产业，使用行政手段保护本国市场，并对特定产业的发展进行支持，因此形成了一个完整的、现代工业体系；在经济思想方面，欧美国家崇尚经济自由，并号召广大发展中国家实行自由开放政策，摒弃产业政策工具。张夏准（Chang，2002）表示，欧美国家的意图在于维护本国的优势地位，防止发展中国家在经济上追赶发达国家。

Bingham（1997）对美国经济发展的历史进行深入分析，指出自汉密尔顿开始，美国政府在经济发展中一直坚持运用多种产业政策，并取得了非常好的效果。他提出，美国的产业政策在解决功能性问题方面发挥了重要作用，同时在自由贸易环境下推行单边主义政策、重建城市、保障国防建设以及促进新技术产业的发展方面，也都起到了极为重要的作用。

佩克尔曼深入研究欧洲国家现代产业政策的设计框架以及实践运用，研究结果表明：欧盟成立的历程以及现代欧洲各国之间的政策协调，都突显出现代产业政策以及教育与培训在提升国际竞争力的能力建设方面发挥的巨大作用。佩克尔曼表示，2000 年提出的里斯本战略是欧洲各国在此后 10 年内产业政策的指导思想，树立“令欧洲成为以知识经济为基础并且是世界上最富竞争力、活力的经济体，在提高就业率和增强社会凝聚力的基础上实现可持续的经济增长”的远大目标。

有部分经济学家认为日本经济实现繁荣发展的重要原因之一是日本实行的产业政策。拉尔、罗德里克、张夏准等经济学家，通过各自的研究都发现，产业政策不仅促进日本经济，而且在其他亚洲高增长国家也发挥出重要的作用。

当然，并非所有学者（尤其是经济学家）都赞同政府使用产业政策。在日本经济泡沫破裂以及亚洲金融危机大爆发时期，各类国际学刊上出现了各种质疑产业政策有效性的文献。

第一种观点认为，相较于市场机制的自发运行所获得的充足信息，政府代替市场很难运行所必需的各个分散的信息。并且政府制定决策的行为通常也是通过缺乏足够激励的委托—代理关系，即通过其代理人来从事，因此，政府即使能够获得充足的信息，也很难保证公共利益最大化。这种观点表示，政府在没有充足信息的情况下去选择优胜者，更容易诱发寻租行为，这样就与政府开始实施产业政策的最初目的相背离。克鲁格在《寻租的政治经济学》（1974）一文中，分析企业在进口数量限制下，为获得进口许可证而产生的竞争行为，因此产生寻租的行为以及将资源浪费在非生产性寻租活动中。张五常在《合约的结构与非私产的理论》（1970）这篇论文中提出，集权国家推行的制度与私人财产制度不同，在政府对经济进行大量干预如实行许口证制度等情形之下，贿赂现象时常发生。实际上，大量经济学家、政治学家和社会学家在论著中都表明，经济体中存在的许多产业政策都是不同利益集团为保护自身及相关者的利益而实施的。这些产业政策在一定程度上能够促进“幼稚产业”竞争力的培育，但随着“幼稚产业”逐渐成熟壮大，这些产业政策仍长期存在于市场中。赞同实施选择型产业政策的人只针对“成功的产业政策”进行分析，他们往往对“失败的产业政策”视而不见，然而事实是，即使是运用大量产业政策的日本也存在许多产业政策“失败”的例子。20 世纪 90 年代初日本“第五代计算机开发计划”的推出就是一个很典型的例子，这在当时花费了巨大的人力物力，如今随着个人电脑的普及，这个“第五代计算机”已永远停留在过去的辉煌中。学术界的学者们对产业政策是一种“挑选赢家”的政府行为提出深深的质疑。对实施选择型产业政策持反对态度的人认为，经济体中所实行的是一种广撒网、撞大运、多方下注的产业政策，最终总会找到几家受益者。

第二种反对产业政策的观点主要是基于市场中成功的一些企业来分析其产业发展进程中市场力量、政府干预以及其他因素的贡献率。学者们通过计量经济学的方法，对处于不同时期的不同产业以及不同经济体的数据进行分析，结果显示，产业政策只对早期的少数产业发挥微小的促进作用。学者的研究成果凸显了发展中国家在研究方法论方面的不足，也就是说，受到政府的支持、鼓励以及因为政府实施产业政策而受益的某一产业最后成为“赢家”，那么政府的产业政策与这一产业之间存在很强的因果联系。反对者提出的意见是，这一点与实际情形不符合。2000 年，世界银行发表《东亚奇迹的反思》，详尽说明了产业政策在东北亚、东南亚等地区的良好效果，但从整体上看，产业政策的表现却黯淡无光。

1997 年以“变迁世界中的国家”为主题的《世界发展报告》中，世界银行对产业政策进行了讨论。根据这份报告，产业政策的实施方案有以下三种：第一，是政府去选择赢家，之后对其提供多种资源来推动其进步，有时候政府直接出面兴建国有企业；第二，是对投资进行协调，扶持那些在初期具备首创性和积极性的私有部门；第三，是提供服务，注重“硬件”与“软件”的建设，包括物质性、人力性和制度性在内的基础设施建设，与此同时，建立起多种形式可以在信息搜集、组织协调等方面发挥良好作用的公私合作伙伴关系。这份报告的结果显示，“挑选赢家”的风险和机会成本都是最大的，失败就会付出高额代价；在私人部门和市场力量发挥主要作用时，政府协调投资取得成功的概率，比单纯由政府出面挑选赢家要高；而发挥服务提供的功能、弥补市场失灵，与市场机制的运转具有相得益彰的效果是产业政策的正确道路。归根结底，千变万化的产业政策仍然需要建立在市场机制正常运转的基础上。

经历一场对产业政策的支持与反对的热议之后，产业政策并没有给经济学界留下好的印象。新自由主义仍旧是经济学界和发展政策学界的主旋律：与政府代替市场决策相比，市场决策能够取得更佳的效果。对新自由主义持赞同观点的学者认为，所有国家实行最好的战略就是新自由主义方法，任何情形之下都采取自由化，由市场来分配资源获得自然比较优势是一种最优的动态优势，市场在没有政府干预的情况下可以达到稳定的增长以及社会福利的增加，国家充当的合法角色就是提供一个有着明确游戏规则的宏观经济环境，对私人企业提供基本的公共产品诸如人力资本、公共设施等，并且对国外产品与要素实行完全的开放。崇尚自由主义的学者认为，产业政策会因为扭曲市场调节资源配置的方式影响市场的效率，甚至会降低社会福利水平，故“最好的产业政策是根本没有任何产业政策”的观点受到经济自由主义者支持。

中国从20世纪80年代末开始推行产业政策。21世纪以来，一些产业政策纲要性文件如《当前国家重点鼓励的产业、产品和技术目录》（2000年修订）、《当前优先发展的高技术产业化重点领域指南》《国家产业技术政策》《促进产业结构调整的暂行规定》《产业结构调整指导目录》相继出台，中国的产业政策逐渐变得更加完善、细致和全面；并且针对具体行业如钢铁、电石、水泥、煤炭、铝、电力、纺织等，也相继制定了结构调整政策；政府为促进单个产业的发展而实施的产业政策也越来越成熟，陆续颁布了《汽车产业发展政策》《钢铁产业发展政策》《水泥工业产业发展政策》与《船舶工业中长期发展规划》等。中国于2009年陆续颁布实施十大重点产业调整与振兴规划，涉及产业活动的各个方面的相关实施细则超过160项。

江飞涛、李晓萍（2010）提出，长期处于计划经济体制之下的中国，导致政府在对经济直接干预时存在巨大的惯性，更加侧重于由政府主导的“选择型产业政策”。这种选择型产业政策几乎将所有的产业都囊括其中，政府采取的直接行政性干预手段主要是市场准入、项目审批、供地审批、贷款的行政核准、目录指导、强制性淘汰落后产能等，并且选择性地扶持和调控产业内特定企业、特定产品、特定技术以及产业组织形态等。

石奇、孔群喜（2012）提出，处于转轨过程中的中国经济，从中央政府到各级地方政府对特定产业的扶持都是通过改变其支出规模与支出结构进行的，被投入到基础设施以及公用事业部门中的公共支出来源于大部分的固定资产投资。从较长发展时期来看，这种经历一段时期才形成的公共品供给能力，借助“租金”创造机制使不同产业部门重新分配生产要素，最终对不同产业的发展和产业结构的变迁产生影响。从要素积累的层面分析，政府干预经济运行主要是采取财政收入与支出手段使社会资源的配置效率有所提升，也就是会出现特有的结构效应。例如，政府直接增加社会固定资本的手段是调整公共基础设施投资支出；使得社会人力资本增加进而提升相关部门劳动力就业率的方式是增加公共教育支出，通过增加公共教育支出的方式，能够使社会再生产中新的积累结构产生。因此，由政府支出诱导的要素积累变化，对不同产业部门的产业结构、经济结构以及要素配置都有所改善，与此同时，从低生产率产业部门转移至高生产率产业部门的要素也会产生较大的资源配置效益，这一切都与赶超型经济的目标要求相符合。

孙早、席建成（2015）提出，准确把握中国式产业政策的深刻内涵的前提是对其制度背景有一个正确理解。政治相对集权下的经济相对分权是对中国中央政府与地方政府两者之间关系的形容。在政治层面，地方政府主要官员的升迁、调动都是由中央政府借助组织和人事制度调控的。中央政府主要根据不同地方政府在“锦标赛”竞争中所形成的相对指标体系来对地方政府执政能力进行评价。地方政府执政的方向也是向中央政府的考核目标努力。在经济层面，地方政府在经济相对分权的条件下，拥有更多发展经济的自主性，地方政府在中央政府统一的政策安排下基于自身的资源优势以及拥有的基础条件，能够因地制宜地制定适合本地区的实施细则。孙早、席建成（2015）表示，中央政府制定的考核目标，对那些为“晋升而增长”的地方政府官员加快落实产业政策发挥了积极的作用。

张同斌、高铁梅（2012）将高新技术产业纳入一般均衡（CGE）模型中，分析中国高新技术产业在财政激励和税收优惠政策下取得的进展及其产业结构的调整。结果显示，相比税收优惠政策对高技术产业的贡献度，财政激励政策对高技术产业的贡献度更大。在高新技术产业的内部结构上，不同于财政激励政策，是通过研发支出的增加来加快技术进步，税收优惠政策则是通过相对价格下降、产生替代效应以及鼓励要素流入使技术进步的步伐加快。尽管财政激励政策和税收优惠政策都能够令高新技术产业的增加值提升，并改善高新技术产业的内部结构，但总体上说，税收优惠政策产生的影响更为显著。从财政激励、税政优惠政策对产业结构的调整效应分析，高新技术产业的财政激励既能对其前向关联产业产生一定的前瞻效应，又能对其后向关联产业产生显著的回顾效应，与此同时，高新技术产业也推动农业和消费品工业的产出增加。与财政激励的作用相比，高新技术的应用在税收优惠作用下，虽然能够形成农业和消费品工业劳动密集的比较优势，但由于相对要素价格上升导致的成本上升远超于高新技术产业对工业资本要素生产率的提升，因而不利于原材料工业、装备制造业和建筑业的增加值增长。

黎文靖、李耀淘（2014）通过分析中国式产业政策发挥的激励作用发现，产业政策并不能对公司投资产生显著的激励作用，这种无效的激励作用在国有企业中得到更多的体现。究其原因，中国现行的行政体制，会令各级行政部门盲目投资，国有企业与政府的亲密关系导致企业的努力方向趋同于政府的政治目标，也会承担政策性负担，并且政府的政策资源、财务资源会更多地向国有企业倾斜。以上分析就是国有企业过度无效率投资的原因，这种过度的、无效率投资在宏观上的表现，就是地方保护主义、地区间的竞争导致的产能过剩以及不合理的结构等众多问题。因此，中国产业政策的实施效果并不简单地由产业政策一个因素来决定，而是需要结合社会深层次方面的因素：政治制度和经济体制等来考虑。黎文靖、李耀淘（2014）通过分析产业政策对中国民营企业的作用发现，产业政策能够显著激励民营企业的投资，但投资效率却有一定程度的下滑。其根本原因在于，民营企业并不具备国有企业的融资优势，反而在政策、金融方面受到歧视，导致民营企业错过了许多次发展机会。因此在产业政策的激励作用下，民营企业会不遗余力地增加投资，尽管短期内效率得不到提升甚至可能会下降，那么在宏观上的表现就是产业政策调整使经济效率有所下降。

黄先海、宋学印、诸竹君（2015）提出，中国式产业政策通过竞争兼容方式施行的补贴可以一边减弱补贴对创新产生的消极作用，另一边通过扩大市场竞争来取得创新激励效应。但不同行业都有一个有效竞争阈值来调节企业的竞争程度，当行业竞争程度超过有效竞争阈值时，各级地方政府一旦继续对该产业实施过度的补贴政策，就会导致企业对市场需求变化以及竞争压力的敏感性下降，甚至会有“为补贴而生产”和“战略性新兴产业也过剩”的局面出现。因此，补贴政策应根据行业竞争程度的变化处于一个动态调整过程，当行业竞争程度超过有效竞争阈值时，对该产业的补贴政策应该减弱甚至退出。

尽管现阶段关于产业政策是否有效的讨论仍旧在经济学界继续，但更多的人开始从“华盛顿共识”的破灭中对产业政策的有效性及对经济发展的意义进行重新认识和思考。

众多研究者反对传统的选择型产业政策根源在于，这种产业政策的手段关注对赢家的挑选，以政府直接干预的方式对市场范围或生产组织条件进行限制，对市场的作用机制产生影响，虽然这在一定程度上可以弥补市场失灵，但也会导致市场的低效率，严重时会滋生腐败以及寻租现象的发生，最终造成政策失灵。这成为经济自由主义者反对产业政策、支持产业政策无效论的主要根据。而新式产业政策的设计已经不仅仅局限于直接干预的方式，在全球经济一体化的宏观环境下，新式产业政策在遵守 WTO 规则的基础上，注重提升国家的国际竞争力水平以及增强创新能力水平。在当今社会经济中，无形资本如知识、人力资本、组织资本、社会资本等在生产经营过程中的作用越来越大，新式现代产业政策的核心在于能力建设。与此同时，为提升产业政策的有效性，推动产业部门的发展、实现企业的动态调整也是新式产业政策关注的重点。

第四章 功能型产业政策与产业优势

本章主要是对功能型产业政策具有的特点进行分析——在功能型产业政策作用下，产业优势的响应。

基于前文分析基础，市场失灵理论和赶超理论是传统选择型产业政策的两大基石。市场失灵理论认为市场由于存在企业垄断行为、宏观外部性以及信息的不对称，导致现有的市场机制不能有效地实现资源有效配置，故急需政府实施相关的产业政策对现有的市场机制进行干预，从而完善市场机制。赶超理论主要基于后发国家的廉价劳动力成本和技术创新等后天优势角度分析，认为后发国家为达到赶超发达国家的目标，应当充分借助产业政策来改变自身的产业结构。20 世纪末，公众对市场失灵概念的认识逐渐加深，作为产业政策理论基础之一的市场失灵理论得到延伸。罗德里克（Rodrik）和豪斯曼（Hausmann）等对产业政策的依据进行解释，主要是从市场中存在的不足比如知识外部性、协调外部性等角度进行分析。他们提出一个国家单一的生产结构需要经历一个“自我发现”的过程，才能成功转变成多元化的生产结构，这个过程其实就是一种创新行为，即创新企业利用外来引进的先进技术或开发新的生产线更好地为本企业服务。但这种创新活动有利有弊，从有利方面分析，创新活动会给企业带来巨大经济效应，增加社会价值；从不利方面分析，创新需要付出巨大的成本。若企业的创新活动非常成功，此时由于市场中存在很多的模仿者，他们可以在享受创新成功的同时不付出任何成本，这就导致创新企业的效益小于那些模仿企业的效益，进而创新企业失去保持创新的动力，即市场中产生知识外部性。市场存在的另一个缺陷是协调外部性。这是因为许多项目需要同时进行大规模的投资才能盈利，并且相关的上游和下游投资需要同时联动，配套设施的完善也会产生高额的固定成本，因此单个企业往往没有能力完成，而市场自身的力量又不足以协调不同投资者的行动，能否解决协调问题关系到大量新产业能否建立和发展。正是由于信息外部性和协调外部性的存在，政府需要通过功能型产业政策对建立新产业及其相关创新活动进行必要的支持，以保持产业不断进步的动力。

我国的产业政策通过多年的不断发展完善，现阶段已形成较为完整的体系，对我国企业生产实践产生巨大的影响力。但毋庸置疑的是，由于我国产业政策主要侧重于选择型产业政策，这种政策体系在对新产业未来发展能力的培养以及产业竞争力方面仍然有很多的不足，为使得新产业能够拥有良好的发展前景，加强对新产业政策的完善是非常重要的。完善产业政策的核心是改变传统产业政策的构造思路。在当前信息化时代，人们逐渐意识到可以借助国际上其他国家在产业政策实施及转型方面的经验，来帮助我国在相关领域内更好地发挥功能型产业政策的作用。

第一节　选择型产业政策式微与功能型产业政策出场

周叔莲和裴叔平等（2007）指出，实行产业政策的情况因国而异。一些国家公开声明并自觉实施产业政策，其中日本较为典型。有些国家虽然没有明确声明制定了产业政策，但是他们实际上实行了产业政策，并较为显著地影响着产业发展，大多数发达资本主义国家和许多发展中国家皆属于上述情况。有的国家的经济政策主观取向反对产业政策（以及所有形式的经济规划），但在实行的干预措施中也包括很多产业政策或类似产业的因素，其中美国较为典型，可以说这一结论与公众的观察所得是相符的。但第二章中曾提到，大多数国家中对于产业政策的定位以及它的作用存在事实上的巨大差异，并且选择型产业政策引起了公众的热烈议论。

政府借助一系列政策及措施如挑选赢家、严密保护、直接干预等引导市场资源不受市场机制的干扰实现最优配置。正如第二章中曾阐述的，选择型产业政策使得一部分企业享受垄断租金，从而人为地构造行业垄断来引导资本投向政府侧重的行业。这样的“租金创造”机制一般而言有两种具体形式。

第一种具体形式是关税和税收政策。例如，日本为保证某些企业能获得超额利润，借助关税政策使得企业在特殊生产资料的进口方面具有垄断权。一个经典的例子是，政府在1950—1953年对一些进口企业赋予进口垄断权，从而进口企业能够将古巴糖以2—10倍的进口价格在国内市场上出售。但企业获取垄断权的前提条件是企业本身拥有从事出口的造船企业，又或者是企业用进出口贸易获得的部分利润来补贴轮船出口。1950—1970

年，政府对企业实行税收减免政策，这一政策使得政府损失 8%—13% 的税收，在 1950 年前后，政府对企业免税数额高达企业留存收益的 1/3。之后，随着企业内部盈余积累的增加，政府对企业的税收减免额逐渐减少。同时由于政府赋予某些企业垄断权，这些企业获得超额利润，在经济高速发展时期，这些企业利用获得的超额利润来进行大量投资，以此来促进企业的快速发展。一些学者研究发现，20 世纪 70 年代韩国政府对一些企业的干预与日本政府行为如出一辙，韩国政府为促进国家出口首先成立一批大企业集团，接着再对这些企业提供优惠贷款以及在其他方面设置垄断权。这些企业集团虽然不能从出口中获取高额利润，但政府赋予他们的垄断权使企业在经营方面获得高额回报。

信贷干预与利率优惠政策是第二种具体形式。日韩两国在第二次世界大战结束后将利率下降到极低水平，与此同时政府的贷款对象也仅是受到政府资助的企业，这其实是一种严重扭曲的金融政策。例如，大约在 1970 年前后，韩国货币银行与韩国开发银行中设备贷款总额占其本身银行贷款总额的 15% 和 80%。设置高比例的设备贷款的目的是为那些有发展前景的资本密集型企业提供租金，以此鼓励这些企业的创新进步。20 世纪 80 年代中期以前，韩国政府在为企业提供担保的同时还大量借入外债，政府借入的资金大部分投向大企业集团，以此来为大企业的前景提供发展条件。政府的贷款担保对象重点是大企业，政府的这种举措加大市场中大企业与中小企业融资能力的不平衡。

可以肯定的是，在特定的时期，政府的“租金创造”模式获得成功是有一定特殊性的。当经济处于发展缓慢时期，企业提高技术水平主要方式是引进外来先进技术，但由于企业缺乏资金并且对外投资的扩张资本有限，因而在不发达的间接融资市场中，企业在政府的支持下，可以消除引进外来技术存在的资金障碍。一些企业不仅获得政府在补贴和信贷方面的资金，而且还获得政府赋予的垄断权，这些垄断企业将收获的高额利润转而投向具有良好发展前景并拥有高技术水平的行业，这种借助企业自身盈余积累来提高企业的投资水平、促进产业升级的方式往往能取得良好的成效。在经济发展缓慢时期，政府很容易分辨出拥有良好发展前景、满足国际化需要、符合国家发展方向的企业。在这一发展阶段，政府和企业达成的共识是借鉴和引进国外的先进技术水平来明确本企业的产业升级目标。例如，20 世纪 70 年代初期的韩国，重化工业被政府定位为产业发展方向。随后，大型钢铁厂、汽车制造厂以及造船企业数量不断增加，这些大型重化工业企业的建立似乎能够反映韩国技术创新水平的上升，然而，重化工企业制造技术早已在发达国家发展成熟，韩国的技术水平提高很大程度上归因于国外先进技术的引进。事实上，韩国企业借助政府强有力的力量，消除了资金障碍，达到规模效应成果。

不同于工业化的初期与中期阶段，当工业化经济处于高级阶段时，国外的技术不再具有借鉴性，企业更需要对技术进行研究从而进行独立自主创新，仅仅依赖政府的资金支持不足以推动企业技术的进步。产业的未来发展、产业是否有良好前景、产业是否会衰落都是事先预料不到的，只有通过企业之间的竞争，产业的发展与升级方向才得以明确。随着知识和技术的进步，与原来的资金规模相比，知识和技术在更大程度上决定未来新技术的成长，再加上不断涌现的新创意以及新商业模式，政府很难分辨出具备广阔发展空间的行业和技术，故带有主动性的传统选择型产业政策的功效逐渐减弱，有可能还会导致经济的后退和对创新的抑制。

一些研究学者通过对“租金机制”进行研究，认为“租金机制”有其适用条件，一些研究成果则认为“租金机制”根本不应存在。

政策实施效果最先被研究学者质疑。有大量学者对产业政策效果进行理论分析与实证分析，结果证实东亚产业发展迅速的主要根源并不是东亚的产业政策。伊藤（Ito，1994）提出，东亚对外实现开放的举措以及促进出口的战略是东亚经济发展迅速的主要原因。政府对微观经济进行指导是有前提条件的，宏观经济稳定，汇率市场稳定，公众储蓄、投资情绪高的背景下，政府的指导对经济是不利的。克鲁格曼（1997）提出，与政府对目标产业的扶持以及提高产业技术的措施相比，政府对人才培养力度的加大，对人力资源的投资加强才是推动东亚经济的根本原因。东亚政府对市场的这种直接干预受到Heo和Kim（2000）的质疑，他们认为政府借助产业政策的实施来对目标产业进行扶持，这种做法发挥的作用微乎其微，因为在日本与韩国中，那些接受日本与韩国政府扶植的产业全要素生产率（TEP）与之前未受到政府扶植的产业全要素生产率相比，几乎没什么区别。但东亚政府加大对人才培养力度、实行对外开放的举措以及促进出口的行为，一定程度上能推动东亚经济发展，这一点受到学者们的肯定。今井贤一（1988）提出，日本产业发展更多的是依赖市场机制的作用，而并非来自政府的干预。小宫隆太郎等（1988）认为，日本产业政策实施成效受到外国的一致好评。“产业政策作用有效，对第二次世界大战后日本经济的高速发展做出了巨大贡献”这一论点受到以三轮芳郎为代表的学者们的质疑，2002年，三轮芳郎在他的著作《日本产业政策论的误解》中对产业政策效果进行验证，结果证实产业政策并不能推动日本经济的繁荣。三轮芳郎（2002）对经济政策史进行详细的研究分析，证实通产省实施的政策不会对市场中的经济主体产生重大作用；日本政府非常谨慎地实施对市场进行干预的措施；无论在什么样的经济环境下，政府实行的各式各样产业政策都不具备政策目标的明确性以及可操作性；日本实施的产业政策从根本上不具备干预主义色彩，实质上还是借助自由市场经济体制来促进第二次世界大战后经济的恢复。三轮芳郎还提出，日本的产业政策或许不能被认为是失败的，因为日本的产业政策未被实际实施过。

一些研究成果证实，政府实行干预经济的产业政策，不但不会促进产业进步，反而会产生消极的影响。1996 年，Beason 和 Weinstein 在经过一系列计量研究后指出，日本的产业政策对日本电气、通用机械和交通运输机械等行业造成了消极影响，相比之下，日本的重要工业企业生产率受到日本产业政策的作用较小。2002 年，竹内高宏 2002 在《产业政策论的误解》中，将日本成功的 20 种产业与 7 种失败的产业进行仔细对比之后，提出日本 20 多种产业政策成功的原因在于未受到政府的干预，产业失败的根源在于政府对其进行扶植以及干预力度较大。

江小涓（1999）提出，中国政府对产业的干预政策也并未发挥出很好的成效，市场中行业取得进步的关键在于脱离政府的干预、不断突破原有行业的禁锢，政府对其干预措施的实施反而严重束缚行业的发展，减缓行业进步的步伐。李平、简泽和江飞涛（2012）通过对企业微观数据的分析，证实政府实施的干预性与限制竞争的产业政策，使得优胜劣汰市场机制不再对重工业行业如钢铁、汽车、石化、船舶等行业适用，这些重工业行业的生产率受到严重抑制。刘世锦（2008）、焦国华等（2007）、李平等（2010）均列举了相关的理论依据与经验依据，证实中国实施的干预性产业政策并未发挥出成效，反而产生了消极影响。

其次遭到学者们质疑的是政策的理论依据。Klimenko（2004）和 Lall（2001），对政府选择有发展前景企业的能力进行质疑。Klimenko（2004）提出，政府作为产业政策的制定者往往需要面临很多信息不对称问题，政府所选择的最有发展潜质的产业部门很可能并不具备比较优势，反而被政府忽略的产业部门具备真正意义上的比较优势。Lall（2001）提出政府在面临信息不对称问题时，导致不能准确地选择具备比较优势的产业根源在于，市场中存在大量默会知识。民间社会与私营部门的合作交流是政府实施产业政策的重心，这样能够营造有利于“创造赢家”的市场环境。政府实施产业政策是以政府拥有完全信息以及完全理性为前提假设的，这一前提遭到很多学者的强烈反对。Krueger（1974）认为，政府具备一定的条件之后，才能发挥出良好的产业政策成效，例如将政府的目标函数设为以公民利益最大化、最大限度上拥有有效信息以及政府无成本实施产业政策等。但显而易见的是，真实市场中信息繁杂多样、分布范围广泛、信息质量也良莠不齐，与信息的数量相比，正确把握信息真实性的难度已经超出了政府相关部门成员可处理的能力。因此，有效的产业政策得不到保障，并且很可能会成为市场中寻租的工具。Krueger 和 Tuncer（1982）更明确地提出，政府对产业进行干预并取得良好成效的前提假设，如政府的目标函数是公民利益最大化、最大限度上拥有有效信息以及政府无成本实施产业政策等，是与事实相悖的，政府实施经济干预的领域应该是公共品领域，即政府拥有比较优势的领域。

已有的研究证实，政府作为市场经济中的一个参与者，在面临信息不对称问题以及不完全理性的约束下，政府不再处于中立地位，而是带有特定利益以及动因的。政府在制定产业政策中存在一系列的问题，诸如政府设租偏好、政策不容易实施、政策成效的不确定性等（江小涓，1996；青木昌彦，1998）。在真实经济中，政府往往受到信息不对称、不完全理性的约束，导致政府实施产业政策的行动受到限制；在政府基于本身的利益和动因进行经济干预时，导致政府与企业的不正当行为产生，例如设租和寻租。政府失灵的现象时常发生，因此即使是低效率的市场也可能不需要政府对其进行干预。更多时候，市场失灵的发生往往是因为政府不正当的干预产业活动影响了市场机制的有效发挥。Klinger 和 Lederman（2004）用系统性证据证实，自我发现过程的受限程度与自由进入壁垒的存在是正相关的，政府对自我发现过程的限制以及对自由进入的限制会加重市场失灵。

奥地利学派的思想详尽阐释了政府信息不对称问题。新奥地利学派经济学认为，政府在制定干预市场型产业政策时，必须掌握一些依赖市场过程而产生的知识，如生产成本、消费者偏好、技术创新等，而这些知识只能依靠市场过程的开展而逐渐暴露出来，这些信息的产生只有通过市场才能够实现（Lavoie，1985）。而且，这些知识具有主观性、私人性和分散性、默识性，且和特定语境高度相关（哈耶克，2003），政策制定部门不可能仅依据这些信息就做出正确的计算和预测。同时，政府与企业相比，对市场信息的收集与处理的积极性较弱。政府作为市场经济中的参与者，一方面和其他参与者一样，同样面临激励和信息不对称；另一方面，政府需要考虑本身成本以及利益，市场失灵问题很难得到解决，特别是政府和企业对未来市场走向以及技术的发展不明确，这种情形之下的干预型产业政策会使企业家精神得不到充分发挥，市场资源得不到有效配置，市场经济活力缺失。

有的学者也对战略性贸易政策理论保持怀疑态度。Hobbs（1991）、Beason 和 Weinstein（1996）提出，有大量的实证研究结果证实，规模经济及不完全竞争不能作为新干预主义的理论基石。并且，战略性贸易政策通过给与补贴方式对目标部门进行扶持，但这种方式带来的后果就是使目标部门增加的成本远远超过政策扶持带来的经济效益。与此同时，战略性贸易政策理论中的博弈模型存在是有假设条件的，即政府能够充分掌握信息和了解企业博弈模式。但现实经济中，这个假设是不成立的。在政府严重的信息不对称情形下，政府实施战略性贸易政策的后果，很可能与预想结论相悖。除此之外，战略性贸易政策很大程度上会沦为利益集团的寻租工具，使国内市场出现垄断局面，导致社会福利的损失。需要强调的一点是，限制进口、补贴出口、非国民待遇等这些作为战略性贸易政策的主要政策工具，在世界贸易组织关于补贴和《与贸易相关的知识产权协议》的规则下，已经不再适用。

通过对产业政策适应条件、实施成效和理论基础分析，可以得出这样的结论：选择型产业政策的实施正面临越来越多的约束和责难，其日益式微是总趋势。在我国当前条件下，推动产业政策转型有其必然性和必要性。

1. 选择型产业政策转型的必然原因在于它本身具有的属性。

合理运用产业演变的自然规律是选择型产业政策的基础条件，但这也成为它的不利条件。缘由在于，产业演变规律是基于对过去发达国家历史经验的大体概括，它并不能帮助发展中国家准确预测未来潜在的市场机遇以及未来产业发展国际化方向，也不一定能够保障市场主体在政府的扶持下，能够很好地应对未来经济形势急剧变化带来的挑战。一个很好的例子就是，第二次世界大战后的日本制造业发展繁荣，在这一领域，其经济地位甚至一度超过美国，尽管如此，日本却错过了当时“新经济”的发展机会。解决这个难题的根本是需要加强对未来产业发展能力的培育，提高产业的创新技术，利用市场化和多元化的决策机制来对冲政府实施功能型产业政策带来的风险，这恰恰也是功能型产业政策的亮点所在。所以说，发展中国家经济发展到一定程度，政策转型问题就会必然出现。在中国，中央和地方政府也开始关注政策转型问题，最近几年出台的政策中都包括功能性的内容。

2. 选择型产业政策不能与我国工业化生产以及城镇化建设相契合。

日、韩等国高度化产业结构的实现基于迅速转换核心产业、外移传统产业和生产环节。中国作为最大的发展中国家，工业化规模以及城镇化建设复杂程度以及难度远远高于日韩等国家，在这样一个特定的发展阶段，实现高度化产业结构是非常困难的，所以说日韩等国高度化产业结构模式在我国并不适用。例如，我国农村未转移至城镇的劳动力人口保守估计有1.5亿—2亿人，这就表明我国需要在重视新型产业发展的基础之上，不能忽视传统劳动力密集型产业，反而更需要将它继续做大做强。又比如说，我国国民经济的命脉是重化工企业，为促进重化工企业的发展必然需要对其投入大量生产要素以及能源，这就与我国实现节能减排目标相矛盾，但为此来减少对重化工企业的要素投入又是不切实际的。以上的分析表明，选择型产业政策有一定的缺陷，而功能型支持政策更加符合国家经济发展的需要，因为它实施的范围较广。

3. 功能型产业政策更加适用于我国当前阶段的产业结构。

我国的产业在20世纪60—70年代这一阶段未能抓住经济发展的机遇，直到改革开放后产业发展才有了较大的突破。但由于产业发展时间较短，产业存在许多不完善的地方，目前我国产业结构存在两大典型特征：第一大特征是产业门类齐全，并且在国际市场上广泛参与全球产业间和产品间的分工，甚至涉足战略性新兴产业并占有一席之地，但在具体领域的垂直分工中处于弱势，研发、营销、资源整合等核心能力和自我积累能力尚欠缺；第二大特征是各行业内部组织的结构、管理、技术水平以及工艺技术都存在较大不同，产业链的构成较繁杂。例如，纺织业是传统劳动密集型产业的代表，纺织业反而应用大量引进的外来先进技术和材料，在产业配套方面也非常优秀；而IT产业属于高新技术产业，在装配环节却仍以结构单一化、劳动密集型为主。但从另外一层面看，纺织业企业大多是中小企业，这些企业利润普遍较低，因而在面对市场的波动时很难抵抗市场的风险；而IT企业大部分产能来自少数台资大企业，具有与西方企业进行品牌竞争的能力。通过分析可知，在当前阶段产业发展状态下，政府很难对选择型政策进行精准操作，而实施功能型产业政策更能满足各行业的需求。

4. 只有实施功能型政策才能够有效解决现阶段我国经济中存在的一些难题。

由于我国国民经济在较长时期内出现市场基础环境建设方面的问题，如市场中要素价格的扭曲、不同领域里经济发展环境的差距大、利益协调机制的不完善等，因而不能够快速有效解决国民经济中的失衡问题。国民经济中一些深层次的问题，如国民经济严重依赖出口，经常使政府在制定政策时处于两难境地。因为国民经济对出口的过度依赖不仅仅是表面上出口扩张的问题，从根本上也反映我国市场的不成熟以及相关制度的不健全。在我国当前的市场环境中，政府利用财政、金融等间接调控手段来调节市场经济，往往取得的成效不明显，但政府如果直接干预具体产业，又会影响到产业政策的稳定性与规范性。显然，充分发挥功能型产业政策的作用，以此来完善市场基础环境，是解决市场类似矛盾的有效措施。

5. 功能型产业政策与现行国际贸易投资规则更加契合。

我国加入世界贸易组织截至2016年已满15周年，在这期间已完成与世界贸易规则不符的政策法规清理工作，但我国市场竞争机制仍然遭到西方一些国家的指责，批评我国市场竞争机制未能遵守国际贸易投资规则，这一方面反映出西方一些国家对我国存在偏见，另一方面也体现出我国产业政策，如对不同企业实行区别对待、直接干预少数具体领域等部分内容确实有不符合规范的地方。对专向性政策支持的排斥是现行国际贸易投资规则的基本精神之一，选择型产业政策不能很好地遵循这一点。那么，为使我国更快更好地加入国际化市场，实现我国产业政策功能转型是在自主决策前提下的一个重要解决问题的措施。

综上，我国产业政策的转型是大势所趋，目前产业政策转型的时机也已成熟。首先，我国产业的整体布局已初步完成，目前可以集中精力解决各行业发展水平的提升问题；其次，根据我国改革开放以来的实践，我国企业在市场化条件下已经具备较强的创业能力。所以说，在把握好政策转型的方向与节奏的前提下，可以在实现产业政策转型的同时，推动我国产业结构的高度化和协调化发展。

与传统的选择型产业政策相比，功能型产业政策是新式产业政策，其具备以下新特点。

首先，从政策对象看，重点关注产业的创新能力而并非设定某些具体产业，通过协调技术、资本、市场信息以及人力资源等要素来分散创新风险、降低企业成本、提高“自我发现”能力、加快产业创新步伐。功能型产业政策的关键在于企业创新能力的发展，因此功能型产业政策理论的中心议题围绕教育培训与研发展开。政府在功能型产业政策中发挥的作用主要体现在两点，第一点在于为企业的创新活动提供制度环境，第二点在于加大教育培训力度，对能产生社会价值的创新部门进行扶持，奠定创新活动的社会基础，以此促进经济快速增长。关于第二点内容，欧盟颁布的《马斯特里赫特条约》就对欧盟各个国家的教育培训事业进行详细的规定。《博洛尼亚宣言》在《马斯特里赫特条约》之后，强调“欧洲高等教育区”设在民族国家的重要性。“里斯本战略”制定目标在于加强欧盟国家创新能力建设的交流合作，提升欧盟国家在国际的经济地位，在发展知识经济的同时，实现欧盟经济的可持续发展。20世纪70年代末，在日本和欧洲的竞争压力下，美国把重点放在产业政策上。里根政府为企业创新活动提供了一个良好的环境，放松经济规制以及对企业实施减税。1990年前后，在经济全球化以及新技术革命的大环境中，克林顿政府为加快产业结构的升级转型开始关注产业政策的功效。这个时期无论是政府还是民间组织以及企业都重点关注企业创新能力与竞争能力。1993年1月23日，美国成立国家科学技术委员会（NSTC），在宏观层面制定了美国科学技术和产业发展战略；2004年7月，由NSTC提出的《为了21世纪的科学》，布什于2006年1月31日宣布的《美国竞争力计划》，都是基于提高国家经济效益、使美国具有世界领先的创新力和科学技术水平的战略。其次，功能型产业政策致力于通过政府与私人部门的沟通、协调以及共同解决问题的方式来扩充市场功能。

在1990年新技术革命背景下，不但创新活动发生深刻变革，市场失灵现象也呈现出新的特点。

首先，需求与技术之间存在明显的积极反馈效应。处于信息网络时代之下，对特定技术具有较高偏好的用户群越大，这项技术对市场上其他潜在客户的价值就越高。同时，需求的互补性可创造出另一种相互依赖的需求，从而加剧对新技术的激励。此时，市场在协调不同主体对需求的协同反馈时，表现出明显的弱点。对厂商来说，采用新技术代价高、风险大，如没有足够的压力和相关创新条件的支持，新技术的需求动力不足，会受到原有市场结构的制约而衰竭。其次，企业内部的一体化创新活动模式转化为“跨厂商分工协作”的模式。与过去大厂商相互合作、但独立开展的创新活动相比，目前的创新活动更多地依赖于大小企业之间的合作，并联合政府以及研究所共同参与。例如，由众多厂商标准化部件模块组成的计算机系统最符合广大消费者的喜好，同时，硬件制造也是由几十家厂商的元部件拼装组合成。分工与合作在创新活动中发挥的作用越来越大，在这样情形之下，激发创新活力的重心就在于加强不同主体之间合作交流，构建创新合作网络，使交易成本减少。但由于市场存在信息不对称和道德风险等问题，这类协调机制往往无法达到预期的效果。最后，创新成果的传播方式发生了变化。在信息网络时代，创新成果往往会随着数字形式的网络传播出现被侵权现象，因此，未来互联网中知识产权保护框架也应该将创新成果包含在内。

随着经济环境的变化，美国产业政策为推动产业创新的发展在市场机能方面进行相应的拓充。（1）扩大新产业的市场份额。1994年，克林顿政府发起“全球信息基础设施行动计划”，激励私营部门进行投资竞争，并承诺所有信息提供者与用户都可以享有开放的网络，使低收入者家庭也能有使用因特网的机会和权利，使得社区服务得到基本保障，社区建设得到加强。1996年，美国为消除市场垄断、进一步开放市场，通过了新《电信法案》，促进了美国电信业的新竞争，加快高速宽带的网络建设。1997年颁布的《全球电子商务框架》和2000年颁布的《全球和全国商务电子签名法案》对促进电子商务的发展发挥了重要作用。2002年《电子政务法》规定设立电子政府基金，用于各部门信息技术的试点，并支付跨部门信息技术项目的费用，使行政办公走向电子化和网络化。（2）协调各项创新活动，推动新技术的产业化。一方面，运用法律和政策，支持和鼓励与私人部门开展合作研究。1993年《国家合作研究与生产法》的颁布，就是专门鼓励私人部门开展合作研究，营造一个自由化的合作研究的制度环境。1985—1994年，多达450家合资研究企业成立。1995年一年内就新成立了115个合资研究企业，到1998年，注册登记的合资研究企业达到741家。与此同时，由美国企业与外国企业联合组成的技术联盟在1980—2003年，数量由118个增加到491个。另一方面，美国全力解除过去对“竞争前阶段”的合作约束，美国国家科学基金会与国家标准与技术协会等机构，积极促成联邦研发机构、大学和企业三者之间的合作与交流，加快技术产业化的进程。例如，美政府为向市场普及国家实验室的研究成果及技术，于1992年提出了“全国技术倡议”；2002年，美国能源部与汽车研究委员会联合制定“自由汽车合作计划”，与能源部氢能源计划和三大汽车制造商的研发活动联合，对节能环保汽车技术进行研发推动；国家卫生研究所为使科学发现实现从试验台到临床应用的转变，实施“国家卫生研究所路线图计划”。（3）进一步加强知识产权保护。1993年，克林顿政府建立研究知识产权在新型国家基础设施中应用的工作小组。1994年世界贸易组织的附加条款中增加了《与贸易有关的知识产权协议》。1998年《数字千年版权法》经国会通过，意味着在面临数字技术带来的挑战时已经具备法律依据。这一时期也加强对专利法的执行程度。美国政府对知识产权的国际保护不论是在之后的乌拉圭回合贸易谈判中，还是在其他双边谈判中，都始终保持强硬的立场。

功能型产业政策在操作方式上不是“选择赢家”而是“匹配赢家”，利用政府与企业之间的交流学习发现不足之处，为企业提供一个良好的创新制度环境以及网络信息整合平台，使企业在创新过程中遇到的难题都能够快速得到解决，对新环境的适应能力也有所加强，故功能型产业政策的重心在于能够在 WTO 规则的大框架之下，使得国际竞争力提升迅速。在传统的政策框架下，无论是采用进口替代战略还是出口导向战略，一国都会选择严密的措施对本国市场进行保护，鼓励出口产业的发展，进一步改善本国的国际收支状况。在经济全球化的大环境下，传统产业政策工具如关税、配额等受到 WTO 相关规则的严格限制。在这样的情形之下，各国为提高国际竞争力而采取的政策措施，需要受到 WTO 和其他多边或双边协议的许可。

在这方面，美国做法有其可取之处。20 世纪 90 年代以来的美国产业政策不同于过去对特定部门进行干预的产业政策，这一时期产业政策的重心在于突破企业创新活动的瓶颈，推动企业创新能力的进步。第一，扩大研发资金规模。美国研发资金总规模在 20 世纪 90 年代以来增速较快。在克林顿政府期间，研发资金规模从 1993 年 1657 亿元上涨到 2000 年的 2676 亿美元，年均增长率高达 7%。在布什政府期间，研发资金规模从 2001 年 2777 亿美元以年均增长率 5% 的速度上涨到 2007 年的 3681 亿美元，且年均增长率均大于同期 GDP 增速。从研发资金的结构层面看，尽管联邦政府投入的研发资金规模总额未发生改变，但结构上实现过去军用研发占主导到现在侧重民用研发的转变，同时，研发资金规模增长主要依赖于私人部门。这主要源于政府对私营企业在研发资金投入方面加以引导以及经济环境带来的良好预期。例如，商务部制定的“现金技术计划”对私人部门提供直接资助；克林顿政府专门针对私人企业的创新活动实施“小企业创新研究计划”，为其提供政府拨款。布什政府为激发私人企业对研发的投入热情，开始实施“研究和实验的联邦课税免除永久化”。第二，加快信息基础设施建设的发展。信息基础设施建设在 20 世纪 90 年代以后成为美国的一项基本国策，政府利用信息技术的研发和应用，扩大自身在科技创新方面的优势。1993 年，克林顿政府提出“国家信息基础设施行动计划”，在信息基础设施建设、信息应用系统建设及信息资源开发方面投资 4000 亿美元，并将信息高速公路建设作为政府施政指南。2004 年，布什总统签署行政备忘录，以联邦路权改革规范办事流程，让宽带运营商使用联邦土地建设高速宽带基础设施。第三，提升教育水平，改善人力资本的资质。根据国家对教育进步的评估，与 20 世纪 70 年代美国 9 岁、13 岁以及 17 岁的学生在阅读、数学方面的学习能力相比较，美国在 20 世纪 90 年代初，同阶段的学生在这方面的学习能力进步空间较小。同一时期将美国与全球其他国家相比，国际上其他国家学生在代数、生物、化学和物理等科目的考试中成绩都比美国学生成绩优秀。随着收入两极分化严重以及数字鸿沟的出现，不同种族、区域教育水平的差距也在逐渐变大。为解决这种教育不均衡问题，美国颁布系列教育法律，其目的是发挥联邦政府的积极作用提升国家的教育水平。《2000 年目标：1994 年美国教育法》对全美国教育改革并采取责任制。1994 年的《中小学教育法》和 1994 年的《启蒙法》重新颁布，对学前教育和 12 年的基础教育改革作出重大贡献。2001 年颁布《不让一个孩子掉队法案》，为所有学生提供了优质教育的保障。2002 年颁布《教育科学改革法》以及 2007 年《为有意义地促进一流技术、教育与科学创造机会法》，致力于使美国科技水平以及教育竞争力水平得到大幅提升。

第二节　产业优势对功能型产业政策的响应

在产业竞争呈现全球化趋势的大背景下，国家可以借助产业政策这一重要手段调整自身产业结构、提升国际竞争力，即便在欧洲、美国、日本这样的发达地区和国家也不例外。当然，产业政策需要根据经济发展阶段和发展环境的变化而不断进行修正和动态调整。在全球经济展现出深度调整态势的当下，中国的产业政策需要突破现有理念、手段和相关操作模式，特别是要致力于突破产业创新的瓶颈，提升产业创新能力的功能型产业政策作为新式产业政策的主题。

德鲁克将知识创新定义为，用来赋予知识资源以新的产生财富能力的行为。也就是说，知识创新不仅在于新知识的创造，还在于新知识商业转换能力的体现，即知识创新具有经济价值。艾米顿（1913）认为，知识创新是“通过创造、演化、交换和应用新思想，使其转变为市场化的产品和服务来促进企业成功、提高国民经济活力和社会进步”。知识创新的知识，更加细致地阐释了知识创新对经济发展所发挥的积极作用。

现代增长理论提出，技术进步和资本累积之间存在一种自增强机制，主要表现在技术进步来源于资本积累，同时又助力资本积累的进程。阿罗（Arrow，1962）提出了资本积累的副产品是技术进步或生产率提升这一假定，也就是说，投资自身拥有溢出效应，不仅存在投资行为的厂商可以借助积累生产经验的途径来提升生产率，而且其他厂商也能通过学习的方式达成相同目的。罗默（Romer，1986）则设想知识创新是追求利润的厂商在实行投资决策中形成的，然而由于存在知识溢出，最终资本的边际生产率才不会受固定生产要素存在的影响而呈现持续下降的趋势。罗默指出，政府可以以鼓励私人厂商生产知识为目的，为实施知识创新的厂商提供补贴，从而进一步提升经济增长率，改善社会福利水平。卢卡斯（Lucas，1988）构造了人力资本溢出模型，研究结果表明人力资本的溢出效应造成了全球经济范围内布的外部性，而所形成的外部性的大小取决于全社会人力资本的平均水平。人力资本的溢出效应可以用向他人学习或者互相之间学习解释。如果一个人有更高的人力资本，那么他可能将对他周围的人形成更多的有益影响，使周围人的生产能力得到提高，但他自身并不因为这个优势获得收益。

知识创新以提升全要素生产率为中介对生产函数产生作用的路径可以概括为以下三种：

1. 改善经营管理状况。

研发、生产、后期销售和服务等工作共同构成了企业的生产经营活动，在生产经营活动中，企业实现了价值增值。企业经营管理以实现利润最大化为主要目的，即以更少的投入得到更大的产出。知识创新活动和企业的生产经营活动两者之间是伴随发生的，除了实现知识增值，企业的经营管理水平也获得了提升。在研发和生产两个环节，贴近客户需求的产品借助持续的知识创新接连不断地被研制和生产出来，以满足市场的需求；在销售和服务环节，提倡以顾客价值为核心，为顾客提供定制化的产品和服务；在企业的组织管理中，充分配置企业内部和外部资源，使资源竞争优势得到创造和更大程度发挥，将管理思维向创新思维、激励、支持和信任等方面转型，通过人员、组织、流程、知识和知识管理、团队协作的紧密结合，提高生产经营活动的整体效率。

2. 具有更高素质的劳动者的提供。

将知识内化为人力资本，提高劳动者的知识水平和素质能力，企业会获得更高质量的人才，包括研发类人才、管理类人才、营销类人才和生产类人才等。第一，知识创新能够给予人才成长以新知识。高校、科研院所以及企业，可以借助科学研究发现和产生新知识、新理论、新研究方法。劳动者不断学习新知识，使他们具备从事更复杂工作的能力，提高整体素质和技能水平。第二，知识创新可以为组织员工创造创新氛围和良好的学习环境。知识创新活动汇聚不同专业人士，建立平台，为所有成员提供知识学习、知识分享和沟通；进一步不断转化和提升隐性及显性知识，不断完善企业的人才结构，不断增强学习和应用知识的能力，提升企业人才的素质。第三，知识创新需求，促使劳动者发展创新品格和创新技能。知识创新要求相关人员具备创新品格，即创新观念意识和创新思维模式。同时，知识创新也需要专业技能，人才具备相关的专业知识和专业技能，才能对创新风险进行合理评估、对创新目标和方案进行合适的制定，并能够克服过程中的困难，实现突破，完成从构思到商业化的创新过程。

3. 对技术水平层次进行提升。

知识创新，不仅是技术创新的源泉和前提，也可以转化为技术创新，因此，新兴产业的产生和新技术的加速发展，主要以新知识的创造和发现为驱动力。一方面，新兴产业的产生和发展是以知识创新为基础。基础研究领域的知识创新常常没有特定的商业目的，但科学技术领域的重大发现和发明会开辟新的市场机会、扩大产业发展的空间。科学理论为生产、科技以及产业的发展开辟了一条新的道路，推动了新型产业集群的产生和发展，实现了生产力的深刻转变和伟大进步。以计算机、互联网、光伏发电、无线通信和新能源汽车等为代表的新兴产业的出现和发展，表明新兴产业的发展是建立在一项或一组重大科学突破的基础上，以庞大的技术群为依托。另一方面，知识创新促进了高新技术产业的发展。在科学技术和社会的互动不断增强的背景下，科学技术逐渐发展成为一种具有独特性的社会建制，科学与技术两者的界限趋向模糊，知识创新成果转为生产力的周期逐渐缩短，新形成的科研成果的应用、开发和产业化转移速度提高。高新技术发展，与知识的生产和创新息息相关，大批知识创业阶层和知识型企业的崛起得益于知识创新的基础型研究成果和以新技术、新工艺为代表的应用型研究成果，而经济的主要增长点来源于以知识创新为主的高新技术产业。

一般由于获取知识的来源不同，将知识分为两大类：显性知识和隐性知识。可以利用语言、书本、文学、数据库等进行学习和流传的称为显性知识；通过较长阶段的实践积累才能获得的知识称为隐性知识，并且这种知识很难用语言来解释，也很难利用语言和文字等来进行传播，它与人们的经验息息相关。利用大众传媒可以达到传播显性知识的目的，而双方只有面对面交流才能够传播隐性知识。

知识在消费使用上不具有自然的排他性，而且，知识产品一旦得以开发就可以不断地重复分发出去。一个经济人的行为对其他人的福利产生影响，而这种影响不能从货币或市场中反映出来时，就发生了经济外部性。外部性使得知识资产在使用或消费上只具有部分的竞争性和排斥性，从而具有公共资产或公共物品的特征。与知识溢出效应相联系，知识外部性以不同的特征呈现：

1. MAR 外部性。

MAR（Marshal－Arrow－Romer）外部性是指在某个特定的空间内，某个行业进行大量集中从而加快该行业公司之间的技术和知识溢出效应的出现，重点在于知识溢出效应产生于同一产业不同企业之间，强调专业化是创新和发明的催化剂。首次用外部性概念来分析城市经济的是马歇尔（Marshall，1890）。马歇尔（Marshall，1890）提出，同一所城市同一产业不同企业之间的大量集中能够促进知识溢出，进而有利于经济的发展。阿罗（Arrow，1962）将这种思想转换为理论，用外部性分析知识溢出效应是加快经济增速的动力源。罗默（Romer，1986）构建的内生增长模型应用了外部性思想。硅谷的芯片制造业是 MAR 外部性的一个经典案例，它利用商业间谍模仿和技术人员的频繁流动，使知识创新得以在邻近企业之间迅速传播。在 MAR 外部性的理论分析中，由于创新产品产生的垄断利润能够使企业创新步伐加快，相对于地方竞争，地方垄断更能促进知识和技术的溢出。

2. Jacobs 外部性。

雅各布斯（Jacobs，1969、1985）提出，创新与发明的关键在于企业差异化与多元化。Jacobs 外部性是不同行业的具有差异化的公司之间以及那些能对新知识给与较大回报的经济单元之间的互补性技术和知识溢出，关注的重心在于龙头产业的外部性是重要知识溢出的起源，并且赞同不同企业之间存在的多元化与差异化，有利于企业的创新活动，地理集聚企业的专业化不是企业创新和经济增长的原因。威廉姆森对"入门效应（Gate Effect）"的解释是一个产业特殊需求的增加会带动同一区域内相关产业的发展，又或是某些产业创新活动的增加也会刺激相关产业的创新活动。一个经典的案例就是胸罩产业的发展，这个产业成就归功于裁缝工匠的创新而不是内衣产业技术水平的提高。雅各布斯（Jacobs，1969、1985）认为区域竞争才是公司保持创新从而拥有竞争力的源泉，他更加强调竞争环境充当的重要角色，因此相比垄断，竞争环境能使新技术的产业化进程加快，更加能够促进知识和技术的溢出。

3. 租金外部性。

格瑞里格斯（Griliches，1979、1992）提到租金外部性（Precuniary Externality）概念，它是通过价格体系方式起作用。在产业链中的上游企业如果生产新的产品或者对产品性能进行改良，这种行为会惠及下游企业产品的创新，下游企业的生产可能性边界也会随之变化，这样一种有实体的知识溢出就会产生，最后含有新知识技术的产品会通过“逆向工程（Reverse - engineering）”或人才流动方式形成“上帝的礼物”。这种“上帝的礼物”会被处于产业链中的下游企业所利用，从而促进下游企业的创新进步以及内生经济的增长。典型的例子是，在房地产市场上，购买住房的消费者增加，结果会提高住房的价格，导致消费者的福利下降和房地产商的福利上升，这就是租金外部性问题。如果经济人福利的增减相互抵消，只涉及租金的转移，那么租金外部性不会影响帕累托效率（Pareto Efficiency）。问题是，如果市场上生产要素（如劳动、资金和地租）价格不合理，比如劳动价格被压低了，房地产商的资金价格被抬高了，地方政府的土地价格也抬高了，那么租金外部性问题就会影响到帕累托效率。这是因为在不完全市场情况下，租金部性涉及的双方当事人的边际效用不同，对双方当事人带来的影响没有相互抵消。

扩散知识的渠道包含两种，一种是知识溢出，另一种是知识传播。两者的区别在于：知识传播是知识的复制，知识溢出是知识的再造，知识接受者会根据自身特质来选择知识体系。在企业采纳或者实施某知识体系前，会对源头知识进行吸收、消化、创新，并不会一直保持不变或消极遵守的固有模式。企业重新编码后的知识，以不同载体形式出现带来新事物。知识溢出指知识被被动地、无意识地、非自愿地泄露出来，当从知识中获取收益，而没有支付有关的费用时，就形成了知识溢出效应。概括地说知识溢出具有以下 4 层含义：

（1）知识溢出是未计入活动主体之内的外部影响，它与接受者活动创新的成本以及利润无直接关联。

（2）从形式方面分类，知识溢出有水平式和垂直式；按类型分类，知识溢出分传播过程和使用过程。

（3）显性知识的溢出可能存在于各个区域，而隐性知识的溢出则主要存在于临近区域。

（4）由于知识溢出具有被动、自然的以及无意识等属性，因此理想状态下绝对的溢出和绝对的产权保护在知识生产和运用过程中是不存在的。

知识溢出根据知识的外部性可分为三类：MAR 外部性、Jacobs 外部性和租金外部性。MAR 外部性对应的知识溢出，是随意的、无意识的在同一产业不同企业之间传播的水平式知识溢出，某些企业对这种水平式知识溢出的利用是不需要付出任何费用的；Jacobs 外部性指的是一种混合式的知识溢出，其中创新知识的持续流动使不同产业之间产生互惠链；租金外部性相当于垂直式的知识溢出，上游企业以低于市场价值的价格向下游企业转移创新知识产品，下游企业在获取利润的同时还可以对上游创新知识产品进行进一步加工改造，通过“逆向工程”方式来进一步创新。

概括来说，知识溢出对经济发展的两种效应如下。

1. 正经济效应。

知识溢出效应的存在，首先是促进了人力资本在企业间的流动，使人力资本在横向企业与竞争者或合作者之间，纵向产业链上企业与供应商、用户之间，企业与公共服务机构或代理机构之间合理流动。其次是使企业交流合作项目增加，企业之间水平的或者垂直的知识和技术溢出形成具有当地特色的创新系统。知识溢出在微观角度上能够使不同企业之间增加交流学习技术创新的机会；在管理要素互动层面上，管理信息在企业知识溢出效应的影响下能够被企业成员共享，并且在帮助企业未来发展中起到预测作用。在中间要素互动方面，与单独一个企业内部垂直一体化作用相比，产业链上下游之间买卖关系在中间要素互动作用下，更能够加快知识流动以及技术进步；在资金层面上，中间要素的互动不仅体现于风险投资，更体现于不同企业之间流动资金转移；从资金和技术流动层面分析，对于一个新的创新型企业来说，资金市场是其实施新技术知识组合的重要路径。最后在企业的本地化衍生下，人才、技术和知识的流动加快新企业建设步伐。具有知识溢出效应的企业不仅可以降低生产成本，提高生产技术水平，拓宽知识传播渠道，还可以使企业向市场转移更多的高品质、低成本的产品，创造社会价值。

因此，企业只有在提高学习能力并加大 R&D 投资的前提下，才能更好地吸收知识的溢出，并产生“竞争性溢出效应”。

2. 负经济效应。

每个企业只有在“支付”自身知识溢出前提下，才能够享受知识创新体系的公共知识。也就是说，企业在现有的公共知识基础之上具有创新和发展能力的上升空间，但是，区域产业内的知识溢出使其产权转变为公共性，因此区域产业内企业的“搭便车（Free - rider）”现象随之出现，即企业本身并不投入要素进行开发，只是简单模仿现存的公共知识如技术、模式等。由于创新企业开发成本远高于模仿者，故竞争分散创新开发者的超额利润，由于模仿者的生产成本较低，可以实现降价竞争，而新企业的资金回报率却低于行业平均资金回报率。创新企业在获得部分创新收益情形下，边际收益递减。当创新企业的创新收益递减到低于创新成本时，企业就不会再进行创新活动，而等待其他企业进行创新。企业之间博弈的纳什均衡后果是，没有企业愿意在不盈利情况下进行创新知识开发。故知识的溢出效应抑制了企业进行知识创新的积极性，社会财富也会随之降低。

在这种情形之下，知识溢出效应产生了矛盾局面：正面经济效应是公共知识的存在带来企业要素的边际产出上升；负面经济效应是公共知识的“搭便车”行为使企业之间出现恶意竞争现象，抑制产业知识积累。正如弗里曼在2004年提到的，公共产品知识“一旦被生产，生产者就不能决定谁会得到它”，因为知识作为一种公共产品提供给社会，生产者无法排除那些享有知识产品但不支付费用的人，复制知识产品的成本几乎为零，因而存在非常高的潜在利润。在无条件限制情况下，社会公众皆可以享受知识产品效用。由于开发和研究成本在知识产品的供给成本中所占比例最大，制造成本所占比例比较低，因此，知识只具有部分的垄断性，知识生产者难以享受其独占性的价值。在知识的生产和应用中，无法实现帕累托最优，因而导致市场失灵和搭便车现象的产生。

消除这种矛盾局面的关键在于，努力将知识溢出的外部性内在化（Internalization），这需要政府给予一定程度上的干预和指导才能最大化社会福利，也就是通过某种方式，使社会经济关系包含知识的外部收益和成本。内在化的过程，就是使个别企业的成本与社会成本相等的过程，也是通过外力对企业生产函数的调整过程。这是实施功能型产业政策的第一个理由。

除了外部性导致的知识溢出效应，市场存在的另一个缺陷是协调失灵问题。

“协调失灵”理论提出，分散经济中存在数量众多的经济人，经济人之间的行为会相互影响与制约，虽然他们都是追求理性最大化的，但市场机制仍然不能很好地调整整体经济行动，即市场“协调失灵”的现象出现。协调失灵理论认为，宏观外部性是溢出效应的起源。宏观外部性体现在单个个人的生产扩大和交易受到整个经济活动水平的影响，若整体经济活动水平高，则单个个体扩大生产和交易就更加容易，单个个体的经济活动水平就会提高；相反，整体经济活动水平低，单个个体生产扩大和交易就较艰难，会降低单个个体的经济活动水平。宏观外部性又可以分为技术外部性、交易外部性以及总需求外部性。

首先，技术外部性也叫技术外溢或者知识扩散，是指发生在产业内不同公司间的知识共享或者学习模仿引起的经济结果。通常的情况是在同一个区域的产业内，当在一个公司出现新的工艺、新的发展、新的生产技术或者技术改进以及新的生产组织方式时候，由于地域上的共同性、从业者之间的交流使这些新的生产改进迅速扩散到整个地区的公司中。技术进步促使厂商扩大生产，当产出增速大于投入要素增速时，厂商的生产过程就表现出规模报酬递增，因而技术进步会使生产过程具有规模报酬递增的特征。当生产过程报酬递增时，采用新技术的厂商扩大生产就会得到递增的边际收益和增加的利润。接下来，会引起其他厂商的竞相仿效，从而提升整个经济的产出。但是，这也导致了多重均衡，在从规模报酬递增的产出水平到规模报酬不变的产出水平之间，存在着多重均衡。多重均衡的存在，说明高水平和低水平的经济活动都可能存在，而且都是可以自我维持的。其次，交易的外部性表现在市场随机成交的概率，依赖于市场中潜在交易者的数量，交易的成功率随着潜在交易者的增加而提高。现实市场中，消费者需要花费时间寻找自己需要的产品，而厂商也必须做广告来吸引消费者。当市场中潜在交易者的数量增加时，市场会变得“密集（Thick）”，导致搜寻成本降低、个人收益增加，此时存在溢出效应。但是，由于市场机制本身无法协调所有当事人增加或者减少交易，市场会出现多重均衡，经济可能稳定在一个帕累托次优的均衡点上。最后，总需求的外部性表现是，总需求的水平越高，在收益递增条件下的生产就越有吸引力。因此，如果某个经济人的行动能够影响其他经济人的需求，并进一步影响其收益和产出水平，则该行动就具有溢出效应。这种通过影响总需求而产生的外部影响，通常称为总需求的外部性。但是，对于某个单个经济人，总需求是一种外在力量，一旦经济在多重均衡中的低水平状态达到均衡，总需求不足，单个经济人的行动也将受到总需求数量的约束，只能采取低产出策略。

近年，一些经济学家运用宏观外部性概念和协调失灵理论，从技术创新和技术扩散方面探讨和解释发展中国家技术进步缓慢的深层原因。Ray（1998）、Hoff 和 stights（2001）认为，在协调失灵情况下，外部性、规模经济导致个人或者企业的技术创新欲望下降。Sah 和 Stights（1989）通过研究指出，个人在选择“墨守成规”与“创新”之间存在多重均衡，而历史将决定经济最终收敛于哪种均衡；一个经济体技术创新的速度也会受到长阶段“墨守成规”历史的阻碍，但一个历史事件也会将经济从“墨守成规”转变为“创新”，即可以将经济从一个“坏”的均衡状态转换为“好”的均衡状态。从技术扩散的角度考虑，Bardhan 和 Udry（1999）提出技术的两重属性：分别是内在的“缄默性”和对环境的“敏感性”，这两种属性影响技术从富国向穷国的转移，主要是影响转移程度和扩散路径。所以，合适的经济环境中，如技术接收方对技术进行相关投资往往是新技术使用的前提。但是，在发展中国家，不完善的劳动力市场、对人力资本投资不足与技术更新滞缓具有相互强化的效果，一个经济可能陷入贫困循环而无法采用新技术——不能采用新技术，是由于劳动力缺乏相应的培训，又因为发展中国家的经济水平低下制约了生产技术的提升，从而无法给劳动力以足够的培训（Acemoglu，1997；Bardhan 和 Udry，1999）。

协调失灵理论为政府实施干预提供了理论上的支撑。协调失灵理论的分析框架表明，政府可通过政策纠正市场的外部性，对市场的协调机制进行调整，通过诱导经济当事人的行为，达到改变经济状态的目的。例如，政府通过立法和税收等手段，对外部性进行干预克服市场的协调失灵，通过产业政策以及对金融、保险市场的干预，重建经济结构，还可以通过各种形式的干预来保持和促进正外部性的积累的发展。根据新发展理论，将处于低水平状态下的均衡经济导向高水平状态，以及使经济沿着一个更优的新均衡方向发展，这是当前人们亟待解决的事情。

Hirschman（1958）指出，政府还可以有意识地寻求一种不平衡的增长策略，对经济中一些关键部门进行重点推动，促使它们发展，当这些关键部门所创造的产业联系形成后，市场就会对这种不平衡做出反映，此时跟进其他投资。Adsera 和 Ray（1998）在一个一般的模型中证明，不同背景下的政策会改变传统经济的潜在功效。临时性补贴有可能促成一个均衡，这个均衡一旦实现，这种补贴不再是必需的。Chander 和 Thangavelu（2004）提出，对人才培养的重视和企业采用新技术之间是存在互补性的，因此，两者之间存在多重理性预期均衡，教育补贴和高技能工人移民政策的实施都是有助于改善福利和实现高技术均衡的。

许多发展中国家较低的投资水平往往可用个人投资决策协调失灵理论来解释，Bond & Pande（2004）在投资博弈模型中，分析了基于收入的激励措施在扼制协调失灵上的作用。当收入分配不是政府实施税收或转移支付的前提时，协调行为就会被搭便车行为所取代；当收入分配能够决定政府政策时，充分投资在协调博弈中就有可能实现。Kydd & Dorward（2003）分析了在发展中国家，农村经济发展过程中市场失灵和协调失灵所产生的影响，研究在贫困的农村地区，不同潜在的经济活动参与者面临的协调问题特点和性质，并提出贫困地区经济增长的有关政策。

宏观外部性产生的协调失灵导致市场自身的力量不能有效协调不同投资者的行为。从产业发展层面考虑，众多新兴产业能否建立以及发展前景如何，取决于市场中协调问题是否能够得到很好的解决，政府通过实施产业政策能够加快新兴产业的建立与发展，并且对企业的创新活动起到很好的支持作用，同时也是新产业保持进步的动力源泉。因此，宏观外部性和协调失灵问题是政府实施功能性产业政策的第二个理由。鉴于克服知识溢出的负效应以及协调失灵问题的目的，政府实施功能型产业政策进而形成产业优势的政策响应机制可以如图 4－1 所示。

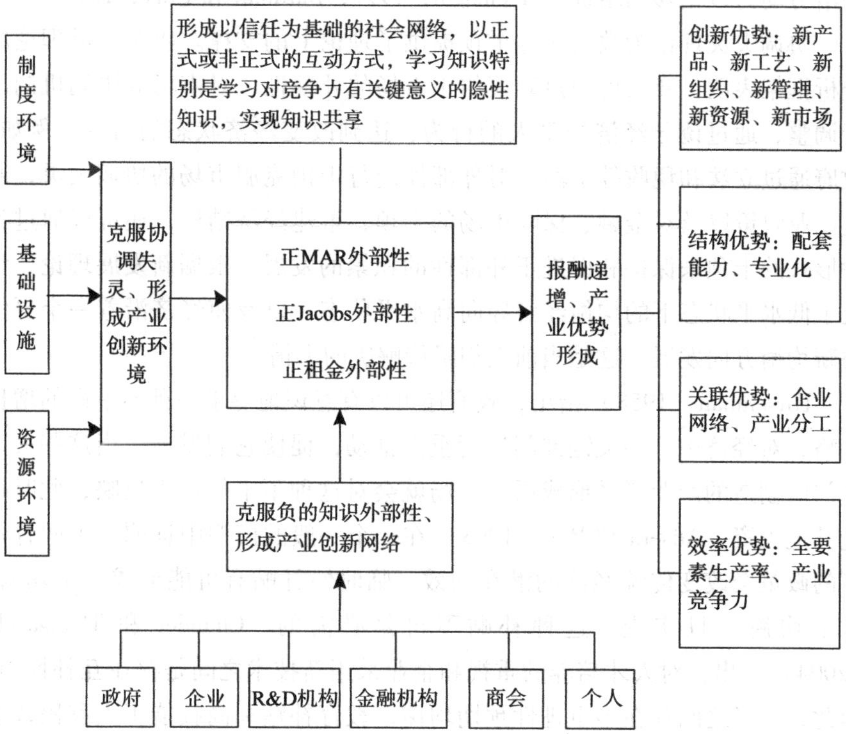

图 4－1　产业优势对功能型产业政策的响应

第三节　功能型产业政策的实践：法国的竞争极战略

21 世纪初，法国采取的竞争极战略致力于在较短时间内改善地区经济，提高当地人才的创新积极性，通过竞争激发创新活力。长远计划则是通过建立创新网络，创造更多的资金流和提高当地的就业率。功能型产业政策的关键在于实践，本书将在这一小节当中，在实践中诠释功能性产业政策。

法国的功能性产业政策是在特殊的政治、经济大环境下实施的。作为世界经济大国之一，法国的国民生产总值保持在世界前 5 位。经济全球化迅猛发展，伴随而来的是产业结构的深度调整，改变了世界经济发展的格局。发展中国家，尤其是新兴市场经济体以远高于发达国家的速度增长，在世界经济中的比重不断提高。最典型的例子就是中国，1995 年在法国国民生产总值位居世界第 2 时，中国国民生产总值世界排名第 7。2000 年法国 GDP 世界排名下降至世界第 5，中国 GDP 排名上升 1 位至第 6，而 2010 年，局面出现翻转，中国的 GDP 总额世界排名飙升至世界第 2，远超出当时法国的 GDP 水平。作为老牌发达国家之一的法国，经济增速相较于其他发达国家比较缓慢。随着巴西、俄罗斯、印度、中国为代表的新兴经济体的迅猛发展，这些国家以其显著的经济发展增速及辉煌成就成为全世界关注的焦点。令人惊讶的是在 1990 年前后，法国年平均增速低于 2%。当时美国的经济增速是法国的 2 倍，法国不仅仅明显落后于同处发达国家之列的美国，也远远落后于同期的英国年均经济增速。实际上，20 世纪 90 年代末盛行的知识经济以及科学技术水平的创新使得世界经济出现崭新的局面，由此激发了企业生产经营活力，利润水平得到大幅提升。与此同时，不断循环更新的知识与技术创新水平也给全球各个国家带来了竞争压力，产业政策也面临着改革与创新的局面。从创新角度看，公共管理者主张推行智能化的产业政策，创新的启发点来自同一地区的产业要素、研发以及教育水平，也就是将土地规划与产业要素更多地融入到即将出台的产业政策中去。处于不同行业的企业在临近区域内通过投资项目方式产生了紧密的联系，加深了彼此的信息交流活动，进一步增强创新意识。这种利用区域内经济的信息整合，在一定程度上阻止了一部分法国民族企业迁移海外，从而能够间接提升国内市场的就业率。从人才角度考虑，这种举措能够使更多的创新型人才留在国内，能够有效提升法国竞争力水平。竞争极战略就是在这种全球经济格局发生巨大改变的环境下，由法国公共管理者及一些科技巨头实施的新战略。

由法国相关部门对“竞争极战略”的解释可以得知，这种战略的关键所在是一定的区域范围内，各种不同类型的企业通过合作交流模式，共同研发创新出新项目。合作交流双方拥有相同的客户需求、相似的研发水平，充分了解对方的长处与短处，然后取长补短，做到最大程度上的双赢，从而能够在全球中占据一席之位。竞争极又可以细分为两大类，一类是技术主导，另一类是工业主导。技术主导，顾名思义就是技术是合作交流项目的核心竞争力，企业双方在相同的领域内加大对技术的支持，将技术研究成果应用到企业工业生产当中，应用能力的高效与否是检验合作项目是否成功的关键所在。

“竞争极”战略于 2002 年 12 月由法国领土整治和发展部际委员会提

出，并于2年后在法国大范围实施，2004年9月14日，法国领土整治和发展部际委员会首次提出了关于竞争极的初筛策略。同年的11月，公共管理者对竞争极项目的招标准则进行明确。2005年7月，经过整合后的首批66个竞争极项目在100多个申报材料中得到批准，包括了航空谷、里昂生物极在内的6个位居全球行业前列的竞争极，10个致力于加入全球行业前列的竞争极。例如罗纳—阿尔卑斯化工—环境极，以及50个涉及生物、计算机、能源、化妆品等多领域的竞争极。每个国家制定一种新型的产业政策离不开国家的经济制度与组织架构，法国也不例外。一直以来，法国的独立行为主体如学校、科研所以及企业等，之间界限分明。在市场经济体制和国家的指导下，这些主体围绕着国家指导性计划和市场体制两大要素进行运作，通过供求关系的自动均衡，实现资源配置，但是，此时企业、大学和公共科研机构在创新和技术开发方面的合作还不多。法国大学与科研所是由国家财政拨款，因而具有公共机构的属性，其主要项目重心并不放在市场和企业研发上，虽然它们的项目资金来源于公共管理者、部委以及企业等多个主体。法国大学与研究所之间也不存在固定的项目交流合作关系，这种合作往往具有随机的、自由的特征。除此以外，法国有独特的经济发展增速模式，这一点区别于同样属于市场经济追求自由竞争的美国。法国在1945年开始通过采取协调、指导的方式来实施五年计划，不再是中央集权式和命令性的计划方式，一方面考虑了国家经济发展方向，另一方面也兼顾了地方发展的特别需求。在这种运行机制下，由中央政府牵头、地方政府参与并落实的竞争极的产生就顺理成章了。

竞争极战略思想起源于20世纪60年代。为了缩减法国不同区域间经济发展的差距，特别是巴黎大区和其他省份经济发展之间的差距，法国于1963年专门成立国土整治和区域发展局。国土整治纲要中，制定了“工业分散化”和“平衡大都市”的政策，由此开始鼓励兴建工业园区。1970年，法国的工业产业园已经达到一定的规模，工业产业园已经成为法国企业落户的第一选择。到20世纪90年代，法国经济园区已经在向全方位、多层次、宽领域的目标迈进，不再是过去的单一工业园区。在这类综合性工业园区建设同时，还陆续出现专业性园区。特别是产业区理论及其实践在世界各地兴盛时，法国国土整治和区域发展局出台了“地方生产系统”政策，旨在模仿意大利的产业区模式来建立相关产业区，加强区域内同一领域相关企业和机构的合作，促进中小企业的发展。在一定意义上，可以这样说，“地方生产系统”是竞争极的雏形，也是法国政府制定的第一个有关区域经济发展的政策。其中有四分之一的“地方生产系统”标签项目转为或并入极点标签项目。

21 世纪以后，时代主题转变为人力资本、创新和可持续发展。在这个背景下，2002 年末，法国领土整治和发展部际委员会提出了竞争极战略思想，整合企业、教育和研究机构的知识、资金或人力优势，共同为科技创新服务，此时法国经济园区的概念和建设实现了新的突破。2005—2008 年，为期 3 年的第一阶段竞争极建设取得可喜的成绩。2008 年 6 月，在法国生态可持续发展部部长，能源部部长、经济财政和就业部部长、企业和外贸国务秘书共同提议和推荐下，国际波士顿咨询集团针对全法 71 个极点进行评估，对极点建设给予了积极、肯定的评价。关于极点战略实施的整体情况，报告指出：

（1）法国领土整治和发展部际委员会明确表示，为加大对国家创新项目的研发力度，加快创新企业的更好更快发展，承诺投资创新项目的资金全部到位，并且公共投资者包括国家和地方政府以及私人投资者保持均衡的投资比例。

（2）随着大学、研究所及企业之间的合作交流项目的增加，大部分极点的积极主动性也得到了提高。

（3）得到资金支持的项目，尤其是由部际单一基金支持的项目发展迅猛。

（4）在政府财政资金的支持下，中小企业在极点项目中的比例大幅度提升。

（5）由于可持续发展项目的特殊性，这类型的项目目前还较少，尽管其他领域的项目、合作方的种类多种多样。

（6）尽管财政资金有侧重领域，但政府资金未随着极点数量的增加而减少。

有关 71 个极点业绩的评估结果显示：彻底完成极点预期目标的有 39 个；虽然完成预期目标，由于战略发展方向不清晰，需要进一步对管理体制进行完善的有 19 个；没有达成预期目标，因此需要重组的有 13 个。法国中央和地方政府根据这份评估结果，对需要重组的 13 个极点进行扶持，在 2009 年和 2010 年为期 2 年的帮扶中，政府对需要重组的 13 个极点给予了超过 2008 年度的资金支持力度，并且在其他方面也给予一定的支持。在 2009 年年底，对帮扶 2 年后的 13 个极点再次进行评估，评估结果显示仍有 6 个极点未达到预期目标，法国政府取消这 6 个极点标签名称，对剩下的 7 个极点暂且保留他们在第二阶段的极点标签资格。

为进一步实施竞争极战略，2009 年法国政府在第一阶段竞争极的基础之上，制定了第二阶段持续期为2年的竞争极发展计划，与第一阶段制定的优先发展战略相比，第二阶段的计划重点强调了以下3点内容。(1）大力发挥极点战略的指导作用，通过签订极点、国家与地方的任务合同，保证极点发展；极点的运作机构协会应定期开会，跟踪极点的发展进程。(2)为优先发展项目提供一些创新平台，以便更好地扶持这些项目的发展，创新平台可以通过项目招标的方式进行。(3）对开发极点内的创新和增长环境进行开发，如人才管理、国际化发展、知识产权保护和区域内的协同合作等。2010年5月，法国领土整治和竞争力部际委员会做出决定，将第二阶段延长至2012年（延长1年)，希望通过中央财政支持更好地完成极点项目战略目标，迎接2012年对极点进行的第二轮评估。

英文中的“cluster”译为中文是“产业集群”，而竞争极对应的英文是“cluster”，由此推论出，产业集群理论是竞争极战略的理论基础。现有研究竞争极理论的文章颇多。但这些研究一直认为马歇尔的产业区理论、波特的产业集群竞争优势理论，以及罗默的新增长理论即内生经济增长理论是竞争极理论的基石。2004年时任伊夫林省议员的克里斯蒂安·布朗(Christian Blanc）受时任法国总理拉法兰的委托撰写的《建立增长的生态系统》报告是以波特的理论作为理论基础，与此同时，波特的理论也是当时国土整治和区域发展局起草的《作为工业强国的法国》报告中的理论基石。布朗在《建立增长的生态系统》中表示：“企业、研究机构和教育相互合作有助于形成一个有利于创新和增长的有机体系或肥沃土壤。”然而在法国学者看来，竞争极建设的重要性和不可或缺体现在竞争极建设能够使收益增长以及带来规模经济效应。国家和地方政府都不是竞争极的法定代表，从运作机构层面考虑，竞争极的最高领导层是具有法人性质的协会。来自各方的合作伙伴组成这个协会的理事，理事席位根据合作伙伴的贡献度来分配。倘若合作伙伴中有若干家小企业，理事则由若干家小企业联合推选一名。协会的任务安排主要有：一是制定和实施极点战略，对相关研究项目进行协调、评估以及认证；二是对国家政策发放的专项资金、扶持基金进行材料申报；三是使竞争极国际化，加大竞争极战略在国际上的推广和宣传力度，加强国与国之间产业集群的合作。极点内部不同部门间合作项目由协会内部的专门机构来负责处理。国家和地方政府通过契约形式与极点运作机构形成合同关系。因为协会理事不属于政府工作人员，因此政府部门不对协会理事发放工资，协会理事由它所属的单位向其发放薪水。协会内部的专门机构运转资金由国家、地方政府以及企业按照一定比例分摊。竞争极是通过一种集合体介质的方式进行申报，多个主体的协同可以作为申报的主体，某个机构、某个企业都不符合申报主体的规定。独立的行为主体如大学、企业以及研究所，这三者之间的关联性是通过协同项目的形式产生，不同的行为主体共同参与制定并研发合作项目，他们往往是想实现一个共同的发展战略目标。这种以创新为核心、以市场为导向的项目设计，能够最大限度地发挥出协同效应。所有项目的合作研发离不开 4 个关键点：第一，项目包含于区域经济发展的总体战略目标中；第二，每个独立的行为主体在不同区域内产生协同效应的关键在于通过项目的方式进行；第三，以市场为导向的技术水平能够得到提升以及汇聚人才；第四，为全球的发展提供一个新的视角。

竞争极的申报需要三级审核。第一级是大区级的审核，由中央政府派出部门会同大区政府有关部门对项目进行初审，并由大区区长签署意见；第二级是中央政府级的审核，由有关部委组织有资质的人员联合对项目进行技术审查，出具审核报告，并对是否给予“竞争极”标签提出建议；第三级是工业、金融、科研和高等教育等部门的知名专家的审核，并出具独立报告。最后，将通过专家审核的材料提交领土整治和竞争力部际委员会批准。该部际委员会由总理领导，制定政府国土规划的政策方向，召集有关部委的领导协调相关事宜。委员会的行政事务由国土整治和竞争力部际代表团承担。领土整治和竞争力部际委员会是竞争极申报项目的终审和批准的国家唯一机构。政府通过政策将申报程序制度化、申报内容标准化，规范了申报项目，将所有的程序纳入政府控制的范围。

2005 年，法国政府作出决定，在极点为期 3 年的第一阶段建设中的首批 67 个极点建设将得到 15 亿欧元的法国政府财政资金支持。政府对这些极点以 3 种不同方式予以财政支持：资金总额达到 4 亿欧元的资助性拨款主要是由各部委提供；由不同的公共机构如法国信托局、国家科研署以及工业创新署提供的补贴资金有 8 亿欧元；法国政府还实行减税降费的政策，通过减少加盟极点的企业税收和社会福利分摊费用，例如企业科研人员的社会保险支出，以大力支持极点企业的发展。减免的税收和社会福利分摊费用资金总和达到 3 亿欧元。2009 年法国政府加大对科研创新企业以及小微企业的扶持力度，在极点第一阶段的基础之上，再投入 15 亿欧元的财政资金以扶持极点从 2009 年至 2011 年的第二阶段建设计划。政府扶持项目有以下 4 点依据：（1）项目能够使社会财富增加、加快市场间经济活动步伐以及降低失业率；（2）以研发技术、开拓创新为核心；（3）研发的新产品和服务在项目进行中期阶段能够进入市场；（4）项目和极点内有关企业互相配合产生协同效应。同时满足 2 个条件可以享受国家在税收和社会福利分摊费用方面减免的待遇：企业的地理位置在国家批准的“研发区”内，且企业正在参与政府批准的极点项目的创新研发。在财政投资管理角度，竞争极项目采取招标制，获得财政扶持的项目负责人都需要签订详细的合同，对技术创新的承诺、日期进程表、不同阶段财政资助到位时间等都是合同的重要内容，由于国家不参与知识产权分配，因此，合同内容还包括知识产权的分配，政府部门根据签订的合同以及项目的研发进度下发财政补贴，在项目彻底完工后，政府将下发最后阶段的财政资助。

为竞争极项目提供财政资助的不仅仅是中央政府，还包括地方政府尤其是大区政府；作为中央政府的得力助手，地方政府利用多种多样的灵活渠道对所管辖范围内竞争极进行补充投资，投资根据区域经济以及产业发展原则进行。

法国的竞争极模式，是20世纪90年代地方生产系统模式的升华，它与美国的产业集群（Clusters）治理模式和意大利的产业区（Districts）治理模式存在巨大区别，法国的竞争极模式在治理方面有自己的创新特点。意大利的产业区模式，是政府不对企业进行干预，不对企业强制实施竞争极的标签认证，更多地让企业自行进行重组。产业区模式理论来源于1920年马歇尔提出的产业区概念，其核心内容是产业区与大企业有相似的产业组织结构，同时产业区还是同一区域内大量的小企业坐落地，因此产业区能够拥有与大企业相似的规模效应。除此之外，产业区的体系往往跟当地社会联系非常紧密，一个很好的例子就是意大利北部的服装产业。相对于意大利的产业区模式，美国产业集群模式特色在于合作方类型多种多样，对企业间的交流合作政府可以进行干预。美国经济学家多林杰（Doeringer）和德科勒（Terkla）将这种产业集群模式解释成“产业在空间上的集中”。波特的竞争优势理论解释不同合作方的属性，合作方涉及的领域广，内部存在联系的公司、企业供应商、生产商、服务商和大学、贸易公司等相关机构都可以成为合作方。除此之外，每个合作方的规模大小、生产研发领域以及发展方向也都存在较大差异。法国竞争极模式致力于更多的企业、学校以及科研所参与到创新项目中，并且在特定的区域内，通过共同的创新项目能够结成伙伴关系。在一系列的官方或者非官方组织下，企业、学校以及研究所共同参与的创新合作项目得到启动和发展，同时稳固了不同主体之间的合作关系。中央和地方政府对极点授予标签来表示认可，并对极点定期进行测评来掌握极点发展情况。通过签订合同，中央与地方政府与极点形成合同关系。极点的建设资金来源于两个部分，一部分是由政府财政扶持，另一部分来自公共机构投资。总之，政府在法国竞争极模式中的导向和干预作用是非常关键的。

极点战略报告中提到“政府致力于为企业和创新活动提供良好环境，支持极点内部的研发活动”，这是因为法国作为一个中央集权国家，政府对国家经济的干预程度较大。中央和地方政府对标签项目的财政补贴代表政府对竞争极的干预，来自产学研各行各界合作方派出代表组成的协会就是竞争极，它不属于一级政府机构，竞争极表现出“合作”“伙伴”“协调”等合作关系和“开发”“创新”“全球化”等雄心壮志。时隔2—3年，政府会对授予标签的项目进行全面测评，撤销未达到预期计划目标的极点项目，扶持那些发展前景良好、创造更多价值的项目做大做强。这样，才能激发出竞争极的创造力、研发以及创新能力。法国极点项目为我国以后在相关项目的认证、启动、评估和实施等方面提供了宝贵的经验，为我们在实施类似的政策时，避免以公共资金维持那些丧失竞争力的项目，以及避免地方保护和部门利益，提供了一个极具参考价值的思路。法国极点项目的做法彰显了法国特色。其中，激发个人、企业、社会和政府改革的动力，实现中国经济社会发展的根本转型，对现处在深化经济和社会改革关键时期的中国而言至关重要，这关系到中华民族伟大复兴的未来。在欧洲发达国家，中法两国建交早，两国在经济、文化等领域的交流源远流长，法国政府对经济的宏观调控以及对社会的宏观指导方面的成功经验，值得我们借鉴学习。

第二篇　产业政策比较

理论和历史都反复昭示，产业政策不仅存在于历史与当下的时间轴，还存在于发达国家与发展中国家的空间轴，没有一个经济体是置身于产业政策之外的。

第五章　历史上的产业政策

2017年1月美国总统易主，曾长期担任全球化旗手角色的美国，开始推行保护主义和单边主义贸易政策，实施制造业复兴计划，赋予产业政策实践以后金融危机时代内涵。这促使我们把目光转向历史深处，去揭开美国的产业政策发展史：事实上，美国在实现经济与工业大国的历史发展过程中，一步步在相关产业理论政策方面积攒了效果显著的经验与教训，并且逐步在政治经济学领域站稳脚跟，创立了“美国学派”。

贾根良（2018）认为，“历史上第一次审慎的、大规模的产业政策”的实施可以远溯至1485年登基的英格兰国王亨利七世。1485年，英格兰还是个一贫如洗的王国，未来几年的羊毛生产也都抵押给了意大利的银行家。亨利七世上台后，制定了鼓励羊毛纺织业发展的产业政策，包括对羊毛出口征收关税、对新建立的羊毛纺织厂规定免税期、吸引海外特别是荷兰和意大利的工匠到英国定居等，成为英国重商主义经济政策的开端①。贾根良（2018）认为，正是这种重商主义的经济政策最终在英国导致了第一次工业革命的爆发。而且，“后来的工业化国家不得不与英国竞争……即‘追赶’英国，它们的政治领袖在筹划自己国家的工业革命时，也会选择让政府承担更积极的角色”②。应该说，产业政策既在横向截面上存在于发达国家和发展中国家，也在纵向时序上存在于历史和当下。

本章从历史视角对产业政策实践进行比较分析。

---

① 贾根良：“演化发展经济学与新结构经济学——哪一种产业政策的理论范式更适合中国国情”，《南方经济》2018年1月。

② 高柏：《打造产业政策——铁路时代的美国、英国和法国》，上海人民出版社2008年版。

第一节 第二次世界大战后英国的产业政策

第二次世界大战结束后的前30年，英国在反反复复中推行了以国有化和公司合并为主要特征的产业政策。

1945年至1951年执政的工党政府通过国有化，大规模扩张对经济的控制，在电力、天然气、煤炭、铁路和钢铁等行业成立新的国有企业。在此之前，通信和主要航空公司"英国海外航空公司"（British Overseas Airways Corporation）已成为国有部门。当然，工党政府主要关心的是在短期内提高生产力，尤其注重出口产业的发展，除了上述"战略制高点"，并没有长远的和整体性的产业规划。当时英国对航空及计算机两个高科技行业重点关注，这两大行业在后续政府任期中也是国家重点扶持的产业。

由于航空工业在战争期间过度扩张，政府面临着一方面要想办法调整其规模，另一方面又要保留其作为英国重要工业资产的问题。在这种情况下，几家工厂被关闭，但大部分的军用项目被保留。同时政府提供资金发展民用航空业，其中包括哈维兰彗星型客机（De Havilland Comet）的生产，该客机于1951年服役时是世界上第一款喷气式客机。与英国相比，当时美国的该产业具备两大优势：一是巨大的国内市场；二是数家私营航空公司之间形成相互的竞争压力，要求他们设计出高效且经济的飞机。加之这款飞机投入生产过于仓促，一个设计缺陷造成了两次致命坠毁，哈维兰公司（De Havilland）很快输给了以波音（Boeing）和道格拉斯（Douglas）为首的美国公司，"哈维兰彗星型客机取得商业成功"的希望归于破灭。

无论生产民用或军用飞机，英国的公司都比美国公司的成本更高。1959年，保守党政府坚持对航空产业进行合理化改造，部分解决了成本问题，并打造了两家大型航空集团，即英国航空公司（British Aircraft Corporation，由威格士和英国电气共同所有）和霍克·西德利公司（Hawker Siddeley，其中包括哈维兰公司）。与此同时，为了支持该行业在民用方面做出的努力，政府出台了一系列扶持措施，包括补贴从事新的民用飞机和航空发动机项目开发的公司，补助额度和销售量挂钩等。20世纪下半叶，该行业和政府所属的研究实验室的科学家们开始重新审视超音速喷气客机的可行性。如果能建造这种飞机，英国制造商也许能够夺回在亚音速飞机领域输给美国竞争对手的领先优势。1959年，他们进行了详细的设计研究，超音速项目也取得了一些政治支持，但成本过高，英国无法独自承担。法国的飞机制造业当时也在苦苦追赶美国，于是便顺理成章地成为英国的合作伙伴。1962 年，两国政府同意共同分担开发成本，成就了后来的协和客机（Concorde Airline）。

1945 年，英国的计算机产业似乎很有前途，因为当时英国的技术可与美国相提并论。但是，美国电脑制造商通过与国防部签署研发合同获得了长期的产业优势。当 IBM 等公司准备开发商业数据处理手段时，政府资助的技术为其提供了有益的经验。美国的国防市场远远大于英国，尽管英国有国家研究发展公司（该机构成立于 1949 年，旨在促进公共资助研究的商业化）的支持，但英国在研发上的投入远远不及美国。而且，和航空产业一样，英国的计算机产业也很零散。直到 1958 年，两家大型企业在没有政府引导和扶持的情况下合并，才成立了国际计算机和制表机公司（ICT）。这两家公司希望通过在研发上加大投入，能和 IBM 竞争，而 IBM 当时正成为全球市场的“江湖老大”。

在另一高科技产业——核能领域，英国的地位在第二次世界大战前几年似乎很高，政府强烈希望保持英国在核能方面的独立性。通过从原子弹研制中获得技术，原子能委员会（AEA）开发了一个核反应堆：考尔德豪尔反应堆（Calder Hall Reactor）。该反应堆于 1956 年启用，是全球首个和电厂相连的核反应堆。AEA 的天然气 - 石墨技术后被称为 Magnox，是英国首个核电站的基础。到 1960 年，共有 9 个 Magnox 站投入运营或在建，英国也拥有了全球最大的核能生产能力。尽管发展核能的初衷是减少电力系统对煤炭和石油的依赖，但英国也希望这些核能公司能大规模创造出口。

大量的政府资金投入到了以上三个行业，但不管是早先的工党政府还是后来的保守党政府（1951—1964 年）都没有制定针对高科技产业的政策。他们主要的精力都放在调整宏观经济目标上——全员就业、低通胀和收支平衡。直到保守党执政的最后几年，才将关注点转移到经济的供给侧。和西德、法国相比，英国的发展越来越慢，其产业在出口市场中也渐渐失去了地位。

因为英国政府没有加入到最初的欧洲经济一体化行动，所以英国产业无法从欧洲共同市场的内部贸易发展中获益。1961 年，哈罗德·麦克米伦（Harold Macmillan）首次提交加入共同市场的申请，但被法国的戴高乐将军否决。不仅如此，英国更严重的问题是管理不善、生产方式落后和产业关系失调。

针对以上问题，英国创立了国家经济发展办公室，并附属各行业委员会，推动其经济的发展。这些新机构主要参照法国的计划体制，包括各行业委员会，让其参会人员共同研讨顶尖产业的未来并交流意见。英国国家经济发展办公室和下属的行业经济发展委员会的成就不大，但意味着向供给侧改革的方向迈出了一步。而后，1964 年到 1970 年执政的工党政府则在这方面迈出了更大的步子——这些年见证了“宏观经济干预速度的大幅增加，以及有选择性的产业政策”。

英国政府后来又新设了经济事务部和科技部两个部门。经济事务部将大部分精力投入“国家规划”，政府希望此举能为经济的快速发展打下基础。然而，不切实际的“国家规划”被英国持续的国际收支平衡问题打乱而出局。科技部则试图加快产业的技术改革进程，这或许更有希望，其目的在于改变政府在研发上的支出方向，缩减国防投入，加大民用投入，削减没有商业利润前景的项目，并筛选出需要大力推动技术进步的关键部门。

计算机产业是目标行业之一。科技部官员认为，英国领先的电脑公司 ICT 规模太小，因而必须与第二大供应商英国电器公司（English Electric）的计算机部门合并。这一计划最终在 1968 年实现。同年，还成立了国际计算机有限公司（ICL），政府在该公司占了 10.5% 的股份。此外，政府还拨款 1350 万开发一套新电脑，若无特别专门的技术要求，政府部门必须从 ICL 购买使用该电脑。

工党政府上台后并不是十分乐意支持飞机制造业，因为他们认为该行业过于耗费国家的工程资源和科技资源。于是取消了几项军事项目，其中包括先进的 TSR2 战斗机，取而代之的是一款美式飞机。英国政府还考虑取消协和式超音速喷射客机项目，但是法国坚决拥护该项目，而 1962 年协议中规定单方退出需要付出昂贵的代价。1967 年，英国政府同意与法国合作开发亚音速客机 Airbus，但由于新飞机造价高，且其规格不适合英国的欧洲航线，因此计划又延迟了 2 年之久。劳斯莱斯（Rolls - Royce）是飞机制造业为数不多的亮点之一，同时也是航空发动机制造商。该公司早期曾是军用飞机喷射发动机的领头羊，源于其自身的这段经历，再加上政府的支持，公司成功地占据了民用市场。

在核能方面，第一代 Magnox 走到了尽头。下一代核能必需在改进型气冷反应堆和美国轻水反应堆之间做出选择，前者是 AEA 开发的，像 Magnox 一样基于气冷石墨技术，而后者在全世界更受欢迎。英国当时认为改进型气冷反应堆的技术更加安全可靠，从长远来看更具潜力，最后选择了此类反应堆。1965 年公布了此项决定，当时各方都认为这是英国技术的胜利，然而后来却被证明是大错特错。AEA 不仅低估了试验反应堆放大后带来的问题，改进型气冷反应堆在研发过程中还产生了新的技术问题，费用严重超支。

除了支持本土的先进技术开发，工党政府的产业政策还特别重视企业的“规模”。各部长及顾问团认为英国许多产业过于分散，没有政府的介入根本不可能实现经济合理化。于是，工业重组公司（IRC）应运而生，其职责在于协助对一些行业进行重组。

在电气工程方面，三家最大的公司在通用电气公司（GEC）率领下携手组成英国最佳组合，足以与德国西门子（Siemens）和美国通用电气（General Electric）等国际公司相抗衡。虽然没有政府投资，但通用电气公司实际上成为英国电气行业的领导性机构。此外，它在电信设备和几家电子工业的分支机构也占据重要地位。

另一项更为复杂的合并，是将英国汽车和卡车制造商置于英国利兰汽车公司（British Leyland）的管制之下。合并在一定程度上是想阻止美国公司进一步占领英国市场，因为福特汽车（Ford）和通用汽车（General Motors）已经在英国设立分支机构。20 世纪 60 年代中后期，规模稍小一点的鲁特斯（Rootes）也被克莱斯勒（Chrysler）收购了。新组的公司致力于达到规模经济的要求。

规模经济的需要也是工党政府 1967 年决定将钢铁行业再次国有化的理由。钢铁行业于 1951 年被国有化，但是两年后又被保守党私有化，钢铁行业成为两大政党竞争的牺牲品。工党宣称，新成立的英国钢铁公司将带来结构上的改变，而私营企业并不愿意为改革买单。之后的事件表明，政府的确低估了进行大型并购的困难。总体来说，政府制定的产业政策并没有促进英国经济的快速发展。工党在 1970 年的大选中败给了保守党，此后英国国家干预政策逐渐远离政治舞台。爱德华·希思（Edward Heath）领导的新政府上台后，出台的第一项规定便是关闭工业重组公司 IRC。科技部也被解散，由贸易与工业部接替其大部分职能。然而，保守党执政的 4 年间，并没有对产业政策的实施进行根本改变，一系列工业危机逼迫政府放弃不干涉主义立场。

首先是劳斯莱斯公司濒临倒闭。该公司已经开发出一款创新式引擎 RB211，还成功说服美国洛克希德·马丁公司将该引擎安装到新客机上。然而，开发成本远远超出预期。尽管 1970 年政府下拨了研发资助，该公司还是濒临破产。作为国防承包商和出口商，该公司地位举足轻重，因此政府觉得有义务进行干预。正如爱德华·希思（Edward Heath）后来所说，“我们都知道，RB211 引擎很有可能成为未来市场上高科技领域的领军者，我们也乐见其成”。1971 年，破产受益人被召集起来，政府接管了该公司的航空发动机部，劳斯莱斯汽车行业被迫分离。

造船业和其他惨淡经营的部门也问题频现，促使国家不得不给予更多援助。1972 年，政府通过了一项工业法案，主张或多或少给予全权委托权进行危机驱动干预，尽管法案在一定程度上缺乏战略方向。

国际计算机有限公司（ICL）是根据法案获得援助的公司之一，并以研发资助一系列新电脑的形式获得援助。尽管保守党政府相信市场的力量，但是他们与工党前辈一样焦虑不安，他们深感应该在该行业保留一个强大的英国队伍。虽然考虑过将 ICL 与欧美企业进行合并，但是政府还是坚持 ICL 的控制权应该归属英国。此外，法德两国政府支持本国计算机行业发展的力度也比英国更大。

工党于 1974 年重掌政权，其对产业政策的热情丝毫不减，并寻求“更紧密、更清晰以及更积极的政企关系”。促进兼并不再是优先政策，工业重组公司 IRC 的升级版——国家企业委员会（NEB）被赋予广泛的权利，可以对企业进行投资，为新产品的研发提供资金，在战略新兴产业进行风险投资等。工党希望这一新机构可以在英国工业现代化方面发挥核心作用，然而这一愿望在 1973 年底世界石油价格翻了两倍、经济大幅下滑的情况下破灭了。随着经济衰退的加剧，NEB 开始执行救助受重创企业的职能。

英国利兰汽车有限公司是最不景气的企业，遭受汽车销量下滑的严重冲击，不得不求助于政府的财政支持。政府同意对其进行援助后，NEB 主席莱德勋爵还制定了一个重振英国利兰汽车有限公司的方案。莱德的建议被政府采纳，他主张在 8 年间对该公司投入 10 亿英镑，大部分的钱应来自纳税人。莱德计划基于一种没有证据或分析支撑的假设，即复苏的英国利兰汽车有限公司将在所有汽车和卡车市场盈利。

其他几家遭受重创的公司也从 NEB 获得补助，其中包括全国最大的机床制造商阿尔弗雷德·赫伯特（Alfred Herbert），以及领先的电子公司费伦蒂（Ferranti）。NEB 还从政府手中继承了 ICL 的股权，通过从通用电气公司和普莱西有限公司（Plessey）的股东那里购买股份，委员会所占的股份已经高达 25%。企业在该阶段表现良好，尽管仍受益于优先购买和研发补助，但还是有望逐步脱离政府的支持。

NEB 负责管理国有的劳斯莱斯公司。劳斯莱斯公司已从洛克希德危机中复苏，并且在政府持续的研发资助下，发展出衍生产品 RB－211。尽管这款引擎的技术风险被低估了，但其基本设计很合理，劳斯莱斯开始有能力和普惠公司及通用电气两大美国竞争对手抗衡。

对于飞机行业的机身制造来说，自从对 Airbus 撤资，民用客机的进展一直不大，且政策实施以来获得研发资助的企业盈利微乎其微。1977 年，政府对行业进行国有化，更多的是出于政治方面的原因而非经济原因。工党虽然宣称制造商对公共资金的依赖使得私人所有制不适用，但是并没有采取措施改善其做法或澄清其战略方向。

在 1979 年大选之前，对于新国企英国宇航公司是与波音公司共同开发新型 757 客机还是再次加入空客公司这一问题，政府必须做出决策。鉴于与美国联手可以增强英国宇航公司的实力，使其不必如此依赖公共资金，政府最初支持波音公司的提议。虽然空客推出的第一架飞机 A300 销路渐有起色（1978 年，空客获得美国东方航空公司的订单后在美国市场取得突破性进展），英国内阁大臣还是怀疑该项目能否带来足够回报。

在英国以外，欧洲国家要求英国对欧洲合作表现出诚意；而在国内，英国宇航公司也担心接受波音的提议后会下降到分包商的地位。迫于国内外的双重压力，英国政府重新以全面伙伴的身份加入空客联盟，并为英国宇航公司提供了 1 亿英镑的启动资金，助其开发空客系列的下一个产品——A310。

英国政府的核能政策跟民用飞机政策一样反复无常。到了 1970 年，英国发展自主设计的先进气冷堆技术的战略显然失策了，其主要负责机构英国中央电力局（Central Electricity Generating Board）向政府施压，以期改用美国轻水反应堆，冗长的反应堆选择之辩就此拉开了序幕。1978 年，反应堆之辩的结果是“标准英式妥协”：英国政府会再预订两个先进气冷堆，但同时将于 20 世纪 80 年代初考虑引入轻水反应堆。先进气冷堆的败笔加上长期摇摆不定的政策，彻底打破了核电成为英国成功出口行业的希望。

同一时期，英国政府的高科技行业政策深受美国可能独霸市场这一威胁的影响，但英国领导人错误地判断美国的竞争优势主要来源于 IBM 这样的巨型公司。事实上，美国工业的活力大多来自新加入的行业竞争者，高科技领域尤为如此。这些初创公司通常比历史悠久的老牌公司更善于挖掘利用新的技术机遇，英特尔公司（Intel）便是最好的例子。英特尔创办于 1968 年，成立后仅用短短 10 年时间即成为世界领先的半导体存储器生产商。基因泰克公司（Genentech）也是行业新手，最后成为世界上创办时间最早也最成功的生物科技公司。英国国家企业局后来认识到，英国要想在这类行业中实现跨越式发展，增长的动力必须来自新的市场竞争者。

生物科技公司 Celltech 和半导体公司 Inmos 就是两家这样的公司，他们都是国家企业局为主进行投资、私有部门参与的公司。国家企业局认为，英国企业不愿意投资于生物科技和半导体行业是市场失灵的表现，只能用政府干预的手段加以解决。国家企业局“愿意承担风险，支持走一条与传统工业发展模式截然不同的道路”。

如果工党没有在1979年的大选中失利，国家企业局很可能在这条道路上走得更远。撒切尔夫人领导的新一届保守党政府勉强同意 Celltech 继续发展，前提是多数股权由私有投资者控制。至于 Inmos，政府授意国家企业局为该公司寻找买家。Inmos 先是被卖给了英国电子集团索恩－百代（Thorn-EMI），后者再次将其出售给法意两国的半导体企业 SGS-Thomson 公司。在撒切尔夫人看来，国家企业局错误地认为政府官员能够发现潜力大的技术、培养有前景的公司，她决心尽快纠正这一观念。

20世纪70年代后期，在全球经济形势艰难的大环境下，工党的产业政策在振兴英国工业方面也没有收效。工党政府组建国家领军企业，寄希望于这些企业，对它们的能力抱有不切实际的幻想，夸大了规模经济在获取竞争优势时的重要性，未能让技术落后的行业焕发新的生机与活力。企业的公有化特征，一方面导致制定决策有政治化的特点，另一方面也无法完全顺应市场的各种变化。加之在国家财政的大力扶持下，企业自然会有与外界市场逐步脱离的倾向，英国利兰公司（British Leyland）的教训就是对此最好的诠释。

20世纪70年代中期以后，英国产业政策的指导思想发生了明显的转向。

1979年5月就任英国首相的玛格丽特·撒切尔，被视为“新自由”主义的领头人。“新自由主义”在20世纪80年代和90年代对于发展中国家，乃至全球工业界的经济政策具有深远影响。尽管在有些方面保持了与前一届英国政府的连续性，但在一些关键领域，“撒切尔主义”对经济工作的重点进行了重新排序。政府关注的重点转向控制通货膨胀和公共支出，甚至不惜以失业率升高作为代价。在微观经济层面，将竞争作为提高产业效率的主要工具。许多曾经被工党进行国有化的行业，比如钢铁、造船和航空航天业，都开始推行私有化。引人注目的是，撒切尔政府对于曾经被认为是自然垄断，且不适合私有制的国有公用事业进行私有化，解除国家管制。成功的例子是1984年英国电信（British Telecom）的私有化运动。私有化的一个重要结果，就是公用事业不再必须购买英国供应商提供的设备，曾经平淡的供应商/用户关系转向一个更富竞争的市场。例如，在电信领域，英国电信引入了瑞典公司爱立信（Ericsson）与英国交换机供应商进行竞争。1990 年英国电力行业私有化之后，西门子和其他欧洲电力工程公司成为已完成私有化的新电力公司的主要供货商。

与英国工党曾经对一些被认为是战略性行业的英国国有企业进行培养和保护不同，撒切尔政府倾向于向国外买家出售总是处于亏损状态的国有企业。1984 年，对于美国福特收购英国利兰（Leyland）分公司捷豹（Jaguar）一案，撒切尔没有表示任何异议。她原本可能在两年后向福特和通用汽车出售英国利兰的剩余部分，但国会保守党中高涨的爱国热情迫使她撤回了提案。英国利兰的路虎（Rover）品牌 1988 年被英国宇航公司收购，1994 年又被德国宝马公司接管。利兰公司的卡车业务在 1998 年被美国佩卡公司收购。

为了吸引外资，撒切尔夫人希望使英国在外国投资者眼中变得更具吸引力，她不太在乎这种投资究竟是通过在英国建立公司还是通过收购英国公司的形式实现。这对于正打算在英国建立工厂作为其欧洲市场的供应基地的 Honda、Toyota 和 Nissan 而言，无疑都是好消息。经过撒切尔夫人推动的改革，劳资环境变得更加稳定，这些日本公司英国工厂的生产水平丝毫不亚于其本土工厂的水平。

除了吸引外资，英国政府也在试图鼓励本国企业的发展。这种鼓励并不是对特定行业或企业提供支持，而是通过营造能够为企业家提供支持的环境来实现。税收改革推动了风险投资行业的发展，同时英国政府也说服伦敦证券交易所改进其对初创的高成长型企业的股权融资服务。成果之一就是出现了一批新的生物技术公司，他们致力于将高校的科研成果进行商业化，其中包括 Celltech 公司。尽管这些企业都没有美国同行那么成功，但却反映出英国更早时候注重培育大型工业集团的观念已经转变。20 世纪 80 年代，在剑桥大学周围——即后来被称为“硅沼泽”（Silicon Fen）的地方，出现了一批在信息技术领域很有前途的创新型公司。

不干预产业的政策并不意味着完全排除对先进技术提供资金支持。比如在信息技术领域，英国政府认为，一些公共资金的介入对于增强在某一行业中落后于美国同行的英国公司是必不可少的。始于 1983 年的阿尔维计划（Alvey Programme）旨在推进产业和高校之间的合作。该计划为期 5 年，固定预算为 3.5 亿英镑，其中 2 亿英镑来自纳税人。该计划提高了公共部门和私营部门对于信息技术研发的支出金额，但遗憾的是，这一举措并没有提高英国公司的国际竞争力。

撒切尔夫人就任后不久，就出售了英国国有企业局（NEB）国际计算机公司（ICL）的股权，但政府仍旧希望在严格限制的条件下对该公司提供支持。然而，英国国际计算机公司的盈利无法满足其为保持产品竞争力而必须进行的研发方面的支出。由于私人投资者不愿投入更多的资金，政府同意为国际计算机公司与银行协商达成的2亿英镑贷款，提供为期两年的担保。贷款很快被还清了，英国政府不再介入国际计算机公司之后的决策。

1984年，电信设备企业英国电讯公司（STC）接管了国际计算机公司，后者由此成为一个业务多样化的电子集团的一部分。但这一次的兼并还不算成功，1990年英国电讯公司将国际计算机公司（ICL）80%的股份卖给了日本富士通（Fujitsu）公司。在日本的管理下，该公司的业务主要转变为信息系统和服务，涉及的硬件业务越来越少了。

一些电子产业的分支行业在这段时间受到了外部力量的控制。以消费电子领域为例，20世纪70年代，英国多家电视机制造商与日本主流制造商达成了合作关系，英国国家经济发展办公室希望通过企业间的合作，提升本国产业现代化和竞争力，提高电视机制造业的英国本国制造的比例。然而，截至20世纪80年代，上述合资、合作企业的大部分控制权被日本合作伙伴掌握，而英国的业内最大制造商Thorn－Emi也将公司旗下的电视机事业部卖给了法国国营电子集团汤姆逊（Thomson）公司。

1978年，日本新能源与工业技术发展机构（NEDO）曾就政府如何对现代化项目给予支持和补贴的同时，尽量减少政府对企业管理干预的问题提出了新构想。英国撒切尔政府时期的政策也正体现了这一构想，即政府应尽量将最大的控制权交给企业。

在半导体工业领域，随着意法半导体集团（SGS－Thomson）收购了Inmos公司，英国大型的半导体制造商就只剩下英国通用电气公司（GEC）一家。英国通用电气公司没有进入大容量段的半导体市场，而是把主要精力投入到军事设备的半导体器件研发上。英国国内的半导体市场大部分依赖进口，主要是美国和日本或国际半导体制造商在英国设立的分支，比如西门子（Siemens）、富士通（Fujitsu）。针对Inmos的基地究竟该设在何处，以及是否需要一个本国的半导体制造商的争论，一直是英国半导体产业界讨论的焦点，然而并未引起政府的关注。

当时，英国撒切尔政府的主要关注点一直是放在航空工业领域，考虑到国家安全问题，英国政府规定该行业的制造企业必须是本国国有企业。英国宇航公司（British Aerospace）和劳斯莱斯（Rolls－Royce）以前都是私营企业，但是他们当时处于英国政府的保护下，按照政府要求，在公司章程中写有明确条款以防止外资介入企业。英国政府并未在战略方面对企业施加影响，而是通过企业与国防部的项目相联系，并在部分民用项目上以设立政府启动资金等手段来实施控制。

除了航空领域，英国政府对于企业架构和所有权等问题采取开放立场，默许企业的经营策略由市场决定。然而，有些评论者则对英国政府的这一策略提出批评，认为它忽视了建立可持续发展的技术能力这一关键问题。政府不但削减了研究经费，而且还提高了航空领域的高科技制造企业的私有化程度。虽然并非出自英国政府的本意，但技术决策受到直接的影响。政府对于Inmos和ICL两家公司为境外企业收购的默认态度，反映了他们对于那些关乎未来国家安全、具有潜在经济利益价值的技术的支持力度逐渐降低。

撒切尔夫人于1990年辞去英国首相职务后，保守党仍占据着执政地位。直到1997年，一名之前撒切尔执政时期最强烈的反对者迈克尔·赫赛廷（Michael Heseltine）开始主持英国贸易与工业部（DTI，简称“贸工部”）工作，并随之出台了一项工业振兴政策。赫赛廷非常赞赏日本当时实行的产业政策，并试图让英国贸工部成为工业现代化发展的引擎，他希望通过这一政策的实行推动英国的工业走向胜利。然而，尽管贸工部与工业界的联系得到了加强，并且也出台了一系列的工业支持计划，投入的资金却始终有限。因此，在赫赛廷任贸工部部长时，英国实际上采取的政策并没有很大的不同。

1997年开始执政的劳工党并没有致力于改变撒切尔政府时期的政策，这一点出乎业内预料。劳工党执政时期的两位首相分别是托尼·布莱尔（Tony Blair）和戈登·布朗（Gordon Brown），他们仍然继续了前任政府将企业发展和决策全部交由市场发展来决定的做法。新上台的劳工党却并未在政策创新上下功夫，其下设的英国国家企业委员会在将关键行业收归国有方面显得力不从心。在发表于1998年的白皮书中，英国政府宣称他们将不再实行过去曾经对企业实行过的干涉政策，并提出，20世纪60—70年代，英国执行的现代化产业政策主要采取的是计划体制，而现在（1998年），随着市场经济的发展，使经济向着市场需求方向发展越发重要。

出于追赶美国经济的愿望，英国实施了建立大型工业集团的计划，并且把重心放到了横向产业政策上，即增加企业的融资来源，为企业研发提供更多的税收激励，鼓励企业加大在人才培训方面的投资，而不再像从前一样把主要的精力放到扶持个别企业上面。

对企业竞争的规范引导，也成为英国政府的工作重点之一。1998年出台的《竞争法》，赋予政府更高的权力以根除任何反竞争的行为，并对涉嫌破坏竞争规则的企业给予比原先更严重的惩罚。在2002年出台的《企业法》中，有关企业竞争的政策和法规进一步得到了加强。劳工党还继续执行了保守党执政期间的政策，解禁对通信产业公共设施的管制，如2003年出台的《通信法》，使新竞争者进入市场变得更加容易。

英国工党的目的是让优势企业在政府政策领导下能够得到领先地位，比如生物技术领域。在这其中，横向的产业政策优势得到更好的发挥，诸如政府在产业研发领域要扩大财政支持，在税收方面给予一定的优惠等。以上的优惠政策促进了部分的就业转移，转向了服务行业。即在英国工党的领导下，加速了国家就业转向服务业的步伐。与此同时，英国工党出台政策支持各方势力对英国工业的大力投资，换种角度想，这也就使许多国内的工业在投资上处于劣势与被动的地位。

英国通用电气公司的没落表明，英国工党在产业政策上的表现较为保守被动，换句话来说就是政府较少在政策上干预企业发展，这与法国比较就可明显看出。

20世纪60年代，英国通用电气公司不断兼并其他公司，成为英国当时规模最大、盈利最多的工业集团。当时，温斯托克勋爵（Weinstock）担任该公司常务董事直到1996年退休。该公司有以下三个主要业务：电力、国防电子和通信设备。温斯托克退休后，新上任的常务董事想要改变公司业务过于分散的局面，将前景寄托于最有优势的通信设备行业。因此，通用电气公司于2001年前的3年间放弃了国防电子行业，并继续兼并产业，相继成功收购2家美国的通讯公司和西门子的相关通信股权，在此基础上，英国通用电气公司进行了一次成功的转型。

当时，新经济的说法刚提出不久，欧美的互联网和通信企业都成了拉动本国股市快速增长的原动力。在收购2家美企时，对方声称互联网时代的到来带来绝对的便利和优势，尤其是与通信行业的合作，这也成为了英国通用电气公司成功兼并的必要条件，并且是当下合适的选择。但是，这一并购不是一帆风顺的，它的兴盛时期很快就在2000年止步了，更为艰难的是，Marconi也无力避免这样的现实状况和局势发展，同样很难能打破僵局，转变自身的劣势。在接下来的时间，2005年，与英国通用电气公司合作的客户中，最有声望与实力的电信公司（BT）也在此期间主动暂停一项合作，并取消合同，这次的合作原本是支持与发展英国互联网现代化的业务，相反BT公司将该业务转给了其他境外企业进行合作，Marconi的发展只会更困难重重，甚至越来越坏，最终被爱立信所并购。

另一家被分离出去的企业——英法合营的能源工程公司Alstom也陷入

困境，英国电力企业订单不足在一定程度上造成了这种局面。特别是Alstom从母公司独立后，也在这段时期走向经济的滑坡，在外在因素的强烈影响下，越来越不适应环境的变化。之后，在法国政府的支援下，Alstom有了新的起色，开始慢慢恢复发展，且成功地成为铁路和能源工业的重要产业，并与世界合作成立跨国公司，曾经有合作关系的通用电气却慢慢退出历史舞台。

以上种种操作不得不使我们思考质疑，英国政府的一系列措施真的是为了拯救通用电气还是一次试点实验。一些英国评论家认为，英国政府历来不关心国家重要工业企业的发展，而这一段插曲就是实例。然而，1997年工党上台执政后，仍然没有回应业内希望借鉴法国模式的产业政策的呼声。依旧与法国政策相反，传统的政府不干预市场的政策还在占据核心地位，而且效果更加显著。

据美国的调查研究发现，英国当局在产业政策上的决策一定程度上是有利于本国产业经济的向前发展的。“有事实证明，英国在20世纪80—90年代，较其他发达国家在市场改革方面取得的更大的成就。英国在这段时期控制住了长达近一个世纪的经济下行趋势，经济发展再度接近其传统的竞争对手——德国和法国，同时也使英国的经济排名名次实现上升。”结合以上研究和之后的另一项报告表明，英国在当时经济发展程度赶超法、德两国的关键因素，就是英国在政策决策上发生的相应改变，即在产业保护政策上强化市场竞争要素。

此外，一个明显的产业变化自1980年开始，英国的产业结构与欧洲部分国家不相同，尤其是制造业比例有所降低。同一时期，欧洲的其他国家，例如有竞争优势的德国，在产业结构上逐步倾向于金融产业和其他商业服务业，这两类产业促进了德国的经济发展，并在很大程度上缓解就业压力，也是国家财政的重要来源。还有一部分言论赞同英国在这一时期的经济表现与政策决策，认为英国的资源潜力股正在转向更具竞争力的领域。

不过，必须引人思考的一点是，所谓的服务行业能否依靠其效益产能的提高，来平衡国内传统制造业下降带来的经济衰败？其实，在金融危机爆发之前，对于这一问题的担忧就开始浮出水面了。从2008年经济危机爆发开始，关于这一问题的思考就越来越引人深思与重视。并且逐步有呼声传来，希望政府出台政策平衡稳固经济的发展，并在制定产业政策中有所体现。

第二节　第二次世界大战后法国的产业政策

与英国一样，第二次世界大战结束后的30年，法国作为欧洲“三驾马车”之一，也是产业政策的积极执行者。在运用国家力量扶持特定产业和企业方面，欧洲国家中，法国的政策最具连续性，其重点扶持的领域为基础设施和国防等相关领域，第二次世界大战后的30年尤为如此。20世纪80年代后期，由于采取自由经济政策，法国政府的干预程度开始大大降低。但时至今日，政府应是国家工业资产保护人的观念仍然牢固。

1945年的法国工业，经历了长达20年的投资不足，急需实现现代化，但私人部门无意为工业注入资本。为解决这一问题，第二次世界大战后的首届法国政府主要采取了两大手段，即国有化和经济计划。国有化是把煤炭、电力和天然气等基础行业变为公有；经济计划则主要通过国有银行支持新的投资项目，确保重点行业资金充足。国有化中，唯一的大型制造业企业就是雷诺公司（Renault）。但雷诺的公有化最初并非出于工业目的或经济目的，而是对其所有者在战争期间宣布与纳粹合作的做法进行报复。虽然国有化后的雷诺由政府任命高管，但企业在运营上仍享有高度自治。

战后法国还采取措施加大科研力度。第二次世界大战爆发前成立的法国国家科学研究中心（Centre National de la Recherche Scientifique）在战后进行了重组，接受政府的促进和协调法国科学发展的任务。法国政府还成立专门科研机构，承担电信、航空和能源方面的研究课题。核能研究（后来发展为核武器的研究）交由法国原子能委员会（Commissariat àl' énergie Atomique）负责。这些机构补充了大学研究力量，弥补了法国没有德国、美国那样由企业开办的大型实验室的不足。

20世纪50年代初期，尽管动荡的政局和长期的通货膨胀导致法郎几经贬值，但法国经济仍然保持了较快的增速。此时，除了公有部门外，法国工业结构几乎没有发生任何变化，工业大部分仍由小型家族式公司构成，这些公司的顺利发展依赖高关税的保护。

1957年，法国决定和德国携手建立共同市场，情况随之发生变化。关税壁垒消失，法国工业被迫适应越来越高的市场要求。同时，美国公司加紧在欧洲运营，市场竞争的激烈程度日益增加。到了20世纪60年代，法国出现大量兼并收购活动，相当多的收购案是由政府推动的。兼并收购的目的是实现规模经济，经过整合，政府与各行业的龙头企业建立了密切关系。法国工业战略是由政府和企业共同努力合作完成的，这在其他国家十分罕见。

1958 年，戴高乐再次出任总统，决心通过推动国家领军企业（National Champions）和“宏伟计划”（Grands Projets）使法国跻身工业强国的前列。正如一位评论家所写的一样，戴高乐十二年磨一剑，视救国图存为己任：拯救法国意味着实现军事独立、经济独立和技术革命。没有军事独立，任何国家都无法行使真正的主权；没有经济独立，任何国家都无法成为本国财富真正的主人；没有技术革命，任何国家都无法维持军事独立和经济独立。

军事方面，戴高乐重任总统后加快了 1945 年开始的原子弹研发项目。任职前期，他大量向军用飞机和导弹的研发活动投资，打造出美式军工复合体（Military-industrial complex）。复合体中既包括主要军用飞机制造商达索（Dassault）和专业国防电子公司马特拉（Matra）这样的私企，又包括一些国有化的公司。除开展长期研究和国防部外包生产合同外，政府还通过公共采购、科研经费、出口补贴和工业外交等多种方式支持军工发展。

在民用飞机方面，法国同样富有决心。后来成为法国宇航公司（Aérospatiale）一部分的法国国有企业南方飞机公司（Sud Aviation），曾在 20 世纪 50 年代凭借卡拉维尔喷气式客机取得成功，该公司正是与英国联合开发协和飞机的法方企业，也是与国有航空发动机制造商斯奈克马公司（Snecma）一道成立空中客车联盟的主要推动者。虽然空客历经波折才能够真正与波音相抗衡，但法国政府从未减少对发展民用客机的支持。如同在其他领域一样，法国产业政策始终保持相当大的连续性，而这正是英国产业政策所缺少的。

1961 年，法国成立政府研究机构——法国国家空间研究中心（Centre National d'études Spatiales），以发展航空技术。前文所述的部分民用飞机公司也参与其中。法国国家空间研究中心在法属圭亚那建设了航空发射基地，与法国宇航公司和马特拉公司合作承担军用和民用航空项目。戴高乐卸任后不久，阿丽亚娜（Ariane）运载火箭即开始研发。虽然项目后来发展为欧洲太空合作项目的一部分，但大部分资金由法国政府提供。让法国掌握太空科技，再次证明了戴高乐总统摆脱依赖美国的决心。

与英国不同的是，20 世纪 50 年代的法国既没有走在计算机技术的前列，也没有认识到计算机行业的重要性。1964 年，两件大事促成了法国政策上的转变。一是法国最大的计算机公司布尔（Bull）被美国的通用电气（General Electronics）收购，法国政府为阻挠收购鼓励两家法企接手布尔，但遭到拒绝。二是IBM发布360系列计算机，进一步巩固全球市场领先地位。次年，美国政府阻止控制数据公司（Control Data Corporation）向法国原子能委员会出售两台计算机，此举更加凸显了法国取得独立研发能力的必要性。

为应对新动向，法国开始施行Plan Calcul政策，建立法国本土计算机公司以对抗美国企业的竞争。按照规划，由三家电气集团——法国通用电气公司CGE（Compagnie Générale d' Electricité）、法国无线电报总公司CSF（Compagnie Générale de Télégraphie Sans Fil）和施耐德公司（Schneider）的下属企业合并成立法国国际信息公司CII（Compagnie Internationale pour l' Informatique），三家母公司均为新公司的股东，政府机构通过补贴和倾向性采购等方式支持该公司的发展。

政府还采取措施确保法国国际信息公司能够从国内获得电子元件。通过“元件计划”（Plan Composants），政府可以向法国无线电报总公司下属的半导体生产商法国半导体总公司Cosem（Compagnie Générale de Semi－Conducteur）提供补贴。后来，汤姆逊公司（Thomson）控股法国半导体总公司，两家的半导体业务合并后成立的Sescosem公司，成为电子产业关键领域的领军企业。

同戴高乐时期的其他“宏伟计划”一样，Plan Calcul政策背后的原则是Elie Cohen所称的“进攻性保护主义”：国家创造手段，积累科学资源和金融资源，提供拨款给未来的国家领军企业，并通过公共采购政策占领市场，阻止外国企业进入国内市场。结果是少数受照顾的公司与政府之间建立了紧密联系，大部分业务都依赖于政府。

法国通用电气公司便是其中一个获益的企业。该公司经过一系列兼并收购成为法国工业领域的一流企业，员工数量从1960年的3.3万人增加到1971年的10万人。1969年，与汤姆逊公司（Thomson）签订雅尔塔协议对法国通用电气公司产生了重大影响。根据协议，法国通用电气公司获得汤姆逊旗下主要电力工程设备供应商阿尔斯通公司（Alsthom）的控股权，同时把国防电子和家用电器业务让给汤姆逊。汤姆逊还同意不在通信设备市场上与法国通用电气公司竞争，使后者的子公司阿尔卡特维持通信设备市场占有率最高的地位。协议达成前不久，汤姆逊公司收购了法国无线电报总公司。无线电报总公司早就在广播和电视行业确立了领导地位，后来又在军工电子行业居领先地位。无线电报总公司还是法国国防部的重要供应商。

由于高管和相关的政府官员同是法国国家行政学院的校友，法国通用电气公司和汤姆逊公司逐渐成为法国工业核心的寡头。20 世纪 60 年代末，大量兼并收购使法国的主要工业行业更加集中，每个行业渐渐发展出 2 到 3 家行业领袖。一些大型法国公司，如米其林（Michelin）和标致（Peugeot），由于是家族式企业，与政府几乎没有直接联系。而其他大公司则依靠政府帮助，或是参与到“宏伟计划”中，或是成为政府机构的供应商。

戴高乐总统卸任后，蓬皮杜上任，任期从 1969 年开始到 1974 年去世止。蓬皮杜保留了戴高乐大部分的产业政策，但他比戴高乐更加务实，也不那么痴迷于减少对美国的依赖这一目标。蓬皮杜上任不久即决定接受法国电力公司 EDF（Electricité de France）的建议，在法国核电项目中使用美国西屋公司（Westinghouse）设计的轻水反应堆。此举遭到了法国原子能委员会的反对，该委员会希望坚持使用法国自主研发的石墨技术反应堆，但法国电力公司及其供应商担心技术上的孤立会使潜在的出口市场迅速消失。

法国的核能投资始于蓬皮杜时期，1973—1974 年第一次石油危机之后加快了步伐。核能项目由政府牵头，两个政府所属机构（法国原子能委员会和法国电力公司）和两个承包商（当时由法国原子能委员会和施耐德共同控股的法马通公司和法国通用电气公司的子公司阿尔斯通）合作完成。

蓬皮杜在任期间上马的另一个全国项目是法国高速列车（TGV），该项目同样是由国有的法国国家铁路公司（SNCF）和私有承包商阿尔斯通共同完成的。高速列车不仅成为法国当时工程技术实力的象征，也是法国模式兴建大型基础设施的典范：由少数功底过硬、影响力极高的技术精英推动完成，这些精英通常是同所大学的顶尖毕业生，校友网络遍布政商两界。

只有在核能或高速列车等基础工业行业并且客户是政府或政府下属机构时，法国产业政策才富有成效。在终端用户分散、政府影响力小的行业中，法国模式则不尽如人意。最明显的例子莫过于计算机行业。直至 1971 年，法国国际信息公司离建立之初设定的目标仍然相去甚远，在被 IBM 占领的法国计算机市场上份额十分有限，在欧洲其他国家也鲜有分支机构。

1971 年，法国政府启动计算机规划的第二阶段，为法国国际信息公司扩大产品范围提供了进一步的必要支持。恰逢此时，与欧洲合作的机会出现了。这要从德国的西门子公司此前以自有品牌的计算机打入计算机市场说起。20 世纪 60 年代初期，西门子计算机逐渐萎缩，在德国市场的占有率仅 5% 多一点。1964 年，西门子与美国无线电公司 RCA（Radio Corporation of America）签订许可和供应协议后，开始用自己的品牌销售后者的

Spectra 系列计算机。然而，1971 年，IBM 宣布改进 360 系列产品，疲于追赶 IBM 的美国无线电公司终于决定退出市场。于是，在重新寻找供应商时，西门子把目光投向了法国国际信息公司。西门子向法国政府提交了合作计划，该计划后来又吸收了荷兰的飞利浦公司（Philips）。

3 家欧洲企业共同成立的 Unidata 公司看似前途光明，却在一开始就深陷泥潭。各方对于产品战略和公司组织结构的意见存在严重分歧，始终无法达成一致。其实，如果三方把松散的合作关系改为成立自主经营、独立管理的公司，也许就能够成功。但这样的话，法国在新公司中所占股权最多不能超过 25%，法国政府无法接受这样的安排。Unidata 公司最终于 1974 年解散。

此时，法国政府有机会能够进行一场更加满意的谈判——与布尔重修旧好。自 1964 年起，布尔公司归通用电气所有。与美国无线电公司遭遇相同，在与 IBM 的竞争中通用电气根本无法获利。1970 年，通用电气把包括布尔在内的计算机业务出售给另一家美国企业——霍尼韦尔公司（Honeywell）。霍尼韦尔愿意参与成立由法方掌握多数股权的法国企业。

德斯坦任法国总统后的 1975 年，信息国际—霍尼韦尔—布尔公司根据协议正式成立了。其中，霍尼韦尔控股 47%，其余股权归法国政府和法国通用电气公司所有（法国通用电气的另外两家股东汤姆逊和施耐德已退出）。德斯坦政府并不像前两届政府那样醉心于培养国家领军企业，虽然政府同意给予新公司四年期的支持，但希望到期后新公司能够独立发展。

实际上，1974 年德斯坦就任时就决意减少政府对市场的干预，降低法国工业对国家财政支持的依赖度。产业政策的目标减少了，转而把重点放在发展有潜力的市场上（La politique des Créneaux），即寻找法国公司有希望在全球市场上占领相当份额的领域。同时，德斯坦政府愿意在能够带来价值的行业中促进同美国企业的合作。比如在半导体行业，政府不想完全依赖汤姆逊一家公司，所以引进了其他参与者，有的与美国生产商合作建立了合资企业。新进入行业的企业中，有一家是汤姆逊在国防电子领域的对手马特拉（Matra），还有一家是以生产玻璃和建材著称的大型工业集团圣戈班（St Gobain）——这也是圣戈班第一次进军毫无经验但相较于传统业务更具增长前景的领域。

强调竞争，并不意味着法国要对产业与政府间的关系进行激烈调整。德斯坦总统仍然愿意对“宏伟计划”进行投资——遵循其前任使用过的方法。其中最著名的一个例子就是电话系统现代化。得益于政府研究部门 CNET 所做的开拓性工作，法国是第一个全部安装全电子式电话交换机的国家。与其他大型项目一样，国家也是占据主导地位。

如果不是1973—1974年的原油价格上涨和随后的经济衰退，德斯坦总统也许能在改革的路上走得更远。法国政府发现，对那些由于需求下降导致财务状况不佳的传统产业进行扶植，将使得政府压力倍增。钢铁业所遭遇的冲击是最大的。虽然法国钢铁企业还是私人所有，但是却极度依赖政府支持。1978年，德斯坦总统被迫对两家法国最大的钢铁公司——齐诺尔（Usinor）和萨西洛尔（Sacilor）进行有效控制，企图将这两家企业从破产的边缘解救回来。法国认为，他们的造船业和其他需要政府资助的产业部门——曾经的国家支持的领头企业——都在养闲人。同时，政府在电脑产业也面临危机。CII-Honeywell-Bull（CHB）公司初建10年发展迅速，但是1979年弥漫在股东之间的不满情绪影响到公司的稳定发展，政府有责任出面协调。政府协调的结果就是，将Compagnie Gé rale des Eaux公司（简称CGE）作为主要的非法方政府控股者从公司中撤出，由圣戈班集团（St Gobain）代替其位置。尽管圣戈班集团初入电脑界，但是对政府来说却有足够的吸引力：其强大的财政状况足够通过商业机会对CHB进行财政支持。然而，圣戈班集团是在CHB的利润大幅下降的时候接管的，因此CHB还是需要政府的进一步支持。

在1981年总统大选之际，除CHB之外的一些国家领头企业也陷入财政危机，法国工业处于不健康的状态中，大选的结果是由社会党和共产党共同执政。联合执政的领袖——弗朗索瓦·密特朗（Fransois Mitterrand）之所以能说服大部分选民，是因为他提出了解决法国工业难题的解决方案——不是要抢占更多市场，而是要让法国产品进入更多的国家。法国并不是20世纪70年代后半期欧盟中唯一面临严重经济问题的国家，这也就解释了为什么那个时期的执政党应该接受这样的选举结果。但是，民众对于德斯坦总统的失望并没有抹杀法国经济从1950年来所取得的成绩。现在的法国拥有强大的工业实力，就像戴高乐（De Gaulle）曾经期望的那样，建立了数家颇具实力的国有企业。

关于戴高乐和蓬皮杜所鼓吹的“柯尔培尔主义”到底为改善法国工业困境作出了多大贡献，有经济学家认为，20世纪50年代末关键性的政策改变，以及这一时期欧洲共同市场的出现，使法国工业第一次进入了欧洲范围内的竞争。欧洲市场日益激烈的竞争使机会与压力俱增。这也迫使法国工业必须适应这些改变，许多法国企业获得了巨大成功。比如，法国的汽车产业在这个时期获得了显著成果：雷诺公司（Renault）所生产的发动机成为大众汽车（Volkswagen）在低端大排量市场中最强大的竞争对手。

法国企业在这个时期也进行了一些并购、收购活动（最著名的就是标致公司收购了雪铁龙公司，随后它又收购了克莱斯勒欧洲公司）。但是，法国在英国境内创建的英国利兰汽车公司（British Leyland）并不是政府授意。一些左翼人士希望，雷诺和标致可以合并，成立法国通用汽车公司（French General Motors）。但是，独立的标致家族被一家国有企业完全收购是绝无可能的。政府曾经进行协调，目的是创建大型国有企业，但结果喜忧参半，比如在电脑和机械工具产业上遭遇失败，却在电信产业取得了成功。法国所取得的大部分成功都在基础设施建设和与防御相关的项目上。在这些方面，法国方面比英国做的要好得多。

然而，法国所采取的解决措施有两处弱点。第一，大部分国有企业非常依赖国家控制的市场，因此对于国际市场上的竞争并不适应。如果国家保护政策取消的话，这些企业又会如何呢？第二，国家对于大的国有企业的偏好导致国家的技术和人力资源的倾斜，阻碍了中小企业的发展。普遍认为，法国工业结构存在柯尔贝尔主义（Colbertism，指以国家干预和集中控制为特征的法国经济政策）缺陷，需要予以纠正。

1981 年，密特朗成功上台执政。在他的带领下，实施了一种新的凯恩斯主义，在产业政策上被命名为“再分配的凯恩斯主义”，该政策的目的是为了平衡经济发展与政府开支增长，而且政府在缓解就业问题上也重新进行新的决策与计划，提高社会保障水平，特别是对低收入家庭采取专门的福利措施。之后，法国将政策核心理念继续贯彻，进行宏大的国有化政策。首要的一步棋是针对法国境内的所有大型企业，政府把包括汤姆逊、圣戈班等在内的 13 家企业的大多数股权收归国有。这也是政府实施国有化计划的第一刀，国家试图通过此类措施进一步提高产业的核心优势和竞争力。具体的国有化计划用电子类产业来说明，该类产业详细的划分了 11 个类别，并都可获得政府支持。此时，国家政策上的核心重点是强化特色产业价值链中的重要环节，因此，对比德斯坦执政时期的产业政策，国有化计划更能展示其政策野心。

法国政府实施的国有化措施、相关的政策对那些陷入衰退企业的复苏特别有帮助，给那些等待政府救助的企业注入了新的资金。同时，政府也推动了一部分企业的资产互换，并保证企业的国有性质，国有企业的经营范围始终在政府可控的范围内。在电子领域，汤姆逊旗下的通信部门和 CGE 的国防电子和电子配件事业部门就进行了互换；在法国政府的要求下，圣戈班的业务发展重心重回传统领域，放弃开拓电脑和半导体的新领域；而罗纳－普朗克则取消了其在石油化工方面的投资，继而支持制药产业和精细化工产业的未来发展。

各国对石油危机进行应对并重新获得缓慢复苏时，密特朗选择于1982年前后采取刺激经济的政策，但是，这项政策显然是有一定的风险的，伴随着该计划的逐步实施，国家经济发展的局面有所波动，在国家财政上表现为政府的收入与支出不平衡导致财政赤字，国家汇率也受此影响，特别是外汇压力变大，货币的通胀率不断提高。因此，密特朗在接下来的一年里被迫“大掉头”，以期回归到正统的金融政策系统中去。

随后的雅克·希拉克（Jacques Chirac）所领导的右翼政府在执政初期开始了一项私有化计划，将65家企业纳入该计划促使其转为私营。其中的一些企业，包括CGE和圣戈班，顺利地完成了这一转变。然而，该计划却经历了1987年10月的法国股市大跌。1988年，法国新一届大选前仅有4家企业完成了公转私的进程，右翼政府在这届大选中失败，而密特朗则在大选中获胜继续其总统任期。

受到1981—1983年经历的影响，社会党放弃了国有化计划，他们开始热衷于宣传其非私有、非国有化的新政策。然而，他们对于国有企业通过市场非表决权股份的形式筹集资金的做法持否定态度。之后，无论已经转为私有的企业还是那些仍旧保持国有的企业，在自由决定企业发展方向和所采用的政策方面都实现了自主，国家不再实施干预。大部分企业选择了在特定领域走专业化和国际化的道路，将精力投入到自己的优势领域，通过并购美国和欧洲的企业加速实现企业国际化。

以CGE为例，该公司的业务主要涉及两个领域：通信设备（下属公司阿尔卡特主要负责）与电力工程及铁路运输（其下属公司Alsthom主要负责）。1983年，CGE收购了汤姆逊的通信部门，其下一个动作是收购国际电话电报公司（ITT）的欧洲分公司，这次并购在20世纪的业内产生了巨大影响，于1987年最终完成。此次并购使CGE跻身世界通信设备制造商前列，与同属通信设备制造商巨头的美国电话电报公司（AT&T）的排名差距已经很小。在该公司另一优势领域——电力工程方面，CGE与英国合伙人各持股50%，平分对公司的控制权。双方于1989年合作设立合资公司，1991年公司的法国控股方（CGE）更名为Alcatel Alsthom，1998年再度更名为阿尔卡特（Alcatel），这次更名发生在集团下属电力工程公司（Alsthom）的股票在法国巴黎证券交易所上市之后。公司当时的业务主要放在通信设备方面，也把目标放在了拓展欧洲以外的全球市场上。2006年，阿尔卡特完成了与美国朗讯（Lucent）的跨大西洋并购。起初名为西方电子（Western Electric），曾经是美国电话电报时代的最大设备制造商之一，1996 年脱离西方电子成为独立的公司。随着与朗讯的合作，阿尔卡特再度更名为阿尔卡特 - 朗讯（Alcatel - Lucent)。

现在把视线转移到 CGE 的老对头汤姆逊公司。汤姆逊公司没有经历法国政府第一轮政策调整中的私有化，在公司历史中不难看到它存在的一些亏损业务，这也是它未能被法国政府列入公转私企业名单的原因。汤姆逊最大的盈利业务在国防电子方面（与 CSF 公司合作），除此之外，在电子配件和消费电子领域也参与了部分业务。自 1960 年拟定 Plan Calcul 政策后，法国历届政府都将半导体产业确立为产业战略发展的重点。

1981—1986 年社会党执政期间，汤姆逊的半导体事业部得到了大力支持。该公司希望在此期间可以利用社会党政府的有利政策通过企业并购，将股票市值提升至少 3 个百分点。汤姆逊这一阶段的发展计划包括 1986 年收购美国莫斯卡特（Mostek）公司。由于这一计划的实施过于冒进，汤姆逊的半导体事业部此后一直陷在亏损中，后与意大利国有配件制造企业 SGS Microelettronica 成立了合资公司。对于法国政府而言，这次并购是一次空前的企业国际化行为。1990 年，合并后的企业更名为 SGS Thomson Microelectronics（意法半导体集团)，后来又被再次更名为 ST Microelectronics。企业实现并购后主要针对欧洲市场供应专用集成电路，客户包括博世（Bosch，德国）和阿尔卡特（法国）等，公司进而开始实现盈利。1994 年，ST Microelectronics 股票上市，上市时法国和意大利政府的持股比例有所降低。

汤姆逊的消费电子业务一直与日本存在竞争关系，而且遇到的问题比其半导体业务部更加明显。与半导体事业部相同的是，法国社会党人希望汤姆逊消费电子业务可以通过公司兼并实现预期的规模经济，打破日本对消费电子领域的垄断。然而，完成了几轮企业并购后（涉及企业包括英国 Thorn's Ferguson 公司、美国 RCA 公司等)，1980 年底，汤姆逊消费电子业务仍处于亏损中。法国社会党政治家、前总理克勒松（Edith Cresson）提出建议，希望汤姆逊将一直处于亏损的消费电子事业部，连同公司对意法半导体集团持有的股份一同卖给国有核能集团 CEA。这一计划反映了克勒松对于架构一个法国版的东芝公司（Toshiba，日本企业集团，业务涵盖核技术和电视机制造）的愿望，但最终未能成为现实，消费电子业务仍然是致使汤姆逊亏损的主要因素。

1993 年的议会选举，法国右翼政府再次执政，开始了第二次“共同”执政，共同执政局面直到 1995 年右翼党派候选人希拉克赢得大选才得以终结。新一届政府宣布，将对 12 家工业企业实施私有化，这 12 家企业中的

3 家已经在 1986 年政府计划的公转私名单之中，即汤姆逊、佩希内（Pechinery）和罗纳普朗克。法国政府此次新增 9 家新企业，其中包括雷诺（Renault，汽车领域）、Aérospatiale（航天领域）、斯耐克玛（Snecma，军用航空和航天发动机领域）和北方洛林钢铁公司（Usinor Sacilor）。

并非所有的大企业都能成为全球的领军企业。20 世纪 90 年代，法国政府逐渐接受了一个观点，即在某些情况下，解决企业经营状况欠佳最好的办法就是将其出售给国外收购者。Bull 公司放弃了部分全球业务，并于 1996 年实现部分私有化，40% 的股份为美国的摩托罗拉公司（Motorola）、日本的 NEC、Dai Nippon 打印公司持有。目前，Bull 成为 IT 服务的重要供应商。汤姆逊的案例更有问题。1996 年，政府将该公司的两大业务——国防电子设备和消费类电子设备进行出售，并得到两家公司的报价。一家报价来自 Alcatel Alsthom，准备同时购买两项业务；另一家报价来自 Matra，其仅对国防电子设备感兴趣。根据 Matra 的计划，消费类电子设备业务将按照合理的价格出售给韩国大宇公司（Daewoo）。公司员工对于出售给大宇的计划表示强烈反对，最终以失败告终。随后，政府将汤姆逊一分为二，Thomson - CSF 和 Thomson 多媒体，并且均于 1999 年实现私有化。消费类电子设备业务随后出售给一家中国的公司。这使得 Thomson - CSF（于 2000 年更名为 Thales）可以像 Alcatel 那样进行运作，打造全球国防电子设备跨国公司。

允许自由实施国际化战略，也是政府决定在公共事业领域引入私人资本的重要因素。1997 年和 2005 年，法国电信和 EDF 分别实现部分私有化，成为国际上活跃的收购者。然而，在公共事业部门私有化方面，法国并没有照搬英国的模式。在 EDF 的案例中，政府仍然保留大量股权。像英国政府一样，法国政府将电力产业分割成小块，并允许外国投资者收购。法国政府同样保有对 Areva（一家核工程公司）的控制权。

在法国，基础设施产业中的企业不能暴露在收购威胁之下。同样，航空航天和国防不允许收购，因此政府在 EADS 保留了大量股权。EADS 这一法德合资集团是于 2000 年由 Aerospatiale 和 Daimler 的附属公司 DASA 合并产生的。法国政府在 Thales 和 Safran 也持有少量股权，其中，Safran 是于 2004 年由 Snecma 和 Sagem 合并后产生的。

即使在基础设施和国防领域之外，对于法国当局而言，法国大型工业企业的所有权问题仍然是一个敏感的话题。私有化项目 1986 年启动时，政府有力保障了大部分私有化企业的股权由稳定的法国股东（the Noyaux Durs）持有，此举意在保护企业免遭恶意收购。然而，20 世纪 90 年代，大部分法国股东出售了所持股权，而买家主要是外国人，特别是英美投资者。随着持股者范围的扩大，公司对抗收购风险的能力在下降。

最早受到冲击的是一家铝业公司 Pechiney，于 2003 年被 Alcan 收购。此举引发了法国政府的不安，但其并未主动反对这项收购。此后，由 Rhone－Poulenc 和 Hoechst 合并而成的法德合资药品集团 Aventis，成为另一法国药品公司 Sanofi 的收购目标。一家瑞士公司 Novartis 预测，成功收购将需要更高的报价。这一预测促使法国政府向各方明确声明，Aventis 的控制权绝不会旁落其他国家。2004 年的 Alstom 事件，是又一个很显著的例子，表明法国政府对其国内大企业控制权非常关注。正如此前所述，该公司由 The General Electric Co. Ltd（简称 GEC）和 CGE 建立，随后在股票市场上市。1999 年，Alstom 从 Area Brown Boveri（简称 ABB）购入了气涡轮机业务。ABB 是瑞士和瑞典合资的工程集团，其在全球包括美国在内的多个国家赢得了该业务的订单，但随后气涡轮机业务的表现并未达到预期，而且其产品的技术缺陷愈发明显。2001 年末，Alstom 面对其美国消费者的财务赔偿，再加上集团其他业务经营惨淡，该公司的破产风险逐渐增加。法国政府对事态的演进持续关注。毫无疑问，该集团需要救助，但是国家直接援助可能会招来布鲁塞尔竞争委员会的反对。因此，政府决定对该集团进行分拆。但是，2004 年夏天，法国政府和委员会达成一致，作为出售资产和削减成本的回报，政府将参与该集团的财务重组。政府持有 Alstom 少量股权，并承诺 2008 年之前不出售股权。

对 Alstom 的救助并不意味着对自由化的放弃。自 20 世纪 80 年代以来，法国政府一直在追求创造公平竞争的市场环境。未来将不再有政府基金工程，而且很多政府干预的机制都被取消了。在一些评论者看来，从财富民主来看，比较战后各国的经济战略，没有哪个国家走的比法国更远。但是，除了对恶意收购的担忧之外，自由市场主义还有很多方面让法国政府深感不安。“政府应该成为本国产业的保护者”这一观点始终非常盛行。作为财政大臣，尼古拉斯·萨科齐在 Alstom 的事件上扮演了重要角色，而这也成为他 2007 年竞选总统时的重要内容。他把自己比喻为勇敢守卫法国工业避免被海外掠夺者侵蚀的战士，并且坚决反对“去工业化”。而这，也是他任总统期间的重要议题。

第三节　第二次世界大战后德国的产业政策

如果认为产业政策意味着政府的所作所为可以勾画产业结构，并推动永久性现代化的产生，那么应该说，第二次世界大战后西德并不存在这样的产业政策。虽然不能说德国政府任何时候都不违背这种不干预态度，比如，德国政府为了保护其成本高昂的煤炭行业免受国际竞争而采取了保护措施，以及 20 世纪 70 年代社会民主党执政时期提出了积极的产业政策——从德国州政府的很多协调工作中看出，他们是在保护或支持当地企业，但是，总的来说，国家参与到产业活动中的情况在战后的前 30 年中，德国政府比法国或英国要少得多。

基督教民主党（Christian Democrat）于 1949 年开始执政，它并没有通过国有化来扩大政府经济部门的规模。这个新政府从纳粹那里接管了一些国有公司，比如大众公司，但是这些被接管的国有企业很快就全部或部分私有化了。另外，西德的铁路系统（德国联邦铁路，Deutsche Bundesbahn）和电话系统（德意志联邦邮局的部分业务，Deutsche Bundespost）曾经是国有企业。

德国经济奇迹开始于 20 世纪 50 年代，但这并不是推行产业政策的结果，而是为了应对市场竞争和对外贸易需要所制定的一系列政策的结果。普遍认为，德国的这些政策比法国或英国的政策要好得多，德国因此也成为欧洲自由贸易的“领头羊”。

德国的某些政策制度有很深的历史根基，比如说职业培训系统、银行与产业间密切合作等，在科技政策上也有一定的连续性。德国政府支持科学研究是有很长历史渊源的。德国长期通过马克斯 - 普朗克学会（Max Planck Society）支持大学和政府所属的研究室、实验室。第二次世界大战后，上述体制被新创建的弗劳恩霍夫协会（Fraunhofer Society）改变了，而弗劳恩霍夫协会建立起公共实验室，成为连接基础研究与产业应用研究之间的桥梁。

弗劳恩霍夫协会经过缓慢发展后，最终发展成为一个实体组织。它与大学联系紧密，但是其主要职能是进行能够满足产业用户和政府用户利益需要的应用研究。这样的体制安排属于德国扩散导向的科技政策的一部分，这种科技政策的目的是对科技专业人才进行激励，并且降低中小企业使用新技术的成本。

那些对德国出口贡献最大的产业主要是已经形成竞争优势的产业。德国企业在19世纪后半期也是欧洲以科学为基础的化工产业的领头羊，直到第二次世界大战后，化工产业也还是德国具有优势的一个产业。20世纪50年代，当曾经是I G Farben一部分的三个公司——拜尔（Bayer）、赫斯特（Hoechst）和巴斯夫（BASF）——分别成为独立的企业之后，它们迅速在世界市场上重新树立了自己的领先地位。同时领导市场的还有美国的杜邦（DuPont）、陶氏化学公司（Dow）、孟山都公司（Monsanto），以及英国的英国工业化工公司（ICI）。在电气工程领域，西门子（Siemens）和德国通用电气公司（AEG）迅速从战后阴云中崛起，尽管AEG有过一段很长的衰退期，但是西门子成长为欧洲电力工程、通信设备和电子产品的领军企业。

第二次世界大战前，汽车产业曾是德国的落后产业，德国在欧洲市场开放后成为当之无愧的受益国之一，而这要归功于大众公司的巨大成功。大众公司直到1960年还是国有企业，但其管理不受任何政治因素的影响。这家公司采用福特式大规模生产技术才获得巨大成功——甲壳虫汽车在20世纪60年代中期成为全球销量冠军车型。政府并没有直接干预大众公司的经营战略，也没有干预另外两家高档汽车公司——奔驰公司和宝马公司。一些小型汽车公司在20世纪60年代被大型集团企业收购，但是政府始终没有插手汽车产业趋向合理化的过程。

德国第4个具有竞争力的产业是机械行业，其发展原动力主要来自中小企业。

德国的这些成功源自其拥有的高精技术、高度熟练的技术人员以及在市场的某些特殊领域中的高度专业化。德国有着发散式的产业链条，在这个链条中企业与所有为其提供技术和市场信息、训练有素的专业人士所形成的体系方阵有着紧密和相互重叠的关系，同时与其他形成互补的产业关系保有联系。在以上述及的产业中，德国没有类似英国和法国的那些产业政策。这些产业是与德国商业环境的显著特点非常吻合：企业与银行之间联系紧密，股市追索权有限；对技术上进行持续投资；对新产品和新工艺耐心投入，进行长期开发。与此相对照，德国并没有为类似计算机和半导体产业提供稳定的环境，在这些方面，德国技术具有更大的不确定性。

在高科技产业方面，第二次世界大战后的德国一度发展缓慢，这是由于盟军对其进行了限制。这些限制于1955年被撤销。那时，德国政府希望能找回已经失去的优势，为此设立了一个新部门——原子问题部，以支持在核能源上的研究工作。后来，其部门职能还延伸到对宇宙空间的研究。

原子问题部在1962年合并到研究技术部（Ministry of Research and Technology，BMFT）。研究技术部早期的目标是发展计算机产业。包括西门子在内的几家德国公司，于20世纪50年代末推出了自己的计算机，但是要想超过IBM，进展甚微。研究技术部于1967年建立第一个“数据处理项目”，并为计算机硬件的研发提供资金。大部分研发资金被分给了西门子和AEG，研究技术部曾经希望西门子和AEG将电脑部门合并，但是劝说失败。如前文所言，西门子与RCA组建联盟，并合伙创建了优利达公司（Unidata），但公司很快就关闭了。优利达关闭以后，日本富士通公司（Fujitsu）成为了IBM的供应商——兼容型电脑成为主流。

德国这个时期在计算机产业上取得最大成功的是一家新企业——利多富公司（Nixdorf）。利多富公司专注于小型业务系统，这个市场可谓是被西门子忽略的“蓝海”市场。尽管利多富公司在20世纪70年代后半期得到了研究技术部的赞助，但是它并不依赖于国家的资助。

在核能领域，西门子和AEG再度成为竞争对手，这两家企业都从美国公司那里获得执照后得以进入这个行业，继之再发展自有技术。尽管西门子和AEG都得到了研究技术部的资助，但是政府大部分的努力都给了反应堆种类的开发——特别是在快中子增殖反应堆（Fast Breeder Reactor）上，然而它的商业价值并不高。西门子和AEG都对快中子增殖反应堆持怀疑态度，当然对这方面进行投资的时候动力不足。

德国航空制造企业战前处于欧洲领先地位，战后禁令解除后，这些企业非常急切地想重回霸主地位。他们从弗朗茨·约瑟夫·施特劳斯（Franz-Josef Strauss）那里获得了大量赞助。弗朗茨·约瑟夫·施特劳斯于1956—1962年出任联邦德国国防部部长，后任巴伐利亚州州长（多数航空制造企业源于此地），他为振兴德国航空制造业做了很多工作。

德国政府于1962年开始支持民用飞机项目，但是进展缓慢，部分原因是因为德国在20世纪60年代有7家独立民用飞机制造商，产业比较分散。VFW是其中的一家，他们与荷兰的福柯公司（Fokker）建立合作关系，生产短途客机VFW614，这一产品在耗费了纳税人1亿马克之后被取消。20世纪60年代末，Messerschmidt - B - lkow - Blohm公司（MBB）创建，这家公司连同VFW和道尼尔公司（Dornier），成为空中客车国际财团的德国合伙人。一家名为德国空中客车有限公司（Deutsche Airbus Gmbh）的企业成立了，施特劳斯（Stauss）担任董事会主席。德国飞机制造业得到了联邦政府和州政府的支持，是德国政府补贴最多的产业。

进入20世纪80年代，与法国和英国相比，德国经济政策并未发生巨大变化。但是在两次石油危机之后，德国经济复苏缓慢且失业率保持在较高水平，劳动生产率的提高速度远低于20世纪60年代和70年代初期，引发了对体制僵化的担忧。特别是劳动力市场活力不足，阻碍了对工业的优化调整。随后发生的东西德统一，虽然政治意义重大，但是给西德经济带来了沉重的负担。在合并后短暂的经济繁荣之后，经济增速再次下滑，到1997年，失业人口已经进一步增至450万人，超过总劳动力的11%。有人认为，德国工业装备开始落后，致使无法应用新技术，特别是信息技术和生物技术。一些评论人士认为，德国存在很强的惯性，造成金融、人力资本由传统工业向高技术部门转移的困难。

政府研究部开始主要支持如西门子和AEG等已经成立的信息技术公司，并贯穿于20世纪80年代。例如，在半导体行业，政府补贴主要针对的是西门子公司，但在开发更小、功能更强的装置方面，西门子仍然无法和日本的制造商相抗衡。在德国政府的支持下，西门子和荷兰的飞利浦公司成立合资公司，共同研发100万比特芯片，该产品能够存储100万字节的信息。随后，法意合资的SGS－Thomson公司加入这项合作。合作的存在并未阻止西门子和东芝以及之后的IBM进行谈判，从而获得独立的半导体专利的使用权。尽管这些决定在德国饱受争议，西门子仍坚持认为和全球最大的生产商形成联盟对于其保持技术领先地位具有重要意义。

在计算机领域，封闭操作系统向开放操作系统的转变推动了产业转型。Nixdorf由于对这些变化反应迟缓，其财务状况日益恶化，并于1990年被西门子收购。对西门子而言，已经在主框架计算机的研发上取得重要进展（其中一些进展是和富士通合作实现的），并且逐步在德国市场上扩股。在收购Nixdorf之后，这一扩张的集团——Siemens Nixdorf信息系统成为欧洲该行业最大的企业，并拥有计算机制造商。但是，该集团仍然面临一项几乎不可能完成的任务，就是将两种互不相容的业务融合，同时逐步适应个人电脑的发展趋势。

德国企业缺乏的是创业精神，而在美国这是发展的动力源泉。Nixdorf曾是一个例外，还有一些其他类似的企业，如由前IBM工程师创立的SAP软件公司等。SAP在企业资源软件领域找到了一个盈利机会，并最终成为一个主要的国际供应商，尽管其增长要慢于美国的微软公司。1988年，SAP在德国股票市场上市，相比微软1985年在纳斯达克上市要晚得多。由于缺乏配套的体制机制，如愿意支持年轻企业家的风险投资及允许投资者在早期阶段退出等，在德国创立并发展这类企业比美国要难得多。

同样的问题也阻碍了生物科技产业的发展。这一领域于20世纪70年代被 BMFT（德国研究技术部）锁定，而且联邦政府对生物科技研究的支持在 20 世纪八九十年代急速增长，但德国企业的表现仍然不好，主要原因在于缺乏有特色的生物科技公司，而这些公司是美国生物科技产业发展的核心驱动力。BMFT 的直接投资并不能弥补配套体制机制以及相关政策的缺位，而这些是美国生物科技产业成功的重要因素。

德国有一个产业确实在政府的补贴之下实现进步，那就是航空业。正如前文所述，一批德国飞行器生产商联合起来成立了德国空客。1989 年，这些公司和 Dornier 一起被戴姆勒 - 奔驰（Daimler - Benz）公司收购，但并购遭到卡特尔办公室的反对。不过，对持有部分股份的联邦政府而言，这一行动是有吸引力的，因为通过将航空航天产业的资产注入一家财务状况良好的企业能够逐步降低政府补贴的规模。

其他高科技产业发展仍然滞后，并且基于政府和产业之间的紧密合作，德国国内出现了向日本的产业政策学习的诉求。然而，到 20 世纪 90 年代中期，随着日本经济进入长期滞涨，日本模式不再流行，相反，对美国的关注开始增加。

和在其他欧洲国家一样，德国的政策制定者被美国企业利用网络创造机遇大获成功所深深吸引。很明显，如果德国想在新经济领域追赶美国，必须进行体制改革，特别是针对资本市场的改革。美式创业精神很难传播，除非企业家能够从风险资本投资者中获得资金，且风险投资者能够通过公司上市实现退出。

在 20 世纪 90 年代下半段，德国政府采取两个步骤激发人们对股权的兴趣。其一是在 1996 年，德国电信实现私有化；另一个是在 1997 年建立 Neuer Markt——法兰克福股票交易所的分市场，专门用于吸引需要权益资金的初创企业。

这些行动最初是为了适应欧盟委员会开放欧洲电信市场的要求，私有化对于将政府持有的垄断的电信企业转化为灵活的竞争者具有重要意义。作为股东持有的公司，德国电信将拥有更大的自主权去并购，或与全球最大的跨国电信企业组成联盟。但是，将大规模的企业私有化同样意味着鼓励分散持股。德国电信上市是欧洲企业上市中规模最大的，将近 200 万德国人认购了股票，包括 40 万此前从未涉足股票的人群。

Neuer Markt 最初希望效仿美国的纳斯达克市场，从而帮助初创公司。这一市场起步发展缓慢，1997 年仅有 12 家企业 IPO 上市，但是增速很快，诸如 Mobilcom 等企业吸引了投资者的关注。1999 年，在其繁荣鼎盛的时候，超过 130 家的企业成功上市。

在此期间，政府还采取了其他一些行动来改善高科技初创企业的发展环境。1995年，德国研究技术部启动了BioRegio竞争项目，以鼓励当地生物技术企业增加相互交流，帮助科学家树立创业意识，其目的是使在德国发展滞后的生物技术产业加速发展，超过英国的竞争者，成为欧洲的领军企业。2000年早些时候，有评论家将这些行动视为技术政策的新形式。联邦政府扮演了领导者角色，负责生物技术和风险资本等的转型。生物技术公司如雨后春笋般大量涌现，推升了人们的收益预期。

Neuer Markt的股票交易受到股价大跌的影响，于2002年底关闭。在某些德国观察家看来，Neuer Mark关门的原因在于德国企业系统没能向高风险、高收益特征的风险资本借贷，而这在美国非常盛行。1997年之前，德国经济处在均衡之中，投资者和雇员都是低风险类型。在20世纪90年代晚期，风险资本规模迅速扩张。高技术企业在Neuer Markt IPO上市的浪潮的兴起，主要在于风险资本规模的膨胀。自2001年以来，风险资本的供给规模显著萎缩，和20世纪80年代以及90年代早期相当。

即使这一观点是正确的，德国电信的上市以及Neuer Mark的建立仍然具有合理性。德国企业系统需要逐步向美国模式转变，并且为初创企业提供更好的生存环境。单纯依赖西门子、Bayer和戴姆勒－克莱斯勒等大企业已经远远不够。必须找到一种适宜的方式，为德国的产业注入活力。

与此同时，德国一些企业巨头越来越不愿意将自身财力大手笔投入没有足够回报前景的高科技企业。造成这一局面的原因部分是德国股权结构变化所导致的：20世纪90年代，作为外国投资者，美国和英国的金融机构成为德国大公司的重要股东。这恰逢德国公司和其国内银行间关系松动以及部分解除交叉持股进而隔离股东压力的时候。德国企业经理人发现投资者最感兴趣的是股东价值，而股东价值这一概念先前在德国业界几乎无人知晓。英美股东对于许多集团通过使用以效益好的业务的利润补贴效益差的业务的做法极为不满。

西门子就是这样一个集团，其坚持亏损业务的做法遭到投资分析师的抨击。虽然当时半导体业务不赚钱，但西门子公司还是下定决心在半导体领域投资，公司认为如果没有自己研发的半导体，作为一家大型的计算机和电子设备厂商将在竞争中处于劣势。1991年，英国投资银行的一位分析师就对西门子利多富（Nixdorf）电脑业务持怀疑态度。虽然当时西门子利多富（Nixdorf）在德国地位显赫，而在他国业务份额却很少。尽管20世纪90年代西门子在上述两个领域持续投资，但是在90年代末，西门子最终还是放弃了这两个部门。其中，半导体部门被剥离出来成立一个独立的公司英飞凌（Infineon），西门子利多富（Nixdorf）与富士通（Fujitsu）成立了合资公司。西门子公司的重组是德国企业剥离业绩不佳的子公司的众多案例之一，其目的是吸引外国投资者。此时，德国商业正在效仿美国模式，但仍然缺乏其他备受推崇的美国商业体系特征——在高科技产业领域快速成长的创业型企业。

OECD 在 2004 年发布了《德国经济》报告。报告指出，在德国高科技领域，新进入者数量较低。2003 年，Neuer Markt 证券交易所成长型技术企业交易版关停，对创投行业又是一个打击。

欧洲委员会后来研究认为，德国的创新能力需要加强。德国最主要的弱点有两个，一是德国的创新主要集中在相对少数的大公司；二是这些企业大都致力于精简优化和降低成本，而非开发和推出新产品。中小企业明显落后于行业领跑者，并且随着时间的推移，中小企业所处地位已经明显削弱，它们获得风险投资的制约最严重，特别是在 Neuer Markt 关闭之后。

作为上述问题的回应，2006 年，德国教育和科研部推出了号称德国第一战略的《高技术战略》，这一战略定位为“第一个国家战略，旨在展示德国如何变成并且保持在最先进技术领域全球的领先者”。这一战略的实施伴随着政府对 R&D 支出的增加。同时，德国政府成立了科技创新专家委员会来进行评估，并为政策变动提出建议。该委员会于 2008 年发布了首份报告，指出德国在新技术领域持续滞后：“新价值创造的驱动力来自新企业。然而，德国在尖端技术和知识密集型服务领域涌现新公司的驱动力没有显现的迹象”。

第四节　美国的经济崛起与产业政策

本节研究剖析美国产业政策的发展演变，梳理还原美国产业政策史，并结合作为美国经济崛起秘诀的保护主义和内向型工业化道路，说明以“生产率立国、产业保护和内部改善”为主要政策主张的美国学派的历史地位：美国曾经发展属于自己的一套经济学理论，被命名为“美国学派”，此理论是 19 世纪美国工业化中的政治家和新闻工作者创立的，是国家意识形态的具体体现，通过产业政策来指导美国工业实践，助力美国实现工业强国。该经济理论重点维护国家内部资产阶级利益和实行民族保护主义，着重鼓励发展国内需求，维护国内市场的稳定，且大力倡导发展科学技术及产权创新意识，以资本主义生产力发展为根本，此外还以缩小城乡差距、平衡城乡各行业协调发展、不断改善国内经济状况等为目标，实现美国工业强国之路。

根据周建军（2017）[①]，美国独立以来，美国的立法机构、行政机构和司法机构一直致力于产业政策的实施，这些产业政策对美国经济发展发挥了重要作用。1789 年美国政府正式建立，财政部长汉密尔顿在 1791 年提出制造业发展计划书，由此开启了美国产业政策推动工业化的序幕。汉密尔顿的计划书涵盖钢铁、煤、棉花、铜、谷物、玻璃、书籍和火药等众多产业，具体包括各种财政补贴、减免关税、关税保护政策；大力引进先进科学技术、阻断国内创新性产品的向外流动；还有整改各种交通布局、降低商品流通成本。总之，美国建立初期致力于实现世界工业大国，为此执政人员不遗余力，特别是财政部长力求通过政府各部门的配合，为打造美国强大的工业化体系提供各种财政支持、基础设施保障等。虽然当时杰裴逊总统及其领导人与财政部长关于产业政策的决策等各持己见，但是总统杰斐逊建议用财政盈余改善美国基础设施建设，促进美国工业化的发展和经济的繁荣，得到大部分政府领导人的支持。

历史上，美国殖民时期主要依赖英国的贸易往来和产业支撑，且受制于宗主国的经济势力，在贸易进出口方面和航海业务上是没有话语权的，完全被宗主国的《航海条例》制约。然而美国在民族独立运动之后，成为一个独立的国家，一个关键性问题是美国立身于发展农业还是工业？这不仅仅是产业选择的问题，更是美国政治建设和经济发展方式的选择问题。在时间推动和各种摸索下，美国开始有了属于自己的经济制度与发展体系，其区别于英国经济发展模式。相比较而言，英国是以农业发展为基础的，之后实施自由贸易政策，推行比较优势。而美国推行工业化，并主张贸易保护政策优先保护不具备优势的产业。这两种不同的经济发展方式也导致了美国漫长的政治分裂和各种经济发展争议。美国的内部分裂持续到内战结束，在战争的惨痛代价下，美国毅然实施了“工业立国”的战略决策，一扫之前的各种障碍，从此，美国工业化思想占据了主导地位。

美国学派产生的历史背景有以下三个：一是南、北方经济结构差异明显，是导致“工业立国”和“农业立国”分歧的现实利益基础[②][③]。美国

① 周建军：“美国产业政策的政治经济学——从产业技术政策到产业组织政策”，《经济社会体制比较》2017 年 1 月。

② 迈克尔·赫德森：《保护主义：美国经济崛起的秘诀》（1815—1914），中国人民大学出版社 2010 年版。

③ 恩格尔曼和高尔曼：《剑桥美国经济史》（第 2 卷），中国人民大学出版社 2007 年版。

在殖民期间，东北地区主要经营产业是以航运为支撑的工业交通经济，但与宗主国相比，没有绝对的竞争优势，仍是依赖英国进口商品[①]。美国南方是种植园经济，这是当时美国国家经济的重点。二是适应国际环境的现实需求。民族独立在美国开始后，英国一方面承认其独立地位，另一方面还想牢牢控制美国的经济势力。借此，英国作为当时的经济大国，依靠国际竞争力领先世界的地位，大量对美国输出商品，打击其本土产业的优势。因此，面对当时的环境，美国开始思索针对英国的经济冲击，是坚持自由贸易政策还是实行贸易保护主义策略，这跟美国南北方主导的不同的产业经济利益有着密切关联。三是对立的不同经济发展思想。在美国建国当年，亚当·斯密的《国富论》同时出版，当时，斯密提出的古典经济自由主义理论，在美国的精英阶层中间传播扩散，引发美国知识分子的讨论和争议：是否应该借鉴斯密的古典经济理论，或者在美国本土化产业经济的发展基础上坚持实用主义理论策略。

众所周知，历史不同，时代不同，自然会有不同的思想文化，发展出不一样的经济理论。所以说，美国和英国各自的民族历史有差异，在国家经济理论和政策决策上也是有显著区别的，特别是对于诸多重要战略方案，是各持己见的。总体上，美国学派的核心观点是生产率立国、内部改善及贸易保护[②③]。

首先，追求技术创新，大力发展生产力。英国实行工业革命以来，生产力急速上升，英国一跃成为当时世界的经济主导者，这一伟大变革引起美国的注意。英国在工业革命期间不断地推动技术革新，促进机器大生产规模的扩大。所以，当时的美国经济理论家也一度坚持，国家实力提升的坚实基础在于科学技术的不断升级，并大力推崇发展制造业优势和机器大生产。机械化对劳动者的素质提出了更高的要求，劳动者生产率提升有助于提高劳动者薪资，从而扩大劳动者需求，推动产业供给侧和科学技术的发展，逐步达到供需平衡。因此，美国在各行各业提高技术水平创新、生产工具变革、生产方式调整及商品的完善，大力增强劳动生产率，使其有巨大的提高。依据恩格尔曼和索科洛夫在2012年的报告，美国制造业的就业比重在1860年为13.8%，到了1910年迅速上升至22.1%，其产值占

---

① 约翰·沃利斯：《国家时代》，中信出版社2013年版。

② 迈克尔·赫德森：《保护主义：美国经济崛起的秘诀》（1815—1914），中国人民大学出版社2010年版。

③ 贾根良：《美国学派：推进美国经济崛起的国民经济学说》，中国社会科学出版社2011年版。

GNP 的比重也从 24% 提升至 1899 年的 33%；这段时间里，制造业全要素生产率（TFP）年均增长率为 1.4%；而且，1869 年到 1909 年的这段时间，美国劳动生产率的增速赶超了人均国民收入的增速，成为当时经济发展的一大动力。在此基础上，美国制造业出口的产品占比从 28% 上升为 60%①。

其次，坚持对幼稚产业实行贸易保护政策，舍弃自由贸易主义政策。假如根据英国学派的比较优势理论，在分工合作中，美国经济发展的核心是农业、种植园经济，并持续对外输出农产品，引进先进的工业品。然而，在《禁运法案》的颁布和英美战争的这段时间内，由于战争导致的两国经济贸易中止，美国相比较英国来说，无论是军事储备，还是财政拨款都处于劣势。在这种困境下，美国精英阶层再次提起汉密尔顿在《关于制造业的报告》中的理论：通过建构美国独立的工业体系，采取保护关税政策，对美国整体经济的运作与发展产生极大的促进作用，也有利于美国国民生活水平的提高。美国在 1789 年第一次开始对外实行关税保护政策，目的是进一步提高财政收入。英美战争后，美国全面开启关税保护主义，对进口的工业品征收高达 30% 的关税，并将税率持续增加。与此同时，关税保护政策受到了美国南方种植园阶层的阻碍，其全国整体的关税份额与英、法基本持平。美国开始南北战争后，境内大规模开展“工业立国”的经济发展战略，并将关税保护主义政策全面贯彻，其关税水平一度赶超同一时段内的英、法等国。直到 19 世纪末，美国关税在总进口中所占的比例长期保持在 40%—50% 的水平。第一次世界大战后，美国的关税水平才又逐步持平于英、法。直到 20 世纪开始，美国整体的关税水平依旧位居前列，最明显的就是“斯穆特－霍雷”关税。如此严谨且安全的关税保护政策，成为美国成为世界强大国家的策略之一。可以说，美国在工业时代有着历史悠久的贸易保护主义传统。

再次，实行内需驱动、内部改善，促进工业化发展。由于关税保护主义政策的实施，降低了国际市场刺激美国经济发展的能力。为了弥补这个不足，亨利·克莱，作为美国学派的代表，他提出“内部改善”理论，就是为整体经济的繁荣提供基础设施等方面的资金投入。美国的“西进运动”后，联邦政府得到中西部的大量可耕作土地，成为著名的农业生产区，该农业区生产的大量农作物必须依靠低廉的交通运输运往美国东部。

---

① 恩格尔曼、索科洛夫：《1790—1914 年的技术与工业化》，中国人民大学出版社 2012 年版。

美国东北部作为重点工业区，形成强大的产业集聚效应，而且整体的工业布局密集，有待成立强大的产业分销体系来进一步扩大市场。依靠金融资本的投入，为产业及其基础设施提供巨大支持。对此，美国产业经济的许多部门都在基础设施领域的改造提升方面有了更高的诉求。由于基础设施涉及社会公共领域，所以会出现搭便车的情况，毕竟美国地方各州政府都是以自己利益为先的，其结果是，各州均优先改造自己州内部的基础设施，而对全国统一市场至关重要的州际基础设施的投资积极性大打折扣。因而，美国联邦政府依据宪法规定的要求与限制，在其法律允许的框架内设法推行以下措施：捐赠联邦公地、直接投资、发行国债、特许授权等，就是为了促进金融与交通基础设施的提升，后来又拓展至高等教育的公共投资项目①。美国此举内部改善的策略，一方面，降低了各种交通运输成本和产品成本；另一方面，对国内市场的统一和产业融通都有很大的帮助，内部改善政策对美国构建独立自主的工业体系发挥了重要的作用。

可见，“美国体系”长期推动经济增长。美国在这样的经济体制下，依靠高关税策略维护国家战略产业；依靠政府补贴发展基础设施；依靠联邦土地划拨与政府采购安定国内市场。得益于国家制定的关税保护政策，美国逐步缩小贸易逆差，到20世纪20年代初，逐渐达到贸易顺差。美国的产业政策实施后，工业得到史无前例的大发展。美国建国100周年时，已成为世界上规模最大的工、农业国家。至第一次世界大战前，其工业生产总值超过了英、法、德国的加总。第一次世界大战之后，美国工业化发展继续领先世界，凭此产业优势在一定程度上缓解了世界大战带来的伤害与损失，并逐步向借债国转变。一直到1929年经济危机爆发之前，美国经济持续繁荣。

从世界经济危机的应对至第二次世界大战后经济恢复，美国的产业政策更加完善，政策的边界和角色不断扩充。经济危机期间，美国的胡佛总统虽然采取了诸多措施来解决危机，但是效果并不显著，一直到罗斯福执政，实行新政政策，经济危机才有了缓解，国家经济也逐步恢复。罗斯福新政为了解决市场暴露的弊端，重点加大政府干预力度，实行福利政策，而且产业政策边界也有了较大的扩展。具体措施包括创建美国重组融资公司（RFC）、存款联邦保险公司（FDIC）等一大批政府机构，建立或批准美国产业复苏法（NIRA）、美国农业调整法（AAA）、劳工进步管理法

① 艾伯特·菲什洛：《19世纪和20世纪初的美国国内交通运输》，中国人民大学出版社2008年版。

(WPA）等一系列法案，这些法案被用于风险防范、削减贫困、帮扶就业和经济振兴等方面。第二次世界大战爆发后，罗斯福重组或建立了美国国防顾问委员会（NDAC）、美国战争生产局（WPB）、美国国家生产管理办公室（OPM）和美国国防生产公司（DPC）等机构，促进国家经济复苏，重获经济振兴。第二次世界大战间，美国政府建立了新军事工厂，价值数百亿美元，建立了大量的基础设施，包括覆盖全国的炼油厂、石油天然气管道、电厂和军事基地等。此时期美国通过广泛动员全国劳动力，实现了充分就业。

是巧合也是某种必然，美国历史上几位重要的总统——建国伊始的华盛顿、力推南北统一的林肯、实现全面经济振兴的罗斯福，他们无一不是在重要历史节点推动美国走向独立、统一与崛起的政治强人，也都是汉密尔顿产业政策的坚定实践者。20世纪，除了两次世界大战的其他时间，美国政府通过各种产业政策促进经济发展，这些产业政策包括：政府补贴、减免税收、直接贷款与保险、风险投资、研究开发的推动、政府的建设合同和采购、标准设置、准入许可、价格控制和生产限制等。具体地，这些产业政策有美国联邦政府给予的土地补贴、通过设立银行发放贷款给私人企业、用来保护或促进国内产业的关税减免、政府提供的保险、政府出资建设的产业设施、政府对研发活动的支持等。在20世纪，美国政府以直接或者间接的方式主导了互联网、半导体、高温超导、HDTV、核能等系列重要科技产品的研发，甚至推动了“硅谷”的创新与后来的繁荣。

具体的例子是，对于半导体的技术开发，美国政府进行了直接或间接的支持。20世纪50年代后期，在美国半导体企业研发支出里，美国政府直接资助额达25%以上。美国政府还通过军事采购项目的方式对半导体企业给予额外支持。1965年，整个半导体产业的28%是来自美国军方的需求，占整个集成电路产业的70%以上。美国军方负担了新技术研发的成本和风险。虽然，在20世纪70年代后，美国军事市场的重要性降低，但之前军方的大额采购确保了美国半导体产业的技术领先。而且在20世纪50—60年代，国内企业仍然受益于美国科研创新投资。美国在半导体行业的科研费用，从1959年的7000万美元增长至20世纪80年代末的40亿美元。美国政府与美国私营企业共同资助了这些研发支出①。

美政府与企业合作投资支持了半导体产业，1982年成功创立了半导体

---

① Angel, David P., 1994. Restructuring for Innovation: the Remaking of the U. S. Semiconductor Industry. New York: The Guilford Press.

研究公司。之后，政府继续对半导体进行资助，并联合诸多半导体企业一同建立半导体制造技术战略联盟组织（SMT），有利于半导体产业间互相帮扶，进行技术交流、科研创新、制定统一技术准则等。同时，国防部和国防部先进研究计划署（DARPA）也协力创建半导体制造技术战略联盟，并且，和相关企业共同支持半导体技术的研究开发和成品推广。从1987—1992年，半导体制造技术战略联盟在半导体设备改进与设备供应相关的外部研发项目支出上，花费了3.7亿美元（全部预算的37%）。为应对外国企业的竞争以及可能存在的并购威胁，促进美国半导体企业间的联合与合作，美国政府甚至倡议放松反垄断法的力度，允许美国企业开展更大范围的合作研究（Angel，1994）。美国半导体产业协会号召企业进行合资生产（Production Joint Ventures），来实现强强合作和科研创新的目标。有数据表明，1989年之后的10年里，美国连续发生了111起半导体产业间的兼并事件，且企业间相互合作产生了244个合资项目，其间在1991年，美、日两国协商签订《半导体贸易协议》，为美国在强大的国际企业竞争压力下获取优势奠定了基础。总而言之，美政府针对半导体产业的产业政策，主要涉及研发创新支持、技术合作、产品采购等具体内容，引领美国半导体产业不断发展繁荣。

作为军用技术转为民用技术的极好典范，与半导体产业发展联系紧密的硅谷是不可忽略的，它也被人们称为“私人创业的乐园”，硅谷的运作模式是市场运作的典范。从硅谷历史发展中可以发现，美国政府对这个创业乐园的贡献作用巨大，在技术上的科研资助、成本与风险承担、产品采购、本土化产业地位的保障等方面，政府对硅谷创业企业的起步与发展都提供巨大的支持。可以说，在美国产业政策的变革与实施下，硅谷才有如今的成就与伟业，诸如苹果公司的成功、英特尔产业的兴盛等。20世纪50年代，国防部的大量产品采购大多来自硅谷企业。英特尔公司作为美国乃至世界的领先技术企业，受惠于政府的贸易保护政策、科研经费投资、产品采购；苹果公司的各种创新产品也都受惠于美国资金上的研发支持与国际贸易政策。主攻硅谷历史研究的学者阿伦·拉奥与皮埃罗·斯加鲁菲就世界大肆传播的硅谷创业传奇和投资神话提到，硅谷实行的企业制度，其实是一种长于开发、短于研究的体制；而硅谷最大的风险投资者和最有力的战略设计者是美政府①。

---

① 阿伦·拉奥、皮埃罗·斯加鲁菲：《硅谷百年史——伟大的科技创新与创业历程》，闫景立、谈锋译，人民邮电出版社2014年版。

由此可见，在美国建国200多年的历史中，一直都倡导以产业政策促进产业间的改造升级和核心科技的创新发展，不断地增强产业基础设施建设和国内国际市场的拓展，并着力制定利于自身产业发展的贸易保护政策，建立相匹配的贸易规则和制度。可想而知，世界市场之下的自由贸易政策不过是美国的一种策略使然。如果在自由贸易的经济往来过程中，一旦触犯到美国的核心利益时，就会抛弃自由贸易政策，采取美国学派的经济策略。

根据以上理论和数据，美国在产业发展上坚持以提高生产效率、落实关税保护、调整内部改善为主的政策，创建出适用于发展中大国快速推动工业化的发展思想和战略体系。除此之外，随着全球市场规模的扩大和市场竞争力的提升，美国尤其强调科学技术的研发与创新升级，在市场竞争的压力下呼唤企业家精神。在这两种政策的结合下，美国短时间内成长为当时世界上创新创业的重点地区，并由此产生了一大批优秀的创业企业。直到19世纪末，美国一跃成为世界最大的工业强国。可见，美国坚持科技创新作为经济发展的根本推动力是正确的政策选择，但是这并不表示否认美国学派的政策主张。美国经济危机时期，罗斯福通过发布《全国工业振兴法》来解决企业能源过剩的问题；积极吸引金融资本对基础设施建设的资助，进一步提高消费水平；完善社保福利制度刺激市场需求；提出用“以工代赈”的计划和政府拨款投资的方式来投资公共与民用工程，调整与改善相关基础设施建设，为独立新兴产业的规模化与市场化提供支持。在第二次世界大战结束之后，电子信息技术发展迅猛，高新技术产业发展也呈上升趋势，美国为了抓住历史潮流，缓解战争带来的伤害，政府发布大力发展高新技术产业的政策，在产业结构上倾向技术型产业，并在全球科技型产业领域提出应对的计划与策略，在政策引领下，逐步出现了计算机、互联网、新能源等颠覆传统的高新技术产业，极大地提高了产业的生产力水平，促进产业结构的升级转型与国际竞争力的提升，稳固美国在全球技术型产业的引领地位。到了20世纪80年代末期，美国逐步减弱政府对市场企业的干预力度，越来越坚定技术创新引领经济带来的巨大红利。时至今日，物转星移，一旦美国发觉自己的科技地位受到挑战与阻碍时，就会毅然地选择抵制性决策。

第六章　产业政策的截面比较

2008年后，中国经济在发展环境、发展条件和发展要求等方面都出现了新的、重大的变化，面临着从高速增长阶段向高质量发展阶段转变的发展任务，必须朝着形态更高级、结构更合理、分工更优化的方向推进。在这种“新常态”下，我国经济的增速有必要调整降低为中高速，经济发展模式从强调依靠速度向依赖质量效益转变，产业结构应该朝着调整存量与做优增量的方向改变，经济增长动力也应该从资源型、廉价劳动力型带动朝着依靠技术创新带动。当前，我国经济正处于全面的结构调整与升级中。

根据国际经验，无论是发达国家，还是新型工业化国家，在实现现代化的过程中都曾经面临经济转型的问题，都是在经济转型升级中实现持续快速发展的。本章在经济结构调整升级的截面含义上，比较美国、日本和德国的产业政策。

第一节　美国面向产业结构调整升级的政策实践

一、美国1880—1910年的产能重组

19世纪后半期，在交通、通信等技术的提升下，美国的工业化进程到了高速发展阶段，在此基础上，美国推行了“西进运动”计划，有力地助力美国市场的大统一，传统工业诸如钢铁、石油化工、铁路等也有了高速发展。同时，在这段时期内，美国经济上是市场自由放任策略。基于市场自由政策，各企业进入市场的限制越来越少，企业的市场规模较大，未来发展潜力很好，从而导致许多产业争相进入，引发了一波投资热潮，以至于出现较多的低级重复建设，甚至市场内部恶劣价格竞争时常出现，市场

弊端暴露严重，自由竞争秩序规则异常，大多数企业最后只能接受薄利营销，或者亏损买卖。1873年10月至1879年3月，美国爆发金融危机，经济陷入衰退，铁路等传统工业出现产能过剩。于是，在20世纪80—90年代，美国又兴建铁路，构建严密的铁路运输网，大力推动铁路建设，直到1890年，美国已经实现16.7万英里的铁路总程，远超当时的实际需求。1893—1897年，极其严峻的经济危机爆发，再次波及美国，世界其他国家对美国的产品进口量降低，美国境内民众自身的产品购买力在急速减弱，美国经济结构不堪重负，由前期扩大工业规模造成的大量产能过剩的形势也越来越危急。与此同时，美国国内失业问题严峻，出现大量迅速失业现象，大约有20%的人口成为无业游民，导致许多行业步入衰败。经济危机对美国金融市场的打击也极其严重，1893年5月，美国股票市场全面崩盘，宣布停止所有交易，许多银行都取消了对企业和民众的贷款，并收回前期放出的贷款，引发美国16000家企业宣布破产，还有600多家银行也进行破产结算，这次危机导致美国境内产业破产额高达3.5亿美元。之后1907年美国再次迎来经济危机，致使国内钢铁产量急速下降，各制造业的相关指数大幅下跌。美国在危机的影响下，整体经济发展滞后，严重衰败，工业产能过剩，整个行业间的市场竞争更为激烈，部分行业、产业开始整体亏损甚至破产。

在危机的影响下，美国制造业被迫选择薄利营销或者亏损经营，这在一定程度上直接给银行的资本安全带来威胁，在政府的干预下，美国银行等金融资本试图采取自救，进行规模宏大的相关产业重组与资本并购。一个显著的自救案例就是J. P. 摩根有效借助金融杠杆规律，以各行各业的顶尖企业作为支撑，主导了钢铁、铁路等工业的重组整改，这些行业出现大整合的特征。因此，19世纪的80年代直至20世纪初，美国有1/3的铁路企业进行了重组和并购，最终，银行等金融投资行业掌握了对铁路的股权控制。公司股权所有者的利益由董事会中对合并有出资、投资的银行家代表，一直到20世纪20年代左右，银行资本家的影响力逐步减弱。

银行资本主导下的产业重组不允许采取就地关闭的方式，因为就地关闭会导致企业之前的所有职员有抵触情绪，另一方面会引发坏账，触发金融危机。所以，解决此困境的有效办法是进行企业重组兼并。其中最普遍的方式是把某一地区内的前后上下有联系的诸多企业进行兼并，成立出一个大型集团公司，由该集团控制旗下企业产品的产量和价格。迅速提升的产业聚集推动了美国工业的异军突起。

第一，产业竞争理性，产业集中度提升。经过产业间的资源整改合并，促进了美国生产效率的急速上升，同时也改善了企业的议价能力，调整了企业市场竞争的秩序。1895年后的15年，有将近3700家的美国企业在重组兼并的过程中被吞并消失。其中，1880年，美孚石油公司兼并了市场中400家相关企业，并购产量占总产量的84%；1890—1904年，美国烟草公司并购150家企业，并购产量占总产量的90%。数据显示，1901年美国集中率达到50%或更高，制造业行业增加值占到1/3的份额，其中，美国钢铁公司并购了将近800家企业，其行业集中率已经达到78.8%，纸张行业集中率高达71%，运输设备达到57.3%。总之，在产业整改兼并的浪潮下，大型企业公司掌握主动权，各行业步入稳步有序发展阶段。

第二，企业规模效益提升，抗御风险能力增强。在美国兼并重组的热潮下，产生了众多超大型公司，具体有通用电气、美国烟草、美国钢铁、杜邦等。1893年，经济危机爆发，大量企业被迫破产，而众多超大型公司凭借强大的实力和规模化的经营，化解了此次危机的影响，例如卡耐基钢铁公司、标准石油公司。大型公司规模效益明显，产业的生产成本也大幅降低。美孚石油企业1880年的日产量为1500—2000桶，后逐渐升至1885年的5000—6000桶，且企业炼油的成本也从每加仑2.5美分降到每加仑1.5美分。除此之外，经兼并重组形成的大型公司有利于形成产业一体化，并针对产品差异创建自己的品牌。

第三，产业国际竞争力提升，抢占世界市场。兼并后的大型企业尤其认识到，想要领军行业，首要应具备产品创新能力，提高对产品的研发能力，显然，这些大型企业也更有能力进行高成本的科研开发。19世纪末期，美国通用电气公司成立了第一个科研机构，之后有许多大型公司效仿建立现代化的研发机构，例如，贝尔电话实验室的成立，钢铁类产业也进行了技术上的改造升级等。总体上，经过整合的美国工业有了飞速的发展，在1913年，工业产品的生产总量已经远远超过英、法、德、日四国的总产量，占世界总量的1/3以上，其市场竞争力也极大提高，在世界上占据领先地位，抢占世界市场的很大份额。美国钢铁产量于1890年在世界总产量中占比达到34.4%，同期英国占比29.4%，从此，美国领先于世界钢铁行业，直到20世纪70年代，美国都保持其领先地位。标准石油公司也成为世界石油巨头，即使埃克森美孚几经拆分合并，但都无法撼动其巨头地位。通用电气和德国电气则几乎占据整个全球的市场份额。

第四，企业形成现代治理结构，主要体现在所有权和控制权分离。美国企业在合并的过程中，被兼并企业的原始股东既能选择直接获得现金、债券，也能申请获得重组企业的少量股权，被合并企业的所有者不会干预或影响被并购企业的经营运作。最终新企业的董事会接替这些被兼并企业原来所有者的权利，职业经理们具有经营决策权，经理们领取薪酬但没有或只是少量拥有企业股份，全体经理阶层仍被董事会控制。在企业并购的促使下，美国逐步形成新的企业治理模式，即企业所有权与经营权分离。

二、第二次世界大战后美国的产业结构变迁与政策应对

第一，20 世纪 50 年代美国的产业需求有所调整，国家军事应用技术开始民用化。这段时期，居民收入稳步上升，人民消费需求也与日俱增，整体消费结构比例也发生了变化，人们对娱乐、旅游、医疗健康等方面的需求不断提高，其支出份额持续增长；反而对生活必需品的需求逐步降低。对此，美国的产业结构也根据民众消费结构进行调整，服务业等第三产业的生产总值提高了 3.7%，尤其是房产租赁、金融银行、卫生保健与社会保障等行业飞速发展。由于美国在战争期间大力投资军事行业，军事科研水平获得创新性发展，为第二次世界大战后军事应用技术的民用化奠定了基础，在制造业领域实现技术上的领军。随后，美国将强大的产业资本与制造业联动，使产业的规模经济效应有了极大的提高。与此同时，美国结合规模经济与技术经济的合力，大力推动机械化、汽车等资本密集型产业的发展，积极向日本、德国等国家转移劳动密集型的产业，例如制衣、纺织、食品加工等。而且还继续加大对技术密集型产品（包括半导体、航天航空、电子通信、计算机等）的研发投入。和 1947 年相比，到 1959 年底，美国耐用品制造业产值占比上升了 2.3%，非耐用品制造业产值占比下降了 1.8%，技术与科学服务业的产值占比上升 0.7%。

第二，20 世纪 60 年代，美国实施“伟大社会”的政策目标，助力产业国际转移。约翰逊总统提出“伟大社会”的治理理念，它的目标是为了保护民权，解决贫困问题。根据该执政理念，美国政府承担社会责任以提升社会福利，并发布相关法律法规和政策，涉及领域包括医疗、教育、住房保障、就业等，进一步改善产业结构。这段时期，美国医疗健康、教育、社会福利保障等产业增长迅速，第三产业生产总值提升 2.7%。在创新支持政策的指导下，德国和日本将曾经从劳动密集型产业累积的大量资本，与本国比较优势相配合，积极借鉴美国的产业发展模式，消化并且吸收美国的领先科研技术，承接美国的煤炭、钢铁、石油、汽车等资本密集型产业。20 年代 60 年代中，德国与日本等国家的大量产品出口美国，导致美国的贸易逆差严重。为此，在残酷的市场竞争下，美国再次发起企业兼并热潮，即以“多元化并购”为主，实现产业规模的扩大，降低企业经

营的成本与风险。同时期，美国非耐用品产值下降了1.2%，耐用品产值却上升了0.1%。

第三，20世纪70年代国际市场竞争激烈，爆发石油危机、经济陷入滞胀。1970年前后，在两次石油危机的冲击下，美国高消耗、高污染的产业发展举步维艰。为解决这个问题，美国在政策上不断倡导产业技术创新，特别是加大对低消耗技术型产业的创新支持；在产业结构上，加速将钢铁、化工等资本密集型产业向外转移，其产业承接的对象包括发达国家与“亚洲四小龙”为代表的新兴经济国集团。20世纪70年代末，日本的汽车与家用电器、欧洲的钢铁，以及新兴经济体的食品与纺织等商品早已遍布美国，渗透于美国市场，很大程度上影响美国相关产业的发展。比如说汽车产业，日本在20世纪70年代时曾大力支持与鼓励汽车相关设备制造产业的投资，在积极借鉴他国先进技术的基础上进行汽车相关工艺技术的科研创新，之后依靠领先世界的省油科技与尾气排污技术大量对美国出口。美国三大汽车产业巨头在1980年都亏损巨大。同时期，美国的产业结构比例有所调整，各类产业的生产总值比重都有所改变，其中第二产业下降0.5%，第三产业上升0.3%。而且，第二产业中的采矿、石油与天然气开采业比重上升0.8%，制造业产值比重则下降1.4%。第三产业中，专业、科学和技术服务业产值比重上升（0.6%），金融和保险业产值比重上升（0.7%），卫生保健和社会保障业产值占比上升（0.8%），批发和零售业、政府公共服务产值占比分别下降了0.6%、1.7%。

第四，20世纪80年代美国以供给侧改革为基础开展新政方针。里根总统在货币通胀及高失业的现实打击下，有力地采取两方面的解决措施：其一，政府实施货币紧缩政策，下调税率，放宽对交通、通讯等产业的干预与控制，为产业竞争提供有序的市场氛围，激发企业生产积极性与动力；其二，政府一方面扩大财政对技术创新开发的支出，另一方面减少对失业、住房困难、教育等社会福利保障的投入，合理分配财政，降低政府赤字风险。同期内，美国第三产业生产总值提高了5%，第二产业生产总值降低4.6%，其中，制造业与矿石、天然气开采业产值各降低2.7%和1.9%。第三产业中，批发和零售业占比下降0.6%，交通、运输和仓储业占比下降了0.7%；行政支持和废弃物管理服务业产值占比上升0.7%，房地产和租赁业产值占比上升0.9%，医疗健康与福利保障产业占比上升1.2%，银行等金融产业占比上升1%，科学和技术服务产业占比上升1.8%。

第五，20世纪90年代信息技术的发展促进生产全球化与网络化。20

世纪 20 年代后期，计算机、大型集成电路以及网络信息技术突飞猛进。美国依靠电子信息技术的领先优势对传统工业进行升级改造，使金融、保险、培训、卫生保健等服务业与钢铁、化学、汽车、电气设备等制造业焕发新的活力，并不断催生新兴产业发展模式，促进产业结构的调整与改革，例如出现了网络教育、电子商务等。再者，在世界经济全球化的影响下，美国加大对产业与金融资本的输出，凭借全球资源互通，建构以美国为中心的国际网络化生产模式，进一步提升美国在国际上的领先地位。2007 年末，美国第三产业生产总值同比提高了 4.2%；相反，第二产业总体降低 3.4%。第二产业中，制造业与公共事业产值各自降低 0.9% 和 3.9%，建筑产业和开采业产值必中均提高 0.7%。第三产业内部，政府公共服务业、批发和零售业产值占比分别下降 0.7%、0.9%；房地产和租赁业产值比重上升 0.6%，卫生保健和社会保障业产值比重上升 0.6%，信息业产值比重上升 0.8%，行政支持和废弃物管理服务业产值比重上升 0.9%，银行等金融产业产值比重上升 1.2%，科学技术服务业的生产总值比重上升 1.3%。

三、后危机时代美国“制造业复兴”战略的颁布与执行

首先，有关制造业复兴战略的整体规划安排。

世界经济全球化趋势下，世界各产业的分工变动更为频繁，调整幅度加大。诸多发达国家相继出台“去工业化”政策，且新兴经济体开始转变产业结构，由低级技术产业转向高级技术产业。2008 年世界经济危机对工业的冲击使美国的“去工业化”产业政策暴露弊端：其一是产业发展与供给侧技术革新两者的协同效应降低；其二是需求侧，制造业领域不断推高的工资减少了就业机会，使消费需求不振。2009 年末，奥巴马总统执政，刚刚从“救市”中缓过来的奥巴马政府，立即提出制造业复兴的战略规划，强调要大力发展制造业，这也是美国恢复技术与市场竞争力的原则。随后，总统执行办公室（EOP）、总统科技咨询委员会（PCAST）、白宫科技政策办公室（OSTP）、国家标准技术研究所（NIST）、国家科学技术委员会（NSTC）等关键技术政策机构，一同联动美国大型公司和制造业行会，向总统上交一系列咨询报告，报告内容的目的是提高制造业在全球经济的优势地位，报告细化了制造业复兴战略的工作目标与重点，增强政府政策和组织的保障。从 2009 年开始，美国政府希望再次用“再工业化”策略来提升产业的市场竞争力，相继发布“重振美国制造业框架”（2009 年）、“制造业促进法案”（2010 年）、“先进制造业伙伴计划”（2011 年）

和“先进制造业国家战略计划”（2012 年）等相关产业政策，进一步扩大基础设施建设和福利、教育保障产业的资金投入。在此基础上，国家相继公布“美国清洁能源安全法案”（2009 年）、“国家生物经济蓝图”（2012 年）、“大数据研究和发展计划”（2012 年）等产业规划安排，把大数据、新能源、低碳环保、生物医疗等产业列为国家未来的核心战略发展对象。之后，美国继续颁布“多德－弗兰克法案”（2010 年）、“患者保护与平价医疗法案”（2010 年）等法律法规，又发布了关于金融、地产、保险等行业的相关政策与措施，有利于美国产业经济的恢复。《美国振兴制造业和创新法案》在 2014 年 12 月 16 日启动执行，以法律保障复兴制造业战略的有效实施。

如果我们仔细观察，就会发现特朗普总统在国家产业政策上推行的“对内减税”和“对外加税”政策，这些措施早在奥巴马执政时就已提出相关的框架结构。总之，制造业复兴战略是美国国家核心利益所在，即使特朗普推翻了奥巴马任政时的诸多经济政策，但是在恢复制造业繁荣的计划上是保持相同理念的。

实质上，美国制造业复兴战略的根本是，依托其在新一代通信技术（ICT）、生物技术、新材料等通用技术领域不断累积的领先实力，加速对先进制造科技的创新研发与应用实践，具体包含了 AI 智能技术、3D 打印技术、数字制造技术等，从而带动世界制造业生产体制发生变革，极有利于美国的技术型产业发展。为此，排除内外部不利因素便成了美国产业政策的基本功能。总而言之，该复兴战略有以下显著特征。（1）调整美国产业结构，改变过度依靠服务业的政策机制，加大对制造业的资金再投入，提高产业投资的动力，进一步增大对商品的出口，缓解贸易逆差，促进美国产业的平衡发展。（2）坚持技术优势与产业优势相结合的政策原则。美国大规模对外转移制造业的结果，一方面，使美国的制造业相对规模和贡献率下降，另一方面，也影响到产业技术的科研水平。国家积极助力制造业复兴，试图突破传统经济的增长点，在产业结构上有新的经济增长点，并提高产业技术的自主创新能力。（3）美国产业政策的根本立足点是夺取新兴产业的市场竞争优势。包含人工智能、智能产品生产等领先科技已经被作为制造业复兴战略计划的重点。（4）美国调整产业政策的核心要点是实现先进制造技术的研发和制造工艺的突破，而不是重构制造业体系。所以说，美国复兴制造业战略的关键是打造产业化水平更高、效率更高的制造基础，并不是要将海外的中低技术产业转移回国内。

其次，关于制造业复兴战略的框架结构与政策实施。

美国制造业复兴战略的政策措施，目标具有针对性，问题意识突出，着力点确定为美国首创、但没有在美国本土产业化的高科技产品。2011年，美国推行“先进制造业伙伴计划”，其主要目标是动员全国的资源，与重点大学、各级联邦政府机构以及核心科技产业共同投资高新技术的研究与开发，扩大高水平的就业机会，积极刺激各类企业对制造业的资金投入。2012年7月，该计划的指导委员会与相关学术研究专家等又联合发布“构筑先进制造国内竞争优势”的文件，提出系统的政策框架。这次出台的产业政策是美国应对经济危机的重要策略之一，其中具体提出了关于3个类别的16项政策建议。在美国的影响下，世界各工业大国在2013年以后都相继制定产业发展国家战略，目的是迎接高新技术创新革命与国家产业改革的时代趋势。在此基础上，美国相关技术改革政策研究机构先后公布了一系列高新技术战略，包括“国家人工智能研究发展战略计划”(2016年)、“呈报总统的关于确保美国半导体产业领先地位的报告”(2017年)等，这说明，美国在后危机时代的产业政策导向更为明确。

第一，建立政府组织和管理体系，与先进制造技术和先进制造业发展相匹配，设立一批政府机构促进政策落实。举例来讲，美国在2011年组织设立“白宫制造业政策办公室”，主要任务是协助政府推行落实相关产业政策；之后美国出台“先进制造业伙伴”计划，并建立“先进制造业伙伴指导委员会”来全方位负责此项计划；美国商务部为加强制造业的投资力度，设立“国家先进制造业计划办公室”。此外，美国国防部还组织建立“军方认证与许可特别工作组”，该工作组的指导目标是培养技能工人。不仅如此，美国还成立“支持国内非常规天然气资源安全和负责任的开发部际工作组”，助力国家合理开发资源与能源利用。

第二，国家合理统筹管制税收和贸易政策，在国内降税鼓励投资，对外贸易提升关税行贸易制约。归根结底，美国针对制造业发展的一系列产业政策都是为了引导和鼓励资本的投入，包括实施智能化管理模式，省略繁杂的政府管制流程，减少对制造业投资的成本。此外，为刺激国内对制造业的投资，利用税收和贸易政策优化本国制造业发展环境。在34个经合组织成员中，承担税收成本最高的企业来自美国，因而难以引进外资、企业投资激励不足。为解决这个问题，总统执行办公室与科技咨询委员会在2011年时就提出对制造业企业的减税政策，最高降低25%的税收；进一步扩大对先进制造业的税收减免，支持投资新兴能源制造业；对将工作岗位转移到国外的企业取消税收优惠，对将工作岗位转移回国的企业加大税收优惠措施；扩大和常态化R&D信贷政策支持，简化信贷支持流程；总统执行办公室与科技咨询委员会在 2017 年递交的“致总统关于确保美国半导体产业领先地位的报告”中明确表示要再次实施企业减税计划。2017 年 12 月初，国家立法部门批准了特朗普的新“减税方案”，美国企业税率从过去的 35% 税率永久性降到 20%，比工业化国家的平均水平还要低，实现了前任总统曾经提出却没能实施的政策。

第三，以“减少不公平贸易”为借口，加强对国际贸易利益的争夺。总统奥巴马连任时，国家的智慧思想库提出“致力于确保本国企业和工人能与国际竞争者公平竞争”的意见，尤其是加大对华贸易制裁。基于此，2011 年，美国总统设立新的贸易强化小组，负责针对性调查研究，击垮世界上对美国企业与工人“不公平”的贸易交易。之后美国对华制裁更为严苛，特朗普于 2017 年 8 月，要求贸易代表按照 1974 年贸易法条例，调查中国知识产权和创新行为的政策和做法。2018 年 3 月调查结果得出，美国贸易代表部门的执行机构妄称中国不公平地获取美国知识产权。美国总统特朗普向中国收取各种关税。由此可知，制造业复兴战略与美国贸易保护政策有极大的相似之处。

第四，对制造业的基础设施建设进行完善。这项政策的根本目标是，建立先进制造产业的创新机制。具体方案有：制定国家的先进制造业计划，建立识别、发展核心技术的系统化过程；加强对关键、前沿技术的研发投资；强化高校与企业的合作，调整高校科研设备对企业的制约条件；积极动员各企业融入高校科研创新体系，促进企业提供科学研究过程中的全面投资，进一步稳定制造业技术的商业化环境；搭建国家的制造业门户网，并创建丰富的制造业资源库，为诸多企业顺利连接相关数据网络提供便利。在这当中，关键的任务是创建国家“制造业创新研究所”网络，设立示范性研究机构作为基本政策的重要载体。2012 年，奥巴马用 10 亿美元实施“全国制造业创新网络”（NMIN）计划，在全国设立示范性的制造业创新研究所。随后，美国多个联邦政府部门，包括国防、教育、商务、航空、国家科学基金等部门，相继设立示范性创新研究所。最终，2014 年，国会批准了“全国制造业创新网络”计划。这个计划在 2016 年被更名为“制造美国”，该计划对美国制造业发展的影响力深远，明确了提升美国制造业竞争力、提高员工基本素质及商业模式革新等目标。到 2017 年，该计划已经完成了 14 个创新研究所的建立，美国累计有上千家企业参与此计划。

第五，对先进制造技术的 R&D 进行支持。2013 年，美国的财政预算中，对先进制造业的科研支出高达 22 亿美元，比 2012 年提升 19%，此后各年不断上升。为保障科学研究资金的持续投入，“国家先进制造业计划办公室”由商务部牵头成立。2013 年后，美国的科研支持具体包括：利用最新信息技术发展“智能”制造、旨在将发现和发明新材料的时间缩短50%的“基因材料计划”、利用生命技术的研发历史地位推行“国家机器人计划”和生物制造业的开展。随着人工智能技术向日常起居渗透，美国白宫也于2016 年在全国开展了与人工智能有关的系列活动，其主题是人工智能水平提升和应对人工智能风险。国家科学技术委员会在2016 年提出了《国家人工智能研究发展战略规划》，主要关于美国联邦政府优先投资成立人工智能研究基金，讨论人工智能对未来世界产生的长远的变革性影响。这个基金对政府和学术界的科学研究进行资助，其目标是最大化利用人工智能的收益，同时，最小化人工智能的负面影响，提高国家经济富强，提供更多更优的教育机会与高质量的生活水平，以及保障国家安全。美国总统科学技术顾问委员会于2017 年递交《关于确保美国半导体长期领先地位的报告》，该报告阐明了半导体产业的创新，给许多设备、服务、企业和产业的创新提供了空间，这关乎美国企业工人与消费群体的切身利益，另一方面有利于保障国家军事安全。当下美国半导体产业在世界处于领先水平，但也面临中国通过产业政策赶超美国的威胁。因此，该报告提议美国政府有必要加速半导体的技术研发与创新力度，而且要给中国的产业政策施压，以危害国家安全为借口，对中国进行裁定。

第六，强化人才资源，培养制造业需要的优秀技术工人和专业人才。具体的方案有：消除民众对制造业存在的一些误解，提升制造业对劳动者的吸引力；多机构联合完善制造业技能认证体系，扩大制造业劳动力的供给；高校大力研发与制造业有关的课程与科研课题，提升师生对先进制造业的重视程度；成立国家级先进制造业奖学金评审机制，建立学生实习平台，为制造业就业创造机会和资源，进一步提升劳动力对制造业的认知度。具体政策有：第一，美国劳工部和教育部在2012 年联合成立“社区职业大学基金”，其资金投入为80 亿美元，目的是将各企业与社区大学进行有效对接，为包括先进制造业在内的高增长、高需求产业中高薪职位培育产业工人200 万；第二，设立“军方认证与许可特别工作组”，帮助有制造业技能或其他技能的退伍军人，得到民用许可与授权，为现役军人获得业界认可、国内专业平台认可提供机会，例如工程设计、焊接等技能认证；第三，扩大政府的财政支出，在基础教育门类中，提升理工科老师的教学培训水平，提供更多科学、技术、工程等学科的教育机会。

第二节　日本面向产业结构调整升级的政策实践

一、日本泡沫经济的生成和破裂

1986年开始，日本经济落败，这段时期也被称作"日元升值萧条"。由于这次衰败周期较短，仅仅是在日元升值条件下的一次市场调节，所以在年末日本经济复苏。由于日本当局政府对此次日元升值危机误判，采取了错误的政策。同时，受全球经济、政治等因素的制约，日本在1986—1987年的一整年中，银行连续5次调低基准利率，从5%降到2.5%，可以说是日本历史上最低的利率，甚至在当时诸多国家中也是最低。扩张性货币政策引发大量过剩资金。日本在这段时期，市场整体投资机会少，剩余的大量资金流入房地产与股票市场，继而抬升资产价格。这也成为日本货币政策的首次失误。

自1987年秋季开始，全球经济进入快速增长阶段，为了避免货币通胀，美、德等国家相继提升利率，日本也准备加息。然而在10月19日，纽约股市出现剧烈下跌，这一天被命名为"黑色星期一"。西方各主要国家合作，对市场进行干预性治理。最后，这次股灾只引起短暂的市场恐慌，很快各国就复苏了经济的继续增长；相反，日本经济的灾难开始了。

美国当局担忧，若日本提升基准利率，有大量的资金无法及时回流到欧美市场，或许会造成第二次全球市场的波动，所以美国建议日本暂停提升利率的举措。同时，日本自己也害怕因为调高利率而引发国外对日本大规模投资，导致日元的升值，继而出现经济萧条。而且，日本当时正在实施扩大内需政策，急需通过较低的银行利率来助力内部投资、降低储蓄额、减小经常项目顺差。因此，日本政府和银行都决定坚持扩张性货币政策，在极度扩张的货币政策的作用下，低廉资金不断蔓延，有许多资本都投入股票与房地产行业，导致爆发严峻的泡沫效应。日本这次货币政策出现了第二次失误。

1989年，迫于经济上的重压，日本银行依据形势调整修改国家货币政策。从5月到8月的4个月中，银行又连续5次提升基准利率，使利率从2.5%升至6%。在此基础上，日本大藏省强烈建议银行等金融机构控制对房地产的贷款，并要求商业银行大规模缩紧贷款业务，到1991年，日本商业银行暂停了对住房等不动产的贷款业务。在日本政府一步步的宏观政策下，其经济泡沫破裂。1990 年，日本股市再次暴跌，下跌幅度已经高于 40%。随着股市的大幅下降，各大型企业、银行、证券公司等损失巨大。紧随其后，日本的土地价格更是急速下降，下跌指数高于 46%。这是日本货币政策出现的第三次失误。1991 年 5 月，日本经济出现转折点，之后，日本开始步入周期最长的经济衰败期，1992—1995 年，日本实际国内生产总值的增长率都在 1% 以下，1996 年，实际国内生产总值增长率恢复到 2.5%，在 1997 年，国内生产总值的增长率从第一季度的 5.7% 猛然降落到第二季度的 -11.2%，日本经济开始出现第一个 10 年衰退。

总结这段时期的政策规划，日本是连续推行扩张性货币政策的，究其原因有以下几点：

第一，受到美国 20 世纪 80 年代的政策影响，日本也根据国情出台了一些有利政策，具体是：加速推进金融自由化政策，包括资本兑换自由化、利率自由化和放松市场准入等。1984 年 5 月，日本和美国联合发表《美元日元委员会最终报告书》，提到了美国的 4 个利益诉求：（1）要求日本金融资本市场自由化，包括利率自由化与日元借款自由化，出现大量新的金融衍生产品；（2）要求放宽市场准入，确保外国金融机构能够自由进入日本金融市场，外国证券公司可申请东京证券市场会员权，向外国银行开放日本的信托业；（3）撤销对日元兑换的管制，设立自由的海外日元交易市场，扩大欧洲日元离岸市场；（4）施行自由的资本与金融市场，削弱别国资本在日本产业投入的限制。

第二，在美国的逼迫下，日本加速开展金融自由化与经济全球化。在第二次世界大战的影响下，日本全国经济处于严重的“封闭”和“管制”状态。从 20 世纪 70 年代开始，日本大力推行经济、金融自由化与全球化。20 世纪 80 年代受美国的影响，该计划加速实施。特别是在 1985 年，日本出台《关于金融自由化、日元国际化的现状与展望》文件，由此揭开日本经济、金融自由化与国际化的序幕。

第三，日本经济国际化的进程推动政治国际化的步伐。日本在 20 世纪 80 年代初期提出了新的发展口号，即从“经济大国”迈入“政治大国”的战略计划，且关于这个“政治大国”计划推行的根基在于日美关系。事实证明，日本在 1985 年的“广场会议”和 1986 年的“卢浮宫会议”中，一直都与美国保持坚定的盟友关系。

第四，日本经济增长方式的转变。自 1980 年开始，世界上要求日本开放国内市场、调整依赖出口的经济增长方式的呼声愈高。日本在 1985 年发布《经济白皮书》，明确表示日本过去依赖出口的经济增长方式需要进行改革，有必要扩大国内需求，缓和与世界各国的关系。

综上，1985 年，日本面临以下 3 大战略变革：其一是从“管制经济”朝“开放经济”转变；其二是从“经济大国”朝“政治大国”的方向发展；其三是从“外需主导型经济”朝着“内需主导型经济”转变。因为要在极短的时间内开展 3 大战略变革，使国家政策没有了回旋的空间。总结以上教训，国家宏观政策会受到内外部平衡、国内外政策协调等因素影响，宏观政策在权衡、抉择及调整的过程中变得非常艰难，可能会因无法平衡而出现严重失误。

经济的长期衰退导致日本国际竞争力不断下降。1986—1993 年，日本在洛桑学院国际竞争力的排行榜上连续保持 8 年第 1 的地位。但从 1994 年开始，日本的地位退居第 3。1995 年和 1996 年下降到第 4 的位置。1996 年，国际竞争力八大要素分别排序上，其中四大要素排名表明，日本经济的辉煌时代已经过去；国内经济实力名列全球第 5 位，政府的国际影响力排名第 21 位，国内基础设施建设程度排名第 26 位，以及日本的国际化水平排第 14 位。

由于长期的经济增长乏力，日本的高技术产业的国际竞争力也有所下降。美国 OSTP 在 1995 年 3 月发布了一项产业研究报告，对比了美日两国在 1990—1994 年这段时间里的 27 个关键科技成果，结果表明，美国有 10 个技术研究方向领先日本，有 6 个研究方向实力与日本相当，在 11 个研究领域有短时期的技术优势。20 世纪 90 年代，在计算机、生命科学与光电子技术等高新科技研究方向里，日本唯一超过美国的技术优势在光电子研究领域。总之，日本一向跟随美国经济步伐有将近 40 年，然而在 20 世纪 90 年代的高新科技竞争的挑战与机遇下，美国技术研究再次遥遥领先于日本。

二、陷入经济长期衰退后采取结构调整措施

（一）实施经济体制改革，降低结构转换中的摩擦

面对 20 世纪 90 年代的全面经济衰退，日本精英阶层建议不能再选择临时的、形式上的解决策略，应全方位、系统化进行经济创新与改革，应对日本经济发展过程中的结构性问题。第二次世界大战结束后，日本为加紧赶上其他发达国家，完成工业化与现代化的转变，创建了权利高度集中、限制市场竞争和经济管制为特征的赶超型经济制度，为实现“日本奇迹”奠定了基础。但是到了 20 世纪 90 年代，这种经济体制已经不合时宜——既不适应当时自由开放的市场竞争趋势，又与日本发达的经济现状偏

离。因此，在经济陷入长期衰退后，日本开始针对产业经济的发展制定适宜的改革方案。

之后，日本于1995年发布一个五年计划，减少了1091个条例规则；使日本成为外国更畅通的进口市场；经过市场竞争，逐步减小日本与别国的产品价格之差；通过消费品的价格下降、新业务扩展以及提供更多的工作机会提升人均收入等。

1996年，桥本内阁进一步提出六大改革方案。在这六大改革方案中，金融改革首当其冲。之后，小泉内阁在2001年又提出剔除不良资产为先导的结构改革方案。以上两次重大变革的关键是合理转变经济体制，即从依赖内部市场的旧体制朝着以市场交易为主的新体制改变。虽然两者在金融体制、社会福利保障体制、行政体制等领域有共同的改革理念，且在政策制定上有前后的连续性，但是两者改革的具体流程、侧重点与视野等方面有着一定程度的差异。从两者比较来讲，小泉内阁的改革借鉴了桥本内阁的优点，改进了他的不足，是对桥本改革的进一步创新：小泉的改革重心为处理银行等金融机构的不良资产，并将产业供给与需求方面的结构性变革融入全局，引领日本迈进“新世纪维新”的道路。概括地说，日本在经济泡沫破灭后所进行的经济体制改革主要表现在以下方面：

在金融体制方面的改革，主要是由以前的非自由化向自由化转变。政府制定了一系列的措施，减少了对金融市场交易活动的管理和限制，鼓励国内证券市场的发展，允许银行和证券公司之间相互参与，减弱了对各类金融机构业务分工的限制，也就是说鼓励金融机构合并；开放国内金融市场，追求利率的自由化。同时，推动间接金融向直接金融转化。

在财政体制方面，把之前公共投资主要用于传统的基础设施改变为用来充实社会福利，环境保护等。实施永久性的减税制度，法人税的实际税率接近国际水平，对个人所得税的税率做出结构性调整，使得个人所得税的最高税率接近国际水平，减少对社会保障类的财政支出，减少财政的负担，致力于使人口老龄化问题得到解决和就业率得到提高。

在就业政策方面，日本的就业制度由之前的年功序列工资制向能力工资制转化。能力在工作中是一项关键的内容，企业根据劳动者的个人能力、完成工作的质量及效率，来分配发放工资，相对之前的年功序列工资制来说更加合理和公平。同时完善失业政策，减轻企业压力，促进经济迅速发展。

（二）以企业兼并促进产业组织结构调整

20世纪中期之后，日本提出外向型经济发展战略，建立新型产业结构，该产业结构的特点是，大力发展第二产业，同时弱化第三产业；在第二产业的发展中，主要侧重于外向型产业，认为除了外向型产业的其他产业，处于不重要的地位；但在20世纪90年代以后的结构调整中，日本的制造业产量逐步降低；2000年，制造业生产比1990年下降4.5%，矿业下降4.8%。2001年9月，日本整体工业生产同比降低12.7%，企业效益严重下降。

20世纪90年代以后，日本进行的结构调整主要表现为制造业的转移与下滑。在长期的产业结构调整中，日本的重工业、化工业生产能力严重过剩，仅汽车产业勉强应对，部分企业面临整改、转型的巨大压力，甚至有若干企业试图采取兼并重组谋求发展。总而言之，日本的系列改革还是具有一些效果的，曾经产品市场竞争的壁垒逐步消失；为促进经济结构改革，修订了本国的商业法典；在零售业，消费信贷创新方面有了一些新的发展。

日本企业在20世纪90年代后期，不仅在国内举步维艰，还要应对全球的产业竞争。针对解决危机，提高产业竞争力的目标，日本各类企业从生存战略出发，相继兼并重组。大规模的企业合并浪潮是日本经济结构调整的一个重要表现。各类企业凭借横向、纵向、混合三种重组方式，促进产业市场竞争力的发展，企业的盈利状况明显改进。当时，日本银行业较为著名的并购案例有太阳神户银行和三井银行合并、琦玉银行与协和银行合并。在日本银行兼并重组的热潮推动下，其他类型的企业也开始纷纷寻求合作。2002年，在日本排名第2的钢管公司，与排名第3的川崎制铁公司合并重组，共同成立了JEF控股公司，随后新企业的钢铁年产量大幅上升，年销售总额达到25000亿日元，赶超了曾在日本排名第1的新日本制铁公司；为适应“9·11事件”带来的冲击和国际航空业调整后的局面，航空运输企业日航公司与第三大航空公司佳斯公司正式合并；日本的半导体企业在兼并重组方面也非常活跃，日本电气公司与日产制作所合并重组，使本来就占据全球存储器很大市场份额的日本市场，在存储器领域仅剩了一家生产厂商。此外，还有小野田水泥与秩父水泥的合并，王子制纸与神崎制纸的合并等。总之，这次日本的并购热潮影响下，大型企业并购事件的数量高于20起，涉及化学、钢铁、汽车、金融、通信等行业。

（三）加大对国外产业的投资力度，依靠全球生产要素组合，寻求产业竞争优势的创新发展

由于“泡沫经济”破裂的影响，日本在20世纪90年代初期的海外投资一直处于低迷状态，其投资总额不断下跌，1993年投资额度从480亿美元降低到137亿美元。但是，1994年开始，又出现了回升的状态，海外投资总额为180亿美元，1996年上升为230亿美元。世界各类大型企业相继适应经济全球化与自由竞争的趋势，依据自身比较优势，在世界范围内进行生产要素国际的最佳组合，获取竞争优势。一直到20世纪初期，日本诸多类型的产业有大量资本向海外转移，比如说有线电话机的90%、微波炉的70%、电冰箱的40%、汽车的40%等都转移到海外生产。

三、后危机时代面向超智慧社会建设与竞争优势重构的产业政策

随着世界经济在金融危机后的缓慢复苏，人工智能、生物科学、物联网、区块链等高新技术的进步，催生了新的产业发展模式，拓宽了产业体系的界限，对人们的日常生活产生较大的影响。而日本在这次巨变中发现了新的机会，即日本决定把握科技革命和产业革命的机遇，大力提升劳动生产率、再塑本国产业的竞争优势，利用人工智能手段解决国家经济发展过程中遇到的难题。此时，美国发布《先进制造业伙伴计划》，德国提出“工业4.0”战略，中国颁布《中国制造2025》等重大战略，以产业政策见长的日本也相继发布《日本再生计划》《机器人新战略》等系列措施，同时，2016年1月再次提出《第五期科学技术基本计划（2016—2020）》，计划建议日本要抢夺战略先机，从前瞻性与战略性出发，具备应对多样性和灵活性变化的能力。在国际化、自由开放的创新体系中，展开竞争与协调，建立一个能有效发挥各创新主体能力的体制框架，以制造业为核心，灵活利用大数据、物联网等信息通讯技术，在世界上创建可以平衡经济增长与社会问题解决的“超智慧社会”。

“超智慧社会”也被认作是“社会5.0”，它是信息社会的下一个新型社会形态，当前日本关于“超智慧社会”的阐述为：通过最大限度地借助ICT科技，创建网络空间与物理空间紧密联结的社会，精准、细致地提供符合社会各类需要的服务，使来自不同地域、不同性别、不同年龄、不同语言的人群，都获得高质量服务、快乐舒适地生活。“超智慧社会”着重强调技术创新在社会变革中的先导性作用，它是日本迈入未来社会的目标，更是政府寄予厚望的战略发展计划。

无论是美国的《先进制造业伙伴计划》，还是德国的“工业4.0”战略，亦或是中国提出的《中国制造2025》计划，都把重心放在工业领域，通过信息通信技术的应用实现制造业尖端化的产业目标。日本则有所差别，“超智慧社会”以新科技手段解决日本经济社会可持续发展中的痛点，并从更长远角度出发，抓住新产业革命契机，重构科技、产业与社会的关系。利用机器人、AI智能、物联网、大数据等新一代信息技术提升制造业

生产效率，目标是构建智能、便捷、舒适、有活力的社会，从根本上强化产业市场竞争力、积极研发新型产品、开展创新型服务、提升生活与生产的便捷性，通过挖掘社会全体成员的聪明才智与潜力，尤其是中老年人与女性，缓解高龄化、少子化、可利用资源短缺等引发的系列社会问题，例如人口数量降低、能源基础设施脆弱、产业竞争力低下等。

“超智慧社会”的核心硬件设施是各类优质的传感器，软件系统具体包括了 AI 智能、云端大数据、物联网、云计算等高新技术，通过对生产、销售、公共服务等各领域的大数据的收集与分析，完成跨企业、跨行业、跨领域的智能化应用，创造出全新的价值和服务。而且，“超智慧社会”有必要建构完整划一的支持平台。根据国情，日本提出超智慧社会构建的递进式战略，提出将优先推进《科技创新综合战略 2015》中的 11 个系统建设。最终，依据政府、企业与学校的合作联动，构建全社会一体化的超智慧社会服务平台，实现服务系统相互之间的协调与互通。

日本为了推进超智慧社会建设、重构竞争优势，采取了一系列措施。

1. 进行体制机制创新，释放协同效应。

日本致力于建设“世界最适宜创新的国家”，为此必须最大限度挖掘科技创新推动社会变革的潜力，日本努力推进不同产业政策的一体化，将科技政策、创新政策、经济政策进行集成与一体化。在体制建设方面，把“综合科学技术会议（CSTP）”改革为由首相主持的“综合科学技术创新会议（CSTI）”，成为日本科学技术创新议题的最高决策机构。从高于政府省厅的立场出发，规划、制定具有前瞻性、机动性、跨部门的科技引导政策，编制科学技术创新综合战略，强化科学技术创新的推进功能。在具体措施方面，CSTP 又制定了以下 2 个国家级战略计划：第一个是“战略性创新推进计划”（CIP），主要是大力投资支持政府、企业及学术界的合作项目，其投资的总预算达到每年 325 亿日元；第二个为“创新性研究开发推进计划”（ImPACT），其核心资助项目是能够推动产业和社会巨大进步，且有巨大影响力、挑战性和不连续的创新项目。在此基础上，为保障不同领域内的企业协同创新、跨领域创新，日本在 CSTI 的组织下又建立跨省厅的“会议”，打破原来文部科学省主导基础研究、经济产业省负责应用研究的桎梏，积极支持新兴产业和领先科技的协同创新效应：成立“人工智能技术战略会议”，由学术振兴会理事长担任议长，从全局战略出发，统一协调管理，将总务省、经济产业省和文部科学省联合起来进行科研创新，向政府、企业、高校提供相关科研项目成果，合理利用三方的才智，助力 AI 智能、云端大数据等新兴技术研究的产业化发展。

2. 明确重点领域，推进制造业升级。

在工业4.0时代，日益严峻、复杂的国际竞争形势，激发了日本强烈的紧迫感。近些年，日本政府特别重视制造业对国家竞争力的关键作用。2013年，推出了成长战略——《日本再兴战略》，作为安倍经济学的“第三支箭”，期望在后危机时期，与发达国家的再工业化形成抗衡。2014年，时任日本首相安倍在经合组织理事会上再一次发表言论，强烈建议日本的机器人产业有必要成为“成长战略”的重点支柱产业，同年6月，日本二次调整修改《日本再兴战略》，文件中明确规定了，要依靠机器人等智能科技的创新发展，带动其他产业的改革。其他产业主要包括医疗、制造业、交通和通信等领域。为顺应工业4.0战略背景下的云端大数据、人工智能等高新科技，及改革的制造业竞争规则，2015年，日本政府的“推进成长战略的方针”进一步明确以“实现机器人革命”为突破口，并依靠云端大数据、AI智能技术及物联网等共同建构新一轮的制造业生产环节，从而实现产业结构的变革。其中，为缓解日本国内制造业受到少子、老龄化等的影响，应对劳动力持续减少的压力，日本在飞机、食品制造等行业，更多利用人工智能（AI）提升生产效率、借助不依赖人力的制造技术提高国际竞争力的尝试，被不断强化和扩展。

实际上，日本产业政策的支持重心一直在微调。2009年，日本颁布《2010年经济产业政策的重点》，其中明确提出构建“日本式的低碳社会，以及稳定、健康长寿的社会”，以后历年中，《日本制造业白皮书》列出的重点领域，包括政府一度高度关注的3D打印，日本产业政策的重点支持对象不断变化。经过不断的调整和重新聚焦，日本应对工业4.0的战略方向逐渐明朗，更加强调未来制造系统的协调性、整体性，突出以机器人等智能硬件为基础，以物联网和云计算等为手段，改造整个制造业的生产服务系统与运营模式。上述重点领域的确立，一方面意在加快缩小日本企业在物联网及软件开发等方面与美国、德国的差距，带有一定的“战略盯住”的色彩；另一方面，在应对老龄化社会、缓解劳动力供给压力、降低外部资源依赖等方面布局长远，较好地兼顾了日本经济社会发展的长远需要。同时，为配合新一轮产业政策实施，加快突破重点领域，日本在短时间内相继成立了一批专门委员会和特别小组，包括“日本机器人革命促进会”和附属的“物联网升级制造模式工作组”等。这些机构依托于政府部门，并向产业界和专家学者开放，延续了体制机制建设的特点，保持了日本产业政策实施机制的连续性，又有较强的目标针对性。

3. 重视中小企业，激活微观主体。

近年来，中小企业的自主创新受到日本政府的特别关注，1999年制定的《中小企业技术创新（SBIR）制度》向中小企业开发新技术提供特定补贴，确立了与国际接轨的、促进中小企业创新和产业化的基础性政策框架。2014年，日本政府增加用于援助创新型中小企业、小规模事业者的支持力度，开展产品试制、服务开发和设备投资等业务的资金高达1400亿日元。日本对中小企业采取的政策，在工业4.0战略中占据核心地位。日本在小企业政策的改革创新中注重政府支撑产业化，坚持围绕中小企业创新制度来制定相关政策，积极、变通地运行创新性产业政策工具，激发中小企业挑战风险、创造新价值的热情与积极性，并为中小企业大胆创新营造良好的环境。与《中国制造2025》集中在两段文字的表述形成对比，日本为应对工业4.0而出台的中小企业政策综合使用了财政、税收、特别项目等多样化、组合式的政策工具，涉及中小企业税制改革、风险投资、人才输送、研发合作创新成果产业化等各个方面，不仅具有很强的针对性，而且详尽、具体。同时，减税和资金投入明显向研发活动倾斜，有效规避了WTO有关政府补贴的法规约束。这种政策导向体现出日本凭借“小而强”的中小企业群进一步打牢“日本制造”基石的战略意图，也意味着专业化程度高、高水平技工人才丰富、传承日本式工匠基因的中小企业将在工业4.0时代继续发挥独特的作用。

4. 产学官联动，发展一体化优势。

产学官结合看似有简单而清晰的体制架构，但将这三类不同利益诉求、不同组织方式、不同人力资源构成的组织串联起来，却需要具备跨越多重障碍的能力。产学官联动体系一方面是日本传统产业政策的成就体现，另一方面有利于日本工业4.0战略创新实践转化中机制功能的实现。由于产学官联动不断深化，其运作的重点逐渐显现。一是推进大学的各种创新性实践。即日本推行了“大学新产业创造计划（START)”，其作用是投资重点大学研发机器人等高风险、能够开拓新市场的新技术及其产业化。二是推动革命性的技术创新。2013年开始，日本实施《革命性创新创出计划（COI STREAM)》，根据产业界和社会需求，政府要推行产学动态合作基地建设，研发重点从相关基础阶段到商业化阶段都有所涉及。目前，已建立了数十个产学合作的创新基地。三是加速研究成就的商业化进程。为了实现工业4.0战略，日本有关这方面的政策支持力度很大，对政策工具的使用也更加多样化，以充分挖掘日本多年来在基础科学研发中积淀的潜力，加速占据人工智能、生物医疗等新兴领域的产业化高地。

5. 回归国际轨道，主导行业标准。

20世纪末，日本已经成功地在世界市场内占领了汽车、家电等领域的核心地位，甚至个别大型企业开始尝试抛弃国际标准，在行业技术和产品标准上另搞一套，构筑相对独立的日本标准体系，以此主导未来国际标准制定。在接下来的十余年间，日本企业之间为掌控标准主导权，展开了激烈的标准之争。其中典型的实例是以索尼公司为首的蓝光阵营与由东芝公司“领衔”的HD－DVD阵营围绕下一代DVD的格式之争。这场“标准之战”异常惨烈，结果是双方投入巨大，最终两败俱伤，其败局的负面影响甚至波及整个日本家电业。为汲取这些教训，在工业4.0时代的国际竞争中，尽量少走弯路，日本政府在继续鼓励本国企业引领行业技术和产品标准的同时，特别强调日本标准要与国际标准接轨。日本标准制定向国际化回归的历史经验，说明在技术或产品标准领域，“民族的”并不必然会是“世界的”。即使是在具有突出优势的相关领域，参与、主导行业标准也必须遵循标准的国际范式，充分考虑市场以及相关国际组织的接纳程度，这对中国提出的“加强标准体系建设”具有一定的借鉴意义。

6. 注重人才培养，提高国民素质。

在教育方面，日本大力培养高质量人才。新科技革命和产业革命下，富有创造性、知识面开阔、高水平的科技人才成为稀缺资源，是产业再造和社会转型需要的人才。但在当时，那些曾经给日本制造业创造巨大成就的科研人员、优秀技工，大多已进入退休阶段，而在舒适、安稳、便捷的社会中成长起来的新一代年轻人，普遍缺乏冒险精神和挑战精神，再加上经济的持续低迷，进一步削弱了日本社会的进取意识，年轻人探索新科技、学习理工科的兴趣不如从前。为扭转这种局面，日本政府提出在重点培养人工智能技术人才、网络安全人才、数据科学家、创业人才的同时，加快提升国民在超智慧社会下工作、生活的资质和能力。为此，文部科学省基于教育教学，在中学教学目标上增添培育新型社会所需的高质量人才目标，并注重对高校学生知识面的拓展，实现文理学科并修兼容，知识融汇贯通，激发创造力的人才培养模式。对于已经在岗位上的劳动力，AI智能技术、机器人等的广泛应用给劳动者带来一定的就业冲击，毕竟在以后的社会发展中，创造性人才的需求量更大。文部科学省为了能顺利应对新科技对劳动者技能和知识储备上的全新要求，积极推动教育改革，有效缓解高校人才输出和社会真实需求之间的不平衡，凭借厚生劳动省提出的科学人才培育措施，帮助现有劳动者弥补知识缺陷，构建终身学习的平台和体制。具体措施包含，设置“职业实践力培养计划（BP）”，整改高校学生实习机制；实现“实用性职业教育的新型高等教育机构”体制化；促进各类产业和专科类院校共同研发的教育模式；鼓励和支持专业类院校为社会提供高水平专业人才的服务。

7. 扩大战略纵深，保障政策效果。

自2015年以来，日本政府在产业政策推行方面积累了丰富经验，在此基础上提出系统化的战略措施，试图强化日本在新一轮科技革命和产业革命下的竞争力和领先地位。例如日本政府重新修改了《日本再生战略》，探讨关于物联网（IOT）、大数据、人工智能带来的产业结构、就业结构变革，提出在确保网络安全的基础上，推行互联网技术（IT）的广泛利用。同时，日本修改颁布《创建世界最尖端IT国家宣言》，将IT产业作为增长的引擎，提出利用物联网技术和AI智能科技搭建“问题解决型IT活用模型”，以保障国民拥有便捷、舒适、幸福的未来。与此同时，日本提出新的《网络安全战略》，具体包含加强人才培养的支撑性计划、设立安全的物联网系统。在日本系统详细的人才培养和产业改革政策的扶持下，日本应对新一轮科技革命和产业革命的战略目标、具体方案逐步明朗，推动创建“超智慧社会”，其主要核心目标是技术创新和产业革命服务于产业再造和社会转型。对改革成果起至关重要作用的是政策的连续性，日本采取中长期计划与年度综合战略联动的方式，由计划、实施、评估和改进4个阶段完成系统化的PDCA政策循环，从而确保政策效果。具体而言，通过长达5年的《科学技术基本计划》，明确未来发展战略目标，《科学技术创新综合战略》依据每年的实际情况制定计划，进行适当的核心政策微调，并严格落实项目预算，细化政府资金投入方案。

最后，日本的经济、社会、法律等各个层面，尚还存在不利于新技术和新商业模式推广的规则障碍，政府再次对“超智慧社会”的重要领域进行体制机制、规则措施的评估，及时修改对创新造成阻碍的规制。通过这一系列有力的改革举措，日本关于“超智慧社会”的设立、决策、服务和监管体系初步形成，新的制度通过设立国家战略特区、综合特区和结构改革特区等方式，大力推进规制改革的试点实施。

第三节　德国关于产业结构整改的政策实践

一、第二次世界大战后恢复建设时期德国促进经济结构调整的政策

第二次世界大战结束后，德国积极复兴经济。政府在抵制泡沫经济的

危机时，相继制定以下具体政策方案来推动经济恢复。

第一，为促进竞争和市场发展提供制度条件。德国在含保护知识产权在内的各种产权、竞争、合同履行方面，法律完善、法治环境良好。第二次世界大战后，德国在市场经济建设中一边调整所有权结构一边积极恢复商品价格，降低国企所占比例，将国有企业的控制范围主要集中在交通、通讯、能源、公共服务等领域，创造行业的良好竞争环境。

第二，鼓励创新和新兴产业的发展，制定衰退产业的适应性政策，保障在产业结构调整过程中就业和地区经济能够平稳过渡。为推进相关基础技术研究，德国进一步扩大对公立高校的投资。为促进技术转化和扩散，德国积极支持企业和高校的合作，支持两者结合的科技园和技术孵化中心的创建。德国对技术研发的支持，不仅是对特定产业的创新科研进行直接补贴，还包括间接研发支持，主要是国家不选择具体领域、让企业自行决定研发目标，对企业的研发活动给予税收减免，对科研工作者进行政府资助，或支持科研人员的技术创新、转让和咨询。

第三，为扶持新兴产业，德国从产业发展初期就采取各种激励方式。例如，在风机产业，德国政府自 1977 年到 1990 年，一方面进行大型风机研发项目的财政资助，另一方面也适时针对中小型风机生产厂商进行研发投资，尤其是针对风机纵轴、横轴技术以及叶片技术的科研创新给予鼓励支持。类似的对以上具体技术项目的研究支持，促进了风机技术的革新和多样化。20 世纪 80 年代，德国政府支持企业进入市场，大力推进技术市场化、商业化，国家公共工程领域的绿色需求促进了国内市场的培育和开发。德国复兴开发银行也在风机技术产业化方面提供了贷款利率更低、期限更长的优惠。除此之外，1991 年德国出台《可再生能源法》，详细制定了风电接入电网出售的补贴规则，且补贴的时间延续 20 年，有力激励了该行业的投资和市场拓展，使风机产业飞速发展到平稳发展的时期：其一，政府修改 3 次《可再生能源法》，调整补贴方式；其二，积极制定市场激励法，提出风电发电能力总目标，1997 年开始在全国境内测风力，对可利用风场进行规划，制定有利于国内企业发展、保护本国市场的相关政策。在此基础上，国家大力鼓励产业进行技术创新研发，助力行业内形成学习网络，鼓励产学研合作。此外，在税收激励方面，2000 年开始针对新型能源免征生态税，对传统石化能源征收生态税，从而促进国家的新能源建设。

对于衰败的传统产业，德国政府采取适应性政策。例如，煤炭产业在 20 世纪 60 年代开始出现产能过剩，因为此时能源迈入“石油时代”，为此，政府针对性地提出限制煤炭和石油进口、设立火电厂的相关措施。1968 年政府又发布了《煤炭适应法》，法案在兼并重组的基础上实现合理的煤炭产业规模，使煤炭产能有计划地适应能源经济发展。德国的主要产煤区鲁尔区的煤炭生产价格高于进口煤和其他能源的价格，政府对鲁尔区给予生产补贴，以减轻煤炭行业和主产区快速增加的失业。类似的还有，20 世纪 70 年代中期，德国钢铁产业步入过剩危机，政府也在一定程度上提供财政补贴，促进企业兼并重组，再次投入资金进行技术创新，并帮助解决被解雇职员的后续问题。此外，政府在对受危机影响较大的地区进行基础设施、教育、科研的投资，并相应地调整产业发展规划，逐步完成产业升级转型。

第四，开展对外贸易，实施开放投资策略，支持外向型产业道路规划，努力开拓全球市场。欧洲在推行一体化的过程中，德国一方面为国内企业收获了更加自由开放的国际市场，稳定各种生产资料与能源的供给，实现经济上的复兴；另一方面，德国在政治上也提升了国际地位。总结德国对外贸易的成效，从 1952 年开始，德国逐步转变为贸易顺差，贸易开放对后来德国马克走强起到了助推作用。

第五，出台一系列措施，保护、发展中小企业。在战后重建过程中，德国曾专门分拆了部分大型公司企业，之后受市场调节、政策导向和法律保障等多种因素影响，慢慢筑成能够占据国家经济主导地位的中小企业体系。为帮助中小企业成长发展，德国政府从政策上给予融资支持。信贷方面，国家成立复兴信贷银行与清算银行，作为各类中小企业获得投资的专门机构。在执行过程中，复兴信贷与清算银行通过找寻地方性受托银行，或者叫往来银行，具体包括储蓄银行、合作银行、州立银行等，帮助开展信用资格评估、信贷发放、追监管踪和回收等业务。其次，政府对中小信贷的资金投入大都来自联邦和地方财政预算支出；此外，另有小部分的财政资金是第二次世界大战后欧洲复兴计划的专项基金（由复兴信贷银行和德国清算银行管理）；更多资金是由政策性银行通过市场筹集（发债等）而来。比如复兴信贷银行向中小企业提供了多阶段、全方位的贷款项目，包括初始投资、企业扩张、并购、对外投资和创新等。通常，一般信贷的期限要高于商业信贷的期限。复兴信贷银行担任绝大部分或者全部的信贷风险。中小企业可以向其开户行申请国家资助银行贷款，这个开户行必须是国家资助银行的往来银行，往来银行决定是否为其提交贷款申请。复兴信贷银行接到往来银行的贷款申请后，相关部门的贷款批准委员会决定是否放款。贷款申请被批准后，往来银行和相关企业就要依照借贷项目的规则签订借贷协议。但是，贷款的金额通常有最高限值，一般企业向往来银行申请的最高数额的贷款都低于最高限值，往来银行也通常会同意这类转贷业务。在政策银行的杠杆作用下，按照以上借贷方式，政府对中小企业的财务支持更为积极，资助的空间也更大；在此基础上，凭借受托银行的协助，进一步提升了业务效率。

在担保领域，为提高中小企业的融资能力、降低融资成本，国家利用为担保银行再担保的形式，支持中小企业信用担保。德国的担保银行是由多个主体联合出资的私有非营利性机构，具体包括企业协会、合作银行、手工业联合会等。与巴塞尔协议标准下的商业银行的资产规模相比，德国的担保银行通常必需的资本规模只是前者的20%，而且，一般各州的官员是不允许其任监事会成员的，同时作为非营利机构不需上缴企业所得税。联邦和州政府会为担保银行所做的担保提供部分份额的再担保，同时向担保银行发放低息长期贷款。此外，德国担保银行联合会还创建共同的信用评级系统、可共享评级数据等资源。一般情况下，德国担保银行提供担保的费率不高，为1.5%左右，这一方面受益于其科学和良性的管理，另一方面又离不开政策的支持。

在对企业的投资政策中，发挥重大作用的还有德国的企业会员组织，各类商会、行业协会也会为中小企业提供咨询和培训。他们还承担整合意见、积极讨论政策、进行协调等工作。

总体上，德国始终保持着实体经济的主导地位，是因为如上所述的德国实体经济政策体系完备，作用发挥充分。从20世纪90年代初开始，德国工业部门占GDP的比重通常都高于美、日、英三国水平的20%—25%。尽管服务业化的方向比较明显，但德国服务业的发展主要依赖技术创新管理，具体表现为公共管理、国防、教育、社会服务业、卫生、医疗、信息通讯业等领域的发展与占比的提高。这反映出产业结构升级并不是虚拟部门的膨胀。

二、工业“4.0”时代德国的产业创新战略

自2008年经济危机爆发以来，核心工业大国开始思索制造业乃至实体经济在国家整体经济发展中的功能。由于传统制造环节“复兴”无门，世界主要经济体都把目光转向技术密集的高端制造及其研发设计，围绕制造业发展产业间的新一轮激烈竞争由此展开。可以看到，德国制造业生产模式、国际布局在技术变革的推动下不断进行调整，先进制造业发展在技术创新与产业升级的带动下，成为世界主要发达国家政策导向的研究重点。

面对世界新一轮制造业竞争的加剧，德国制造业即使有强大的发展基础，但依然面临传统制造业向外转移和产业空心化的挑战，于是富有前瞻性地提出了“工业4.0”这个产业升级战略。在2011年11月公布的《高技术战略2020》中，德国政府提出了“工业4.0”战略，其目的在于鼓励技术创新与科研升级，稳固德国的竞争优势。所谓“工业4.0”，是凭借智能技术，充分借助信息技术、互联网和物联网技术的发展，利用网络和信息物理系统的融合，根据顾客个性化、多样化和复杂化的需求，充分利用智能制造、动态定价、价值分享协议等途径，把各类资源、信息、物品等与人进行互动连接，尽可能实现制造端直通用户端的“端到端解决方案”的创新性生产组织方式，进一步引导制造业向智能化的转型升级。由此可见，技术进步是“工业4.0”的触发器，“工业4.0”战略的实质还是德国版的发达国家“再工业化”蓝图，更是《德国高技术战略》和《德国高技术创新战略2020》的升级版。更具体地，2011年，在汉诺威工业博览会上，德国“工业4.0”的概念诞生，2013年，此概念初步成形于德国“工业4.0”工作组发布的《保障德国制造业的未来：关于实施“工业4.0”战略的建议》报告，2013年12月19日，由德国电气电子和信息技术协会细化为“工业4.0”标准化路线图，进一步提升为德国的国家级战略方针，使其成为德国未来高科技战略的十大目标之一。

德国之所以称为“工业4.0”战略，是认为目前人类已完成三次工业革命，“工业4.0”是德国在此基础上提出的全新概念。首先是“工业1.0”阶段，蒸汽机的发明使18世纪60年代至19世纪中期发生巨大变革，机械生产逐步代替手工劳动，全社会的经济生产开始由农业、手工业向工业和机械制造的模式转变。其次是“工业2.0”阶段，即在19世纪后半期到20世纪初，逐步升级为电力驱动的生产模式，并借助零部件生产和产品装配的成功分离，进一步开创批量生产的先进模式。再者是“工业3.0”阶段，自20世纪70年代至21世纪初期，电子信息技术的广泛推广进一步提升了制造业的自动化水平。这次工业革命产生的最终结果是机器生产逐步代替人工生产，一方面大量“节省”了“体力劳动”，另一方面机器接替部分“脑力劳动”。

德国学术研究和产业发展部门一致认为，在今后的10—20年里，随着信息物理技术的系统化和智能化，产品全生命周期、全制造流程的数字化，以及基于信息通信技术的模块集成，会陆续呈现出高度灵活、个性化、数字化的产品与服务的生产模式，可被看成为“工业4.0”。因此，从已经发生的三次工业革命演进历史看，“工业4.0”的本质是在对制造业未来发展勾画新的蓝图："工业1.0"是蒸汽机时代，"工业2.0"是电气化时代，"工业3.0"是信息化时代，那么"工业4.0"，则是依靠信息化技术驱动产业变革的时代，是智能化时代。

德国"工业4.0"联结了通讯技术与信息物理系统，推动制造业的智能化转变，具有"智能型制造""自我组织适应性强的物流"和"集成客户的制造工程"等特点。"工业4.0"战略主要包括智能工厂、智能生产和智能物流。首先，"智能工厂"解决的核心问题是，智能化的生产系统、智能化的生产过程和网络化分布式生产设施的实现；其次，"智能生产"解决的核心问题是，企业生产物流管理、人机互动和3D技术在工业生产中的实际应用；第三，"智能物流"解决的核心问题是，凭借互联网、物联网、服务互联网技术，不断整合物流资源，发挥已有物流资源供应方最大效率，而需求方也可迅速获得服务与物流的支持。按照德国"工业4.0"的战略布局，智能工厂根据物联网、服务互联网和互联网三大系统的联合，将根据消费者的个性化、差异化需求制造智能产品。在"工业4.0"模式下，个性化、智能化以及数字化的生产模式，将信息网络渗透进关键领域，制造服务业与制造业本身的界限逐步模糊，创造新价值的过程会发生变革性的突破，重组产业分工，出现创新性合作机制。总之，德国"工业4.0"战略涉及复杂的内容体系，为了能够清晰地解释此战略，以下将进一步从技术边界的延展与集成、渠道和供应链的强化，以及要素保障优先实施等角度进行分析。

第一，技术边界的延展与集成。"工业4.0"战略将嵌入式终端、传感器、智能控制系统和通信设施，通过信息物理系统平台，转化成智能化的网络格局，推动人、机器、服务三者的相互联结，促进世界产业价值链集成的横向与纵向化。因而被评价为是现代制造的"升级版"。"工业4.0"战略依据不同的集成方式，细分为以下不同维度。一是通过智能化与价值链实现企业间的横向集成，主要涉及价值链的所有参与主体，通过智能化技术操作，进行相互间的沟通交流，及时有效地提供包括定制生产、维保养护在内的产品服务。此基础上的功能集成主要是解决智能化网络有效处理信息传递、安全性和生产柔性等问题。二是端到端的工程数字化集成，实现整个价值链的所有终端数字化。消费者可在任意价值链阶段选择参与决策。三是网络化制造体系的纵向集成，特指在智能化工厂生产中，依据客户个性化的需求定制单独的结构化模块，按照客户需要调整有关模型、数据、通信和算法在内的特定拓扑结构，固定化生产线在纵向集成方式下逐渐遭到淘汰。为此，不但要最大程度地确保任意层次上的传感器和制动器在信息物理系统领域高质量地完成从端到端的数据优化集成，还要尽最大限度地为网络化及可组合的制造系统提供模块化策略。

第二，进一步强化渠道和供应链。德国“工业 4.0”战略从需求视角布局主导市场战略，从供给视角开展领先的供应商战略。从需求视角看，主导市场战略强调“工业 4.0”在德国国内市场率先推行。2013 年，德国 BITKOM、VDMA 与 ZVEI 对 278 家企业进行调查，结果表明其中有 47% 的企业公司已经参与到“工业 4.0”战略中，甚至有超过 60% 的德国机械和设备制造商认为，在未来数年内，自己仍将保持并扩大在世界范围内的技术优势。“主导市场战略”要解决的核心问题是，促使适合当前德国全球化运作的、大型跨国企业和专业经营的中小企业间的合作，特别是中小企业向“工业 4.0”的转型。因此，展示“工业 4.0”战略在德国市场实践中的前景、消除中小企业对信息物理系统应用的认识误区、建设高速宽带通信等基础设施、为“工业 4.0”战略开展更为灵活的工作组织设计等，均需全面展开。从供给视角看，领先的供应商战略强调，装备供应商应依靠技术创新与系统集成，通过各种激励性政策提供一套切实可行的新商业模式，促进“工业 4.0”战略被有关主体认可并接受，通过各种途径大力推进研发、应用和培训，为制造业企业提供国际领先技术的解决方案，借力成为全球领先的开发商与生产商。

第三，要素保障的优先实施。德国“工业 4.0”战略在实现目标上，提出要在以下 8 个方面进行领先行动：（1）标准化参考架构。为推动不同企业间的合作交流，必须创建一套共同标准，设置一个参考架构为这些标准提供详细的技术说明，并在实践中获得有效落实。（2）管理复杂系统。产品及制造系统的复杂性不断加深，适当的计划及解释性模型是管理产品及其制造系统的有效手段。因而，“工业 4.0”战略为工程师研发一系列工具。（3）建设全面、宽频的基础设施。“工业 4.0”战略中全面、有效的通信网络是其有效运行的重点，为此，德国开始大规模为本土企业进行通信网络建设，包括建设与德国有业务合作关系的其他伙伴国家的互联网基础设施。（4）保障与安全。安全与保障对智能制造系统具有重要作用，德国在各类生产设施和商品的生产中，需要加强对重要数据、信息的保护力度，以高效地阻止数据、信息的泄露和私自滥用。（5）工作设计和组织。在智能工厂中，员工的角色以及他们的工作内容、工作流程以及工作环境，都发生了重大的变化，相应的工作组织和设计需要同步跟进。（6）持续性职业发展培训。德国选择合适的职业培训计划与组织工作，加速对技术工人的培训力度，使其能够熟练应用“工业 4.0”相关技术与设备。

（7）监管框架。伴随着技术的不断创新，企业数据、社会责任和个人数据将会面临严峻的挑战。德国选择从法律出发，以立法、公司协议、标准以及自我监管等方式，开展有效管理。（8）资源利用的效率。“工业 4.0”战略，可以促进资源生产和利用效率的提升，并合理平衡额外资源投入率与其所产生的节约潜力之间的关系。

在推进和实施的意义上，丁纯、李君扬（2014）将德国“工业 4.0”战略总结成“1 个核心”“2 重战略”“3 大集成”和“8 项举措”。①

首先，“1 个核心”。“智能 + 网络化”是德国“工业 4.0”战略的核心，“智能 + 网络化”主要是借助虚拟—实体系统构造智能化的工厂，完成智能制造过程。“虚拟—实体系统”，是以信息通信技术的高速发展为基础，利用各类传感元件采集丰富的信息；使 IT 控件自主、小型化，并将控件嵌入各类制造设备以实现智能化；利用信息通信技术完成数据的高速、无误传输；不管是后台监控设施，还是前端嵌入的 IT 控件设备，都可以按照开发的操作系统完成数据的处理与指令发送，实现智能化生产和人工实时控制的目标。

其次，“2 重战略”。基于“虚拟—实体系统”，“工业 4.0”以双重战略来提高德国的市场竞争水平。（1）“领先的供应商战略”，即装备制造商以“工业 4.0”战略的要求，将领先技术、完整的解决方案和传统技术有机结合，生产具有“智能”和乐于“交流”的生产设备，为制造业企业灌输创新动力，使“德国制造”有更高的的飞跃。该战略吸引中小企业一方面成为“智能生产”的使用者，另一方面成为“智能生产”设备的供应者。（2）“领先的市场战略”强调德国制造业市场的有效整合。搭建遍布全国不同区域、各类产业、大中小企业的高速网络格局，这是实行该战略的重点。通过这样的网络，德国国内各企业之间可以及时共享信息，实现高效的分工配合。以此可以重新定义与细化生产工艺，提升生产的专业化程度，促进制造业生产效率的提高。除了生产过程，生产供应商与相关商业企业进行有效衔接，拉近德国制造业和国内国际两个市场之间的距离。

再次，“3 大集成”。具体体现在：（1）依靠智能工厂完成生产的纵向集成，注重产品的生产过程；（2）实现全生命周期的信息共享，完成工程数字化的集成，重视产品在不同阶段的信息共享，主要是研发设计、计划生产、过程监管、售后保障等全生产周期的不同阶段；（3）考虑社会的可

---

① 丁纯、李君扬：“德国工业 4.0：内容、动因与前景及其启示”，《德国研究》2014 年 4 月。

持续发展，实现德国制造业的横向集成，关注全社会价值网络应用，从产品的研发、应用到创建标准化策略、加快社会分工的有效性、探索新的商业经营方式等。

新一代通信技术的发展，为“3 大集成”的实现提供了重要保障。主要技术如下。(1) 机器对机器的技术，指终端设备之间的数据交换。机器对机器技术的创新，使制造设备之间能够主动通信，并与设备内部的嵌入式软硬件系统进行匹配，生产流程更具智能化。(2) 物联网科技。突破单纯的机器与机器的互联，物联网技术把所有的人和物连成一个巨大的网络。依据国际电信联盟对物联网技术的阐述，这是一个无处不在、时刻开启的普适网络社会。(3) 各类应用软件。具体包含实现企业系统管理的企业资源计划系统（ERP）、产品生命周期管理（PLM）、供应链管理（SCM）和系统生命周期管理（SysLM）等。以上应用软件相互配合，发挥合力作用，成为“工业 4.0”战略中企业的智能化生产与管理的有力工具。

最后，“8 项举措”。(1) 为了方便联网和集成，应完成技术标准化和技术开放标准的参考体系。没有一致性的标准，就无法完成信息的互换，技术开放标准的参考体系、完整的技术说明的公开，有助于促进互联网技术的迅速普及，并能动员各方主体参与。(2) 构建并改善模型，有效管理复杂系统。“工业 4.0”战略有跨学科、分散协同和异地合作的特征，在管理上自然有更高标准、更严格的要求。提前创建并改善管理模型，才能高效发挥“工业 4.0”的功效。(3) 成立一套完整全面的工业宽带基础设施。该设施保障数据高速、安全与稳定地传输，是网络互联的基础。(4) 基于保障安全和维护信息安全的考虑，建立健全容错机制与安全保障机制。(5) 创新组织与设计方式。“工业 4.0”战略有分散协同性和高度自动化的特性，要求构建创新性生产协作模式，对生产组织与设计方式进行升级改造，激励职员有效率、安全地进行生产实践。(6) 关注职工培训教育和持续的职业规划。企业职员在“工业 4.0”战略中，面临比以往范围更加宽泛的生产设备与协作伙伴，还包括多变的工作环境。为了应对这些严峻的挑战，职员持续、终身学习至关重要。“工业 4.0”战略的功效需要有全社会的优秀职员协同发挥。(7) 完善规章体制。包括数据保护、数据传输安全、数据交换过程、个人隐私保护、协调各国的不同贸易规则等。(8) 提高资源利用率。具体的资源类型，包含各种原材料和能源，也涉及人力资本与财务资源。德国联邦教育与科研部（BMBF），加之德国工程师联合会（BDMA）三者，倡导建立“效率工厂”，作为提高企业资源利用率的样板。不仅如此，还要创建可量化的关键绩效指标体系，成为评估企业资源利用效率的有效工具。

在新工业革命时代，国际制造业发展的潮流走向互联网化。德国“工业4.0”战略以智能互联系统作为基础，通过广泛采集个性化、多样化的数据，形成巨大的数据库，并通过低成本、高速度的网络技术传输数据，智能制造系统按照具有特色和个性的数据要求，进行相应的产品生产。总体上“工业4.0”战略的实施目标清晰、政策切实可行，且道路发展方向明确，注重生产方式的自然演进，与德国已有的制造系统能够进行有效衔接，最终依靠可控、预见性的途径来实现。“工业4.0”战略自公布后就吸引了世界各国的目光，同时对我国制造业的创新变革有较大的启发。

首先，“工业4.0”战略突破了传统产业的边界限制，是促进制造业创新转型的有效解决措施。该战略以搭建信息物理系统为核心，积极进行科技研发与创新，利用智能制造提高国家产业的市场竞争优势，推动生产性服务业、制造服务业和信息产业的快速发展。因此，也为制造业的改革创新灌输新鲜的血液和活力，主要体现为以下3个方面：(1) 智能数字生产以信息物理系统为基础，缩短产品从设计到上市的时间周期，极大地降低产品成本，而且能够迅速有效地应对多变的市场。对中国的制造业来说，一方面能在日益激烈的全球市场中走出具有中国特色的、有差异性的自主创新道路，另一方面可以有效避免与东盟、印度和拉美等国家在低端产业链的无序竞争。(2) 德国“工业4.0”战略可以扫清传统行业障碍，合理整改产业链的功效，推动上下游的部分企业向现代制造服务业转型升级。(3) 与信息物理系统有关的科技创新，将大幅推动一批战略性新兴产业的提速发展，包括3D打印机、工业机器人等新兴制造系统和生产设备，同时较快地促进包括新材料、信息以及工业设计等生产性服务业的快速增长。

其次，“工业4.0”战略关注技术进步，注重配套系统设施的建设。第一，“工业4.0”战略目标是依据现代设备制造业的发展，主导新技术产品供给，抢占产业技术领先优势，保障其在高端技术方向的引领地位。以上完全表明了核心科技的创新，依然是提升产业市场竞争力的重要因素。而德国“工业4.0”战略关于传统制造业升级改造的机制是，将关键技术的创新作为产业变革的主线，再根据以点带面的理论，进一步推动企业的转型改革。第二，同别国对比，德国“工业4.0”战略致力于制造业的整体规划发展，注重系统、集成和资源的再分配利用等问题的解决。而且，“工业4.0”战略将关注点放在如何培育人才、发展市场与怎样重塑商业模式等方面；除此之外，针对“工业4.0”战略对中小企业的影响，开展产、学、研、用相互间配合的详细研究。目前来讲，我国大多数关于技术方面的政策都侧重于研发创新，反而在实际操作上有所忽视；尤其是个别技术指标，已经在研发成果上领先世界，却缺少对应的客户群，没有正确把握市场需求，使其研发与应用产生断层。“工业 4.0”在工作组织设计、员工培训等方面，对全体社会的过渡方案进行了详细解释，从技术创新过渡为社会融合，完成了工业系统整体性的攀越。我国在设计和完善有关制造业的发展规划时，应充分吸收和借鉴此类优秀经验。

再次，大型企业的战略融入不仅可以作为新技术、新产品的研发试点，而且可以引领制造业的转型升级。德国在推进“工业 4.0”战略的过程中，政府尤其重视类似西门子这类大型企业的领先科技与强大的市场主导力量，且优先选择博世、巴斯夫等大型公司进行产品试点生产，通过对“工业 4.0”战略研究成果的尝试性应用，加速推进德国信息物理系统技术产品成为未来制造业的“事实标准”。以此为基础，各大型企业主动运用各种有效资源，不断培训与开拓市场、扩大市场规模，使中小企业和科研机构具有参与动力，参与到产业技术创新实践中来，政府作为战略统领者，把握顶层设计和方向。德国在“工业 4.0”战略实施过程中，使用市场主导来推进战略创新和新技术标准实施的措施，有利于我们进行深入学习研究。

最后，德国“工业 4.0”战略注重对人力资源的累积，特别是加大培养创新性技术研发人才，这也是战略实施知识要素方面的积累与保障。“工业 4.0”战略的重点是人机关系发生深刻变革，技术发展以人的发展为前提，在知识经济、信息经济下，理应合理借助多样化的知识平台对技术工人进行培训与指导，提升技术工人的综合水平。“工业 4.0”战略有显著的德国职业教育的特点，即不断减少传统机械加工的内容，不断增加工业设计创新、IT 等方向的内容，而且对教育内容、方式进行适当变革。开放的虚拟工作载体和人机交互系统的应用，今后职员所扮演的角色也会有革命性的不同，甚至影响职员工作的内容、过程。工作环境的改变将增强职员工作的灵活性。甚至其娱乐、休闲的方式也会产生相应变化。如此对劳动者群体的知识技能水平有更高、更严格的要求。最终在战略的任一系统集成中，都有望创造出包含数据分析、模型建构等在内的多样化的就业机遇和服务诉求。

第七章 专题产业政策的比较

以自由贸易、出口导向和引进外国直接投资为核心的外向型经济发展模式，一度被以美国为首的国家当成工业化的“良方”推荐给欠发达国家[①]，但这所谓的“良方”却有悖于美、日、英、德等发达国家成功实现工业化的经验，尤其是和美国在19世纪以内需为核心的内向型工业化发展道路截然相反。英、德、美、日等发达国家之所以能够成功地实现工业化，恰恰就在于其遵循了一种和新自由主义针锋相对的经济意识形态。本章在完成产业政策的时序比较和截面比较的基础上，立足于我国经济发展现实，对主要工业化国家，以专题性产业政策促进技术创新和产业升级、建构与产业发展相配套的贸易秩序、促进市场扩张及基础设施升级的做法进行梳理和总结。

第一节 各国支持产业创新的政策

产业创新是产业技术创新、管理创新和市场创新的集成，指产业由低技术水平、低附加价值状态，向高技术水平、高附加价值状态演变的过程。产业创新不仅表现为产品销售额的增加或者产品性能的改进，更是提升国家在国际市场中竞争地位的重要保证，是实施国家产业竞争可持续发展战略的重要保证，是国家综合竞争力的重要体现。本节探讨美、欧、日等国家和地区在促进技术创新、产业创新发展方面的政策措施。

第二次世界大战后，美国政府尤其重视高新技术的创新研发，对重大技术创新尤为支持。美国政府对科研创新的影响贯穿于创新周期的每一个环节，在扩大新技术供给、增加新技术产品需求与规范市场秩序等各方面

---

① 张夏准：《富国的伪善：自由贸易的迷思与资本主义的秘史》（严荣译），社会科学文献出版社2009年版。

都采取了相应的创新干预措施。不过，美国政府干预技术创新的目的是为了缓解市场缺陷对高新技术研发造成的阻碍，并不是完全否认市场功能，也并非要代替市场的任务和角色。美国政府的政策归根到底是鼓励更多的私人经营一同参与技术研发创新工作，提高私人部门的参与热情与效率，助力科技创新和产品创新，创造更多新兴产品与技术以进入商业化经营生产。

通常来说，一个完整的技术创新周期，包括基础研发、产品应用发明、实证技术创新、产品开发与小规模供给和大规模市场化等 5 个环节。市场失灵的问题在每个环节都有所体现，特别是在前面 4 个环节中，市场失灵问题尤为突出。但是，这也依据不同领域的技术状况而有所不同，不同类别的产品研发有其特殊性。比如说，新能源的发电技术，在第 5 个环节大规模市场化方面，也会有市场失灵问题出现。故此，产品技术创新周期的每一个环节，都有美国政府对其进行全面的技术创新支撑。

美国在助力企业技术创新方面推行了一系列的政策，如供给推动、需求拉动和规则制定等。其中，供给推动策略体现在政府的资金支持方面，发挥大学的优势，协调政府部门与企业之间的友好合作关系，以及定期评估创新绩效。政府的技术供给还包括政府和私人企业或者大学合作，签订技术研发合同，其中政府可以对企业进行全额资助或者部分资金支持，对大学进行直接赠与支持；政府、大学与企业建立实验室开展新技术创新实践，甚至三者共同合作签订技术研发的联盟合同；此外还有研发支出税收抵免，对带来新技术的企业进行税收抵免或生产补贴，兴办技术创新工程，针对技术人员、工程师、企业决策者以及消费者进行教育和培训，开展技术和产业延伸服务等具体策略。供给推动的根本目标是帮助缓解私人企业在技术研发初期时面临的问题，尤其是研发投入不足的问题，政府积极为其助力。美国政府的角色与功能主要体现为对企业的人力、物力、资金的大规模支持，减少技术创新过程中的部分成本，甚至在财政税收方面给予特定的照顾政策，积极倡导个体部门也为科研提供资金投入。需求拉动型政策的内容主要包括配套基础设施建设和市场创造等，比如说政府对购买新技术给予返还、抵免税收的优惠。而市场创造是为新技术及其产品的应用创造基础的市场空间，保证最基本的产品销售，并通过市场需求的逐步提高，促使生产者扩大规模，一步步引导新技术及其产品在应用过程中迈向成熟。这种扩大生产规模的方式，可以降低产品的平均成本，提升产品及其技术研发的核心竞争优势；匹配的基础设施建设，缓和产品供给者与消费者间的信息不对称，直接或间接地提升消费者对新技术产品的认知度与接受力，降低消费者的消费转换成本，提升新技术产品的需求量。关于规则制定方面，主要体现在保护产品技术专利和抵制垄断等。规则的制定不是直接影响市场的供需变化，而是影响市场结构，由此间接减少供需双方的部分成本，深远影响新产品及其技术的市场开发和应用水平。

一般来说，美国为支持新技术创新而采取的政策措施都包括在以上三种类型中。但是针对不同类别的产品研发技术，三类政策的作用力度是有差别的。针对容易实现市场化的技术，政府部门的采购就大多不涉及这些领域，例如生物农业、化工技术等都是容易实现市场化的技术，此类产业更多的是得到政府技术研发方面的支持，助力产品技术的创新。另外一些技术，比如新能源技术、计算机和信息技术等，在其技术研发创新的开始阶段，美国政府就从供需两个方面给予关键支撑。在这里，我们首先重点介绍的是美国政府在优先采购国内最终产品方面的制度框架设计，然后再来介绍美国推出的“小企业投资公司”计划。

为支持技术创新，美国建立并落实了完善的政府采购制度，它是美国包括新能源技术、计算机和信息技术等在内的关键技术得以快速发展的重要因素。

第一，美国在政府采购方面，拥有完整、系统的法律法规体系，对于政府采购国货，更是有详细严格的条文规定。美国政府采购国货的法律法规，在美国曾经发布的《联邦采购规制》中有明显的表现，《联邦采购规制》由联邦总务管理局、国防部与国家航空航天局联合颁发。在此基础上，为了对联邦政府商品采购进行严格的监察，政府部门特地成立相关的组织机构。美国早在1933年发布的《购买美国产品法》就重点强调，美国的国内商品在政府采购中具有优先地位。具体而言，美国的采购国货制度由界定国货、优先国货采购权及国货价格优惠这三个方面的内容组成。其中，WTO《政府采购协议》是美国国货采购优先例外中的一项重要内容。在形式上，美国政府遵守WTO《政府采购协议》的国民待遇原则，在政府采购方面对美国最终产品与国外产品一视同仁。但在实际操作中，美国政府在采购协议附件中设置采购主体、采购产品及采购金额权限，并充分利用协议允许的例外条款，使美国仍然能够对本国产品实行优先采购。

第二，并不是所有的联邦政府与州政府都必须严格遵守《政府采购协议》。在《政府采购协议》附件里，列出了必须严格遵守政府采购协议的79个联邦政府机构，还有8项例外，其中国防部在例外之列。国防部是美国联邦政府机构中商品采购金额与数量最高的机构，它是最主要的联邦政府采购机构。由于国防部的大量采购被设置成特殊部门，联邦政府的大部分采购避开了协议约束，仍具有国货的优选权。此外，在《政府采购协议》附件里，还明确指出应遵守此协议的州政府只有37个，哥伦比亚特区与13个州属于例外，占据州一级政府总数的27%。在美国州一级联邦政府采购中，属于例外情形的这13个州和哥伦比亚特区政府所进行的联邦政府采购，在2007年共占政府采购总额的31.82%。即便在遵守的37个州中，也有许多州的部分政府部门不需要遵循协议。不仅如此，协议中还规定了可以不遵守协议的5种例外情形。

第三，同采购主体的不完全性雷同，并非所有产品都需遵守政府采购协议的规定。其中WTO《政府采购协议》的第23条规定了例外内容，包括国防军事领域诸如武器、军火采购，以及关系国家稳定发展等方面的商品采购属于例外情形；关于保护人类、动物与植物的生命和健康必不可少的采购，对于保护公共道德、公共秩序与公共安全必不可少的采购，对于专利产权保护方面的采购，对残疾人、慈善机构及监狱劳动人员相关的产品与服务的采购，也属于例外情形。从以上内容看出，WTO《政府采购协议》本身就有漏洞，会有被钻空子的情况出现。美国没有放过这个机会，充分利用协议中的例外情形，打着维护国家稳定与安全的旗帜，构筑起关于政府采购的歧视制度。此外，美国出台《小企业法》《购买美国产品法》及《埃克森-弗洛里奥修正案》等系列法律法规，有效地丰富了国家安全的范围，把就业问题、外国人在美国的投资与并购、中小企业与弱势群体的企业发展等，都上升到了国家安全的高度；通过美国总统行政办公厅内设的美国外国投资委员会、联邦政府采购政策管理办公室等机构，及时审核、督查涉及国防的政府采购；并设置专门的美中经济与安全评估委员会，对中美贸易和中国制定的国家经济发展战略，尤其是对美国自身的发展产生相关效应的战略进行评价与估量。在这些法律与机构的作用下，美国政府在采购时就可以以维护国家安全为由，优先购买本国产品，而歧视外国产品与外国企业。2006年的“联想安全门”事件，就是一起美国政府利用国家安全，歧视中国商品的具体案例。该事件发生于2006年3月20日，联想的合伙企业CDW-G公司通过公开招投标程序获得美国国务院价值超过1300万美元的巨额订单，美国国务院购买了联想的一款台式电脑和匹配设备，数量有1.6万台。这个新闻被公开后，中美经济安全评估委员会委员迈克尔·韦塞尔（Michael Wessel）对这笔交易的安全性提出质疑，他站在维护美国国家安全的角度，强烈谴责国务院对联想电脑的购买与使用，声称使用联想电脑会对美国的国防安全带来危害。迈克尔向众议院相关委员会主席弗兰克提出对联想的审查申请，随后又致信国务卿要员，希望国务院解释此次购买行为。2006 年 5 月 18 日，美国国务院负责外交安全的国务卿理查德回复此事件，声明“因为 IT 设备供应商所有权发生变化，国务院将会修改采购方案，并将所采购的联想电脑仅用于非保密用途，同时对所采购的联想电脑系统进行更加严格的审查。”

第四，小企业产品和服务的采购，也可以作为 WTO《政府采购协议》的例外。对小型企业和弱势企业的商品生产与服务，美国的政府采购同样有着特殊的倾斜。美国为保障小型企业的采购优惠，特地出台了《小企业法》。根据该法案，美国行政机构必须对处于社会劣势与弱势的人群创办的企业及小型企业设定固定数量的订单合同，从而使这些相对较弱的企业能有更多的机遇与政府签订订单。联邦小企业管理局是《小企业法》中明确规定的执行组织，具体采取“搁置购买”“拆散购买”和“能力证书颁发”等举措，为小企业争取初级合同，并为小型企业从政府的二级合同中争取更多的订单服务，甚至促成小型企业在政府采购中获得定量的合同订单。

第五，美国政府仍具有优先采购国内产品的特权。如美国政府通过政府采购支持国内技术创新，世界贸易组织的采购协议就没有制约。美国政府规避国际责任、优先购买本国产品的应对措施主要包括以下 7 个方面。(1) WTO《政府采购协议》明确规定了参与协议的国家需要放开“购买”市场，但对于相关“援助”的项目则没有限制。然而，“援助支出”在美国联邦政府的财政支出中占据了非常重要的地位，包括以赠予、合作协议等多种形式提供的援助项目。(2) 并非所有联邦政府机构都受到《政府采购协议》的约束。美国国防部的大部分采购都可以优先选择购买国货，而国防部在美国联邦整体的采购数量占比超过 70%。(3) 并非所有美国州政府都受到《政府采购协议》的制约。其中有 13 个州是不受采购协议限制的，哥伦比亚特区也不需要遵守协议规定。即便是受采购协议制约的 37 个州，仍然有许多州并非所的有政府部门都要遵守，而且还有 5 种采购的例外情况被豁免。(4) WTO 采购协议明文指出，政府采购金额需高于 20 万美元才受到《政府采购协议》的规定，至于不超过 20 万美元的采购项目，则可有采购国货的优先选择权。(5) 协议中还有相关规定，即政府采购中对小型和弱势企业具有优惠政策。美国的小型企业采购占到总采购额的 20% 以上。(6) WTO《政府采购协议》允许对可能影响国家稳定与安全的商品实行例外。在国家整体安全防护方面，美国建立了完整的法律体系和执行制度，所以有看似充分的理由限制别国商品进入美国。(7) 还有一批不被 WTO 采购协议制约的组织，类似于某些港口管理局等公共、半公共机构组织。因此，美国政府还可以通过这些机构优先采购美国国内产品。

美国政府还成功实施了“SBIC 计划”。SBIC 计划是美国创新型国家建设的源泉，对我国制定中小企业创新、创业发展的相关扶持政策和建设创新型国家，具有重要参考意义。

1960 年开始，美国小企业局（Small Business Administration，简称SBA）发布了“小企业投资公司（Small Business Investment Company，简称SBIC）”计划，该计划主要是解决小型企业在创业发展道路上出现的融资困难问题，助力小型企业挺过创业的艰难时期，缓解风险障碍。随着计划的开展与实施，SBIC 计划已成为美国政府最大的、扶持小企业创新创业的风险投资项目，对美国国家级创新战略的实现发挥了显著的推动作用。

SBIC 计划成为践行《小企业投资法案》的一项国家重大创新项目，该创新工程于 1958 年开始实施，它的目的主要是通过国家财政支出最大限度地动员民间资本，为小型企业的创新创业提供融资支持，解决小企业初创时期的资金困难。换句话说，“小企业投资公司”是经过美国小企业局许可后设立的私人风险投资公司，它针对私人进行风险投资，筹集资金的根本途径是通过小企业局进行担保融资，重点投资对象是美国国内小型企业。总之，SBIC 计划极有利于促成美国创新型国家战略的推进。为推行该计划的实施，这一计划经历了三个阶段。

阶段一是从 1958 年至 1994 年，优惠利率贷款是这段时期的主要融资方式。在这一阶段，SBIC 计划通过小企业投资局获取贷款利率优惠，以得到国家财政的资金支持。自 1958 年《小企业投资法案》发布，就开始推行 SBIC 计划，该计划由小企业局负责具体的实施管理、提供优惠贷款。SBIC 计划实施后，作为私人风险投资公司的 SBIC 每 1 美元的投资，都可能获得政府最高 3 美元的配套。1958—1994 年，SBIC 计划成功地为 7.8 万家小型企业提供了总数达 130 亿美元的长期优惠利率贷款项目。在此基础上，SBIC 计划也在与时俱进，适时地根据现实情况进行具体方案的改善，整改规章制度，升级各种运行方式。这段时期国家改动的法律法规包括《小企业投资法案》《小企业投资法案（1967 年修订版）》和《银行控股公司法案（1967）》等。总体上，第一阶段 SBIC 计划在优化美国创新环境、鼓励企业创新发展方面做出了重要贡献，还孕育出一批顶级跨国公司，比如耐克、英特尔。

阶段二是从 1994 年至 2008 年，在这一阶段内，美国在企业筹集资金的方式上有所创新，出现了新的融资模式，即杠杆融资。该筹资方式主要包括股权与债权担保融资。1985 年时，小企业局进一步完善债券担保机制，使美国小企业投资公司在获得利润后再进行费用的支付，促进了SBIC的股权投资。为推出股权担保融资模式，美国出台《小企业计划改进法案（1996）》《SBIC技术性修正法案（1999）》和《SBIC修正案（2000）》等。在政府的努力下，这一阶段的SBIC计划发展迅速，1994—1998年，有将近138家小企业投资公司成立，在他们的初创时期，私人资本数额合计超过了18亿美元，已经完全超越了之前35年SBIC计划募资的总和。美国小企业投资公司在第二阶段，投资创新项目30000多项，投入资金约300亿美元，为美国形成良好的创新创业氛围贡献了力量。

阶段三是从2008年至今，小企业投资公司计划开始走向成熟，它的运作方式和体制框架也逐步平稳、成熟。这一阶段开始的初期，世界金融危机爆发，美国发布了《美国复兴与再投资法（2009）》，随后更是修改完善了小企业投资公司计划，特别是改动了公司投资权益分配的比例，由原来的最大权益投资比例的20%，降低到10%，降低了小企业投资公司对受投资主体的掌控力，更有利于各企业独立自主走创新发展道路。一项研究报告中的统计数据表明，在2008年到2014年上半年期间，SBIC计划中在册的公司达292家，投资方案达16.6万个，累计投资金额达670亿美元，成功培育出Apple、Intel、HP等著名创新型跨国企业。

小企业投资公司实行市场化运作。首先是发起人发出申请，待小企业局审核认定之后，再给有资格的发起人发放相关牌照，SBIC计划在小企业局的监督下运行。SBIC计划为10年期的有限合伙企业，其中个人投资者是有限合伙人，主要职责是筹集投资初期的资金。以债权与股权相结合的投资方式，债券为主、股权为辅，一方面能保证企业的市场活力，另一方面可以确保企业在政府部门的指引和支持下完成市场化运行。2009—2013年，债权投资占投资总额的56%，而股权投资占12%的份额，其余的是具有股权性质的债券投资（如认证股权）。

SBIC充分利用政府杠杆担保方式募集资金。公司的私人出资者每投资1美元，可通过小企业局杠杆操作的方式获得2—3美元的配套资金，双方共同形成3—4美元的资金池，投资于创新创业型小企业。杠杆操作方法是银行每年2次将SBIC的担保债券和担保参与（分红）证券投入由小企业局担保的信托账户，通过公开资本市场上的承销人，向机构投资者出售信托基金。机构投资者购买后再从SBIC处获得本金及利息。美国小企业局为SBIC募资行为提供两种担保模式。一是债权担保融资，小企业局为SBIC公开发行的较长期限债券提供担保，融资额度不能超过私人资本的3倍。二是股权担保融资，以参与（分红）证券为例，这是一种可赎回的具有优先权的权益性证券，小企业局可以采取有限合伙人股份、债券和优先股3种形式购买或担保SBIC发行的参与（分红）证券，融资额度不能超过私人资本的2倍。

美国SBIC计划内部有三个参与主体，分别是私人投资者、小企业局及基金管理人，三者各司其职，分工明确。私人投资者与基金管理人是有限合伙人，其职责是针对基金的组织框架与管理费率进行谈判约定，为保障初期投资的规模满足小企业局的要求，也进行必要的出资，能使小企业局实现杠杆操作，杠杆操作的规模约为1500万—2000万美元。小企业局还要审核基金管理人的身份，同时对SBIC的投资行为进行监督和管理，并按规定给小企业颁发牌照，并提供约2倍于私人出资额的资金担保，但总担保金额不超过1.5亿美元。基金管理人的职责是保证基金的运营，维持和稳定与有限合伙人之间的关系，商讨决定基金投资方案，适时审查与挑选各种投资机会，在此基础上监控投资并负责投资退出。

为了确保SBIC计划顺利落实政府的公共政策，SBA规定SBIC必须投资于小企业，并且SBA对其投资行为进行约束，具体包括两大指令，即“允许”和“禁止”。其中，关于“允许”的指令有三个条件：（1）可以对归属地内的所有企业投资；（2）关于投资控制企业的年限不超过7年，当然不包括特例；（3）对企业投资可通过贷款的一系列具体方式，如债权投资、股权投资或债券投资。关于“禁止”的指令也有三个约束内容：（1）不允许投资给超一半员工在别国工作的企业；（2）不允许投资有关房地产、农业、金融中介等产业；（3）投资公司10%以上的资金不可投资于同一家企业。

为促进技术创新和产业创新发展，欧盟及其成员国采取了一些有针对性的措施。欧盟委员会使用公共财政资金扶持中小企业发展，使财政资金循环使用，大力发挥资金杠杆的功能，调动民间资本积极融入实业、创业创新活动中，金融工程融资的形式多种多样，包括贷款、夹层融资、权益融资和担保等。此外，欧盟非常重视为企业提供与之发展阶段相适应的创业投资：针对处在前种子期风险高、投入高的企业，欧盟专门推出高成长创新性中小企业计划（GIF），企业可通过此项计划申请种子期及初创期所需的风险资本基金。针对处于创业期有较大融资需求的企业，欧盟利用成员国范围内统一的资本市场吸引国内外投资，鼓励成员国对创业企业的小额信贷；随着企业从创业期走向发展期，欧盟委员会定期召开中小企业家与银行家的圆桌会议，增进企业与银行之间的沟通与联系，积极促成贷款项目的落地。此外，欧盟政府还为处于壮大期的企业上市融资提供便捷渠道。

欧盟的一些重要成员国也分别有一些典型做法。比如英国，就有自己的一套小企业创业融资体系。20 世纪 80 年代，英国政府推出了小企业贷款担保计划，由政府向具有商业计划、但未能从银行或者其他金融机构获取贷款的、年营业额低于 300 万英镑的企业，提供 75% 的贷款担保，企业支付担保使用费（按贷款额的 2% 计算），贷款期限是 2—10 年。与此同时，针对处于初创期、具有高成长性但缺乏资金的高科技小企业，英国还成立了地区风险资本基金、SBS 商业孵化基金、高科技基金、凤凰基金和早期成长基金等，对其提供风险资本融资。在德国，也有一套中小企业创业融资体系。一是专门为中小企业提供贷款的金融机构，包括储蓄银行、合作银行以及大众银行等，提供政策性长期、低息贷款。二是它的信贷担保体系。不仅通过各类银行、行业协会等合作建立信贷担保机构，政府部门成立担保银行，致力于为中小企业承担 60%（最高可达 80%）的担保，有效提升企业信用水平。三是关于新兴交易市场的建立，即为新创中小创新企业提供股票交易场所等特定的交易环境与空间，降低交易市场的门槛，有利于企业从间接融资向直接融资的转变。在荷兰，当地政府积极出资支持地方性创业平台的成立，有效推动企业与各类大学的友好合作，致力于为创业新人创造更多的实习平台、给予创业理论上的建议与引导、提供具体详细的创业服务机会和多方面的支持。

除了美国和欧洲，日本也采取多种手段，包括拓宽各中小企业及个人创业的融资渠道、激励对各类创新产业的投资与发展、调整并完善国内企业的创业创新氛围、推进企业及个人的创业之路走向成熟。首先，改革创新教育制度，鼓励高校教师与学生积极迈进创业新人行列。日本在 2001 年，直接取消大学教师作为公务员身份的各种优待，并在大学内部采取教师科研经费竞争和业绩评估制度，为的是激励大学内搞学术的科研人员积极融入创业创新实践，迸发更强的激情去参与创业，不断地提升科研人员的创业能力。在此基础上，日本助力大学转化科研成果，通过技术转让、创办实业等方式使高校参与创业活动。其次，政府会对弱势群体给予特殊门类的投资与支持。政策具体指出，针对以下三类人群：妇女、青年（未满 30 岁）和老人（55 岁以上）开办的企业，如果创业年限不足 5 年，政府会允许其进行较低利息的贷款，并且无需担保人与保证人。再次，大力发展创业投资产业：由政府带头投资地方性创投财团，降低养老金进入投资创业领域的限制，吸引有限合伙制投资基金，扩大创投公司可投资规模；政府大力鼓励高新技术的创新创业，鼓励管理层收购，开启“零注册资本金制度”的推行，扩大民间的创业投资积极性。此外，创建完整的多层级的资本市场模式，扩宽投资者在创业项目上的资金回笼途径，帮助某些不能在主板上市的企业提供股票交易的二板市场，例如，国家级或地方级的 Green Sheet、MOTHERS 等二板市场。最后，构建多主体融资机制：采用低门槛的创业融资制度，对于通过创业计划的合格人员提供贷款上的优惠政策，即无需任何担保人的贷款；设立小型企业的设备资金贷款制度，由地方政府为小企业提供无利息的、设备购入价 50% 的贷款；地方政府还有设备分期购买或租用的服务，即小企业可通过租用或分期支付来获得设备的使用，对被出租的设备，企业只需走正常程序付满租金即可。当然，日本政府不仅对创业新人给予极大的优待，针对第二次创业的人员，仍有政策上支持，即不用担保，政府就能给相关人员一定数额的投资。

美、欧、日推动产业创新、促进中小企业创业发展的做法，为我们提供了有益的借鉴，其中美国支持企业技术创新和中小企业发展的措施具有更强的启示性。

首先，我国可从美国真实政策案例上获得启示。（1）运用多元措施。综合运用供给推动、需求拉动及规则制定等政策，发挥政策措施相互配合的作用，坚持以增加产品的科研投入为核心，辅助启动市场需求。美国对技术创新的支持，最根本、也是最基础的途径就是提供研发资金，大力支撑企业完成产品的基础研发、应用研发和技术创新，这也是企业科技创新高投入、高风险、高外部性的阶段，对这三个阶段的支持可激励企业进一步的技术革新。例如，在美国风机技术的研发过程中，政府的支持措施以支持研发为主导，以启动市场需求为辅助。美国政府采取的启动市场需求的措施，较为普遍的策略是建立规范的法律法规、进行税收扣除等。美国军方在半导体技术的发展中，充当市场的创造者，但针对相关产品的采购，供货商被设置了货源的限制性条件，即“第二来源”，指供货商无法避免将技术与他人共享，这促成了技术的互相传播、低价扩散。（2）对列入《政府采购协议》附件中的适用主体收紧。《政府采购协议》列明必须遵循此协议规则的主体对象是各政府机构和其他适用主体，美国政府适用主体数量从紧列出。我国也可以采取如此的从紧政策，设立以下准则：“越重要的越不能列”“尽量少列”以及“国有企业有选择列入”等，尽可能把影响国家科技研发水平的政府与国企的产品采购作为例外。美国的具体操作是，《政府采购协议》中各级政府只到州层面。所以，我国也可以止于省级地方政府，而且需省级代表大会批准同意。在这个基础上，我们还可以充分利用《政府采购协议》中的例外条款，构建保障国家安全为目标的政府采购机制，在政府采购过程中优先考虑我国企业的产品。与此同时，我国可以参考、效仿美国的具体做法，将政治、经济、军事、文化等安全扩充至“国家安全”的范畴内，丰富国家安全的内涵。并且以更为严谨、科学的法律法规构建保障国家安全的制度体系；成立专门机构，应对政府采购中出现的各种有碍国家安全的问题。通过政府采购政策支持本国技术创新是美国核心技术发展到顶尖地位的重要因素。因此，我国也应该坚持通过政府采购来提升科技创新能力的策略。

然而，国外政府和企业对我国的政府采购施加了极大的压力，极力干扰我们对于采购产品对象的选择，特别是政府对创新型商品的选择。在众多的干扰者中，美国政府对中国施加的压力最大。在中美经济合作与贸易战略中，在我国政府采购的产品对象问题上，美国要求我国政府在采购时对国内外产品一视同仁。美、日、欧盟等国家和地区就中国投资环境问题的分析报告中，也提出我国政府采购政策有歧视他国产品的嫌疑。我国就当前国内外形势，提出了“双轨制”方针，这个措施在一定程度上发挥政府采购对自主创新的支持作用，又缓解了以美国为首的国家对我国政府采购实施的压力：其一，完善国家安全审查体制，构建促进小型企业创新发展的机制；其二，认清对于以美国为首的西方诸多国家要求开放我国的政府采购市场，其目的是配合他们完成经济发展战略转型，达到扩大出口、为他们的产品创造更广阔的海外市场。针对西方国家的战略思想，中国可在一定程度上给予美国承诺，对其出口到中国的产品实行一定的优惠，在一定程度上满足美国扩大出口的需要。

其次，美国SBIC计划对我国的启发如下。其一，合理利用市场机制，拓宽企业创新融资途径。从美国获得的启示是，支持中小企业创新发展的最佳方式是依靠市场化的专业投资机构。美国SBIC计划以市场化的“风险投资”为主，这种机制与中小企业高风险、高成长性的特征吻合。因此，中国可以适当借鉴美国的做法，在中国开展小企业投资公司计划项目，进行市场化运作，鼓励并吸引民间资本的投入，援助中国中小企业的创新发展；在这个前提下，进一步完善SBIC计划的制度体系建设，拓宽企业的融资途径，建构并完善创新发展的市场化融资体制。其二，对国家财政支出的使用进行创新整改，增强财政的支持力度，并进行财政资金支持效果的引导。我国财政支出支持中小企业创新的一贯做法是“立专项、编指南、征集项目、找专家论证、最后评审”的操作程序。相比之下，市场能动性的发挥、财政资金的使用效率、创新主体的培育等方面亟需改进。和我国相比，美国SBIC计划的财政资金使用方式优势更大。SBIC计划的杠杆担保融资形式，能节省财政资金、提高财政的使用效率、挖掘民间资本的参与，通过担保杠杆在一定程度上放大了财政资金的积极效应，增强政府资金引领民间资本的效果，更是减少了财政投资的成本和投资风险。所以，我国有必要借鉴美国这种杠杆担保方式，创新政府财政支出支持科技创新的方式，积极发挥财政资金的杠杆作用，引导民间资本助力中小企业创新发展。

最后，建立健全与投资相关的法律制度体系，创建优良的创新融资环境，从机制上保护小企业创新发展。改善中小企业的创新融资环境，需要有明确的法律法规作为制度保障。SBIC 计划的成功，对法律、法案、法规的保障具有重要作用，美国颁布了许多小企业投资相关的法律法规，为国家企业创新发展战略的实现与完成提供了强大的支撑。为此，我国要汲取经验，在我国的《中小企业促进法》中添加类似于 SBIC 计划的内容，通过立法保护类似 SBIC 计划的成功推行，形成以法律为基础、政策为保障的体制环境。其四，强化各部门间的联系，完善企业主管之间的沟通机制。参照美国的经验，类似于 SBIC 计划这种大型的国家创新计划，应有主管机构来指挥、负责。而中国的现实情况是，中小企业领域的相关工作和事权分散在财政部、科技部、工信部等部门，部门之间的沟通与联系并不完善，有“政出多门”、责权混乱的现象，部门间的合作效果差，难以形成合力。因此，为确保支持中小企业创新的政策措施能够收获更大成效，应当鼓励部门间的人员流动与交流合作，努力增强部门合力与配合能力，并按照国家具体实情建立领导团体，指挥相关支持中小企业创新计划的实施。

第二节 美国贸易保护的历史

美国自建国到 19 世纪末，实现了从原英属殖民地到世界第一工业强国的飞跃。在此巨变过程中，美国奉行贸易保护主义，高关税政策发挥了至关重要的作用。大萧条时期，美国试图以关税壁垒转嫁危机，遭到别国的报复，最终经济衰退的局面没有改善，反而加速了美国经济危机的程度，导致世界整体经济及美国自身的发展临近崩溃。第二次世界大战结束后，美国经济独步世界，有利于美国的自由贸易成为美国贸易政策的旗帜，并对关税政策做出根本调整。进入 20 世纪六七十年代，美国经济开始受到西欧和日本的挑战，美国重新调整贸易政策，出现了自由贸易旗帜下新贸易保护主义的回潮，各种非关税壁垒被大量应用。美国贸易政策的历史表明，贸易作为促进美国经济发展的重要手段，在何时应用何种贸易政策，均是以服务美国经济这一终极目标为导向的。具体而言，美国出台的贸易政策分为以下三个阶段。第一阶段，从美国1789年建国颁布宪法开始，法律明文规定了美国国会享有征税的权利，到1933年这段时间内，大体上是实施贸易保护主义的高关税政策。第二阶段，自美国政府1934年发布《互惠贸易协定》起到1973年的这段时间内，受自由贸易理论的影响，美国在双边或多边贸易的合同签订中实施海外低关税策略。以上两段时期，美国对外贸易的核心是关税政策。第三阶段，自1974年到现在，新贸易保护主义回头，该理论主要是借助非关税壁垒来促进贸易、保护国内经济，而美国就是在该思潮的影响下，将自由贸易政策改为"公平贸易"策略，实现保护本国经济的目的。

1789—1933年，美国奉行贸易保护主义，采取高关税政策。

1776年，北美实现了部分殖民独立，并共同组成了联邦，这就是美国最早的联邦组织。但是按照美国宪法规定，该联邦是没有权力征收关税的，从而联邦财政赤字严重，不得已要借债维持。又因为联邦内的各州是相互独立的个体，他们都有自己的治理标准，尤其是在对外贸易和关税征收的问题上，各州独自设立自己的税率，并相互间进行贸易壁垒，这种各自为政的做法导致美国整体经济的衰退，不利于美国的统一市场，在一定程度上便利了他国产品对美的出口。最为明显的变化是，曾经的宗主国英国开始肆意向美国出口大量产品，从过去的政治入侵向经济入侵转变。在这样的经济冲击下，1787年，北美各州代表团齐聚费城，召开会议商讨新宪法的建立，《美利坚合众国宪法》在1789年被通过并颁布实施。《美利坚合众国宪法》第一条第八款规定，"国会有权规定并征收税金、捐税、关税和其他赋税，用以偿付国债并为合众国的共同防御和全民福利提供经费；但是各种捐税、关税和其他赋税，在合众国内应划一征收；以合众国的信用举债；管理与外国的、州与州间的，以及对印第安部落的贸易。"①此后，国会收回此前在每个州的关税和贸易管辖权，进一步消灭各州之间的贸易壁垒，积极促成美国市场的统一。之后，1789年7月，美国颁布第一部境内统一实施的关税法，从此，国家借助贸易关税政策来发展经济的时代被开启了。再具体点讲，这个阶段又可分为以下三个具体时间节点，第一是高关税政策的萌芽时期（1789—1815年），第二是高关税政策的争

① 美国驻华大使馆新闻文化处，《美国历史文献选集》，1985年。

议时期（1816—1860 年），第三是高关税政策的确立发展期（1861—1933 年）。

首先，1789—1815 年是高关税政策萌芽形成期。其中最早的《关税法》在首页就明确地指出："为了支持美国政府解决债务问题，鼓励及保护制造业，对进口商品、制成品和货物征税"。[①] 从该条例看出，政府颁布这项法律是想提高财政收入，支持国内制造业的稳定发展。然而在税法初期，由于海外贸易征收的关税比较少，英国大量物美价廉的商品出口到美国，通过关税保护美国制造业的效果并不佳。1791 年亚历山大·汉密尔顿在一次会议中提出新的想法，这次会议发表了《关于制造业的报告》。报告中具体且详细地提出借助政府发布的关税政策来"保护幼稚产业"的理论。他认为美国应当采取高关税政策，大力发展处于弱势的工业制造业。然而在这个时期，以托马斯·杰弗逊为代表的许多精英阶层依然坚持依靠农业立国，认为应当鼓励国内农业的发展，依靠对欧洲出口原料及农产品兑换欧洲的低廉工业品，在对外贸易中实行低关税政策。因此，国会并没有通过汉密尔顿的报告。1801 年，杰弗逊大选胜出，且在 1805 年连任美国总统，这段时间内农业立国的政策得到贯彻。但是，一个军事袭击事件成为了转折点，即 1806 年 6 月，美国"切萨比克号"遭遇英国海军偷袭，由此扭转了美国总统关于制造业发展的思路，进一步引发美国《禁运法案》的颁布。杰弗逊总统曾一度坚持，像英国这样的工业大国在对外贸易中必然需要依靠农业大国来进口农产品和原料，美国的《禁运法案》会是美国战胜英国的利刃，使英国依赖于美国的农业，改变两国的敌对状态。但是，这部法案对英国没有造成实质的影响，反而给美国经济以致命的打击。令杰弗逊等人意外的是，禁运时没有来自其他国家的竞争，有了对外贸易和航运业的资金支持，美国的制造业得到了发展与进步。对此，杰弗逊总统开始认识到，美国自身制造业对国家经济繁荣与民族独立的重要作用，其经济理念也有了新的改变，这些变化为国家贸易关税政策的转向奠定了基础。在杰弗逊总统卸任后，麦迪逊担任美国总统，随着美英矛盾不断升级，两国在 1812 年爆发了第二次战争。战争期间先后出台的 4 部贸易法案中断了两国的产品互通，且他国对美国的出口产品被征收多一倍的关税。从此，征收关税的功能从扩大政府财政收入向保护国内幼稚产业转变。与此同时，美国高关税贸易保护主义政策开始萌芽。

---

① An Act for Laying a Dutyon Goods, Wares, and Merchandises Imported into the United states. http://www.loc. gov/law/help/statutes - at - large/1st - congress/c1. pdf, pp. 24 - 27.

其次，1816—1860 年是高关税政策争执的摇摆期。《关税法案》第一部颁布后，美国国内就没有停止过有关关税政策的争论。最开始，争论主要在农业立国和工业立国的争论间展开。1816—1860 年，关于关税的争议形成南北两派。南方种植园农业经济从业者主张低关税和自由贸易，以有利于他们大量出口农产品；而北方制造业经济从业者提出高关税和贸易保护主义，以促进弱势民族工业的恢复和发展。在这 40 多年的争论中，美国相继颁布了 7 部有关关税的法案。其关税政策也是左右调整，时高时低。1833 年以前发布 3 部提高关税税率的法案，之后又提出 4 部法案，对关税税率的调整时而提高而又时而降低。

1816 年颁布的《关税法案》，是美国开始通过关税政策践行贸易保护主义的标志。该法案借鉴了汉密尔顿《关于制造业的报告》的理念，将进口产品设置为以下 3 种，并提供有差别的关税待遇。其一是对国内供给充分的产品，设置进口高税率来保障国内产业，减少别国产品的进入；其二是针对国内供给不足的商品，以较低进口税率征收关税；其三是对美国国内无法生产的产品，征收更低的财政性关税。但是，英国并不甘心舍弃美国这个大市场，甚至向美国市场出口大量更低成本的商品，使《关税法案》的保护效果不理想。1818 年，美国总统詹姆斯·门罗在一次国会咨文中提出，关税政策应为制造业和与国家独立有关的产业提供保障。该主张提出后却导致各种争论。部分赞同者建议，美国经济低迷的一大重要原因就是国家对国内制造业缺乏足够的保障，所以需要提升关税；而部分否定者认为，设置较高关税一定程度上会妨碍美国进口相应产品，减少国家财政的收入，从而不利于财政收支平衡。在众多赞同者中，著名参议员克莱提出了“美国体系”概念。他指出“美国体系”是“保护制度加国内改进，即征收保护性关税以利于制造业者，建立国内市场和改善交通运输以利于农民”。[①] 于是，1824 年，美国又发布新的关税法案，大幅提高美国钢铁、羊毛、大麻等商品的进口关税。与此相反，英国在此期间降低了羊毛进口关税，导致毛纺织成品价格下降，英国对其出口的毛纺织品在价格上具有优势，这对美国毛纺织工业造成打击。在以毛纺织工业为代表的各家利益集团的压力下，1828 年，美国通过内战前税率最高的一部关税法案。此法案损害了南部奴隶主集团的利益，南部奴隶主集团称这项法案为“厌恶关税法”（Tariff of Abomination）。在南方奴隶主集团的反对声中，美

① 塞缪尔·莫里森：《美利坚共和国的成长（上）》（南开大学美国史研究室译），天津人民出版社 1979 年版。

国国会两次降低关税，使其税率回归到1824年的水平。即使是这样，南方诸多州依然反对，其中南卡罗莱纳州宣布废弃1828年和1832年的关税法案，甚至决定要退出美国联邦。于是在克莱的调解下，1833年，国会再次颁发关税妥协法案。主要内容是，1834—1842年逐步降低关税至20%。这个法案的发布短暂地缓和了南北方有关关税的争执。

1837年，经济危机再次爆发，美国经济遭受重创，财政紧张。面对经济困境，1842年，辉格党人重新颁发新的法案，提高关税。1846年，南方民主党人在危机之后，推出《沃克关税法案》，再次下调税率。这段时间，美国西部诸州纷纷加入联邦，并提升美国进出口产品的数量，进一步增加国家财政收入。伴随着欧洲动荡的局势和爱尔兰大饥荒的发生，美国农产品出口数量大幅增加，促进了经济的繁荣。国会于1857年提出新的关税法案，又一次降低税率，这个低税率政策一直持续到南北战争的爆发。

如前所述，美国前70余年的历史中，自第一部关税法案出台，改变了其建国初期各州为政、秩序混乱的贸易局面，采取了适当的贸易保护政策。在这段历史内，由于美国对经济发展的规划缺乏深刻理解，导致关税政策变化频繁。而在南北战争的冲击下，反而使美国看清国家经济发展的道路，坚定了美国坚持采取高关税为主的贸易保护政策的决心。

最后，1861—1933年是高关税政策确立发展期。1861年，美国爆发南北战争，国会为缓解战争经费紧张的局势，不断上调关税。关税的提高给联邦政府带来巨额财政收入，另一方面也间接保护其国内的弱势产业。南北战争结束之后，共和党在执政时期也一直持续高关税政策。这个阶段关于关税的首部法案是《莫里尔关税法》。尽管其规定的关税税率很高，但在当时战争经费紧张的时期，国家财政依然存在较大的缺口。之后再次调高关税，于1864年出台新的关税法。根据新关税法案，针对大多数进口产品，都需要上缴平均高达49%的关税。可以说，战争时期实行高额关税一方面缓解经费短缺，另一方面保护国内工农业发展，促进了美国经济的战时繁荣。

第二次世界大战后，美国仍然奉行高关税政策的行为遭到了质疑；但是，由于国会和总统职位都掌握在共和党人的手里，所以高关税政策依旧延续。之后，在1884年、1886年和1888年，美国民主党多次向国会提交了降低关税的提案，但都未被通过。1888年，共和党在总统大选时掌控了国会和白宫，为新的、税率更高的关税法案的出台提供了保障。美国财税委员会于1890年提出了《麦金莱关税法》，并获得通过。依据法案的内容，工业产品关税税率上调幅度加大，特别是关于羊毛、毛纺织品、棉纺织品等，以加大对工业的保护力度。在此基础上，这项法案也是第一次添加“互惠”条例。该“互惠”条例的目标不是为了扫清贸易壁垒的障碍，却是作为贸易报复的工具——即借助“互惠”原则拓展贸易保护理念至全球，从法律上保障美国积极扩充国际市场和大量出口商品。无论任何国家对美国征收不公平、不合理的关税时，这项法案都授权总统向对方征收报复性关税。据数据统计，美国的生产总值当时已经完全赶超英国，成为全球工业强国，《麦金莱关税法》的出台对美国资本主义强国的形成具有重要的特殊意义。法案一方面对美国的弱势产业起到保障的作用，延续自由贸易保护主义到其他成熟工业上；另一方面，美国借助征收高关税催生了一批新兴产业。以上一系列的成果，使美国逐步由自由资本主义向垄断资本主义的方向迈进。

1896 年，共和党人威廉·麦金莱当选美国总统，次年便通过了《丁利关税法》。《丁利关税法》是美国在 19 世纪颁发的关税相关的最后一部法案，表明美国的贸易保护主义在此时达到最高潮，同时客观上加剧了美国经济垄断。为此，美国国会于 1909 年通过《佩恩－埃尔德里奇关税法》，大幅下调关税税率，但该法案并没有撼动高关税贸易保护政策体制。几乎所有人都把 1913 年出台的《安德伍德关税法》作为自由贸易的先声，因为该法案将关税降低至南北战争后的最低水平，即 27%。事实上，《安德伍德关税法》仍然以贸易保护主义为原则，该关税法虽然对美国在全球领先的商品税率有所减免，但是提高了化学、医药等产业的税率，法案提出以“竞争性”关税政策，促进国外商品与国内商品的竞争，以降低国内产品成本、降低价格、削弱垄断。

1914 年，第一次世界大战爆发，对新税法的实施造成了非常不利的影响。欧洲诸多国家在战后处于经济衰退、财政赤字的处境，都诉诸高关税政策的帮助，美国也只能以高关税应对。于 1922 年颁布了《福特尼－麦坎伯关税法》，从此，贸易保护主义重新得到重视。这样的高关税政策被连任三届的共和党政府延续实施，1930 年，甚至发布了《斯慕特－霍利关税法》。面临世界经济危机冲击，该法案引发了别国的反击与报复，《斯慕特－霍利关税法》不仅没有扭转经济危机，反而加剧了其严重程度，导致很多国家经济陷入崩溃的边缘。美国政策制定者从以上事实发现，实行高关税也不再能起到有效保护国内产业的作用，残酷的事实要求政府调整关税政策。至此，美国实行高额关税的历史时代终结了，在这段长达 150 年的高关税历史长河里，美国作为殖民地依靠宗主国发展经济，也一跃成为雄踞世界的垄断资本主义经济大国，但高关税政策显然已经不适用于其新的经济地位，不能再满足其发展的需要，美国必须做出改变。

1934—1973年，美国执行自由贸易主义指导下的协定关税政策。

1932年，民主党人富兰克林·罗斯福当选美国第32任总统。此时，美国在众多领域，如政治、经济、社会、文化都产生了显著的变化，特别是对外贸易政策也逐步进行调整。例如，1934年，美国颁发的《互惠贸易协定法》是美国迈入低关税自由贸易道路的标志。第二次世界大战是一个分水岭，将美国实行的低关税政策分为两个阶段：双边协定关税时期和多边协定关税时期。第二次世界大战期间，美国以双边贸易协定关税实现了降低关税、促进贸易的目的；第二次世界大战结束后，美国则大力提倡多边协定，将自由贸易推向纵深。

第一阶段（1934—1945年）：双边协定贸易关税期。1934年，美国发布《互惠贸易协定法》，法案确立“无条件最惠国待遇”原则。根据该法案，美国与任意一个国家确立的贸易协定中的优惠条件都完全适用于其他国家，此外，其他国家间达成的贸易优惠待遇也直接适用于美国。该原则表明，凡是与美国签订贸易协议的国家，会自动加入到以美国为核心的自由贸易体系中。实际上，“无条件最惠国待遇”原则，帮助美国拓宽了国际市场，形成了推动美国自由贸易立法的利益集团，为满足以美国为首的自由贸易集团的诉求，美国低关税政策向纵深发展。到1945年，美国与世界上近30个国家签订了32项互惠贸易协定，降低了64%的进口产品税率。相比较1930年的美国关税下调了40%。第二次世界大战后，美国一跃成为世界头号超级强国。之后美苏冷战开始，美国一边对西欧推行马歇尔计划，另一边援助日本的经济复苏。以美国为核心的多边贸易体系应运而生。

第二阶段（1946—1973年）：多边协定关税时期。第二次世界大战之后，欧洲整体经济下滑，不管作为战争胜利者还是失败者，在经济上都面临崩溃危机，而美国的经济一枝独秀，重建稳定的世界经济秩序呼之欲出。此时，《互惠贸易协定法》的双边贸易政策已不能顺应社会经济发展的需要，美国作为战后大国，凭借自身的综合实力、经济实力，开始主导构建多边贸易协定关税体制，以及战后全球的经济新秩序。

美国主导建立的世界经济贸易新秩序首先把金融方向作为突破口。1944年，美国创建了“布雷顿森林体系”。该体系要求实行美元与各国货币挂钩、美元与黄金挂钩的汇率体制，并且为构建多边自由贸易体系起到奠基作用。

之后，美国继续主导、构建国际贸易组织。由于美国政局的变化，总统杜鲁门没有向国会递交之前在哈瓦那国际会议上通过的《哈瓦那宪章》，从而使国际贸易组织的建立中断。但在这具体筹划国际贸易组织的过程里，1947 年 23 个成员国在日内瓦讨论并形成了一个多边关税减让协定——《关税及贸易总协定（GATT）》，从此便迈进了世界各国关税互动的道路。此后，美国国会 7 次批准延长《互惠贸易协定法》。1950 年后，美国国际收支出现逆差、经济增速降低，国会认为这种结果的原因是自由贸易政策推行的不充分，美国没有有效利用新增的国际市场来扩展国内经济。实际上，由于马歇尔计划的有效推行，西欧国家逐步复兴经济，20 世纪 50 年代欧洲国家逐步联合建立欧洲经济共同体。直到 20 世纪 60 年代，欧共体开始在经济上摆脱美国控制，逐渐成长为可与美国对抗的经济力量。欧洲经济共同体的关税同盟政策、共同农业政策，在一定程度上妨碍了美国自由贸易政策的推行，因此，美国于 1962 年通过了《贸易扩大法》以进一步拓展自由贸易。总统肯尼迪妄图通过该法案成立尚未有关税壁垒的大西洋自由贸易区，开拓欧共体市场。甚至利用英国和美国之间的利益关系打造亲密的欧美关系，创建大西洋共同体。这项法案赋予美国总统在贸易谈判中的权利，还确定出关税谈判一揽子交易的原则。依据此法案，关贸总协定第六轮的谈判有美国参与，是关贸协定前六轮谈判中涉及内容最多、消减幅度最大的谈判。不仅如此，该法案还清楚指出要反对共产主义经济。事实上，美国对战后的欧洲和日本进行经济援助及降低关税，并对欧洲和日本的关税壁垒抱以宽容态度，根本上讲，是美国坚信经济复苏后的西欧和日本可以成为阻碍共产主义经济在欧洲和亚洲入侵的帮凶，从而保障美国产品能占据更大的国际市场，并顺利开展或推广自由贸易政策。总之，美国要想对抗苏联，就必须稳固经济霸主的地位。

20 世纪 60 年代末，西欧与日本在战后经济复兴过程中飞速发展，开始威胁到美国在全球的经济领先地位。相比较而言，美国经济有所下滑，且与西欧、日本的贸易摩擦加深，美国要求西欧、日本扩大市场，给予美国平等的市场竞争机会。在美国国内，贸易保护主义重新抬头，相关的贸易保护的议案被陆续提出。1971 年，美国政府面临国内经济困难、国际收支恶化、美元危机等众多问题，总统尼克松发布了“新经济计划”，该计划对进口产品征收 10% 附加关税。从此，美国持续了 30 多年的低关税策略有了大的转变。

1974 年以后，美国施行新贸易保护主义下的非关税壁垒政策。

为有效解决关税贸易总协定第七轮谈判中存在的贸易歧视和关税壁垒问题，纠正欧共体和日本的贸易歧视政策，美国于 1974 年由国会批准发布了《贸易改革法》。该法案的核心是，从过去的“自由贸易”向“公平贸易”转型，扩大总统在推动贸易自由化谈判方面的话语权，强化对美国国内产业的保护，该法案的颁布成为美国贸易政策史上的又一转折，美国之后便开始施行新贸易保护主义政策。同过去的贸易政策相比，新贸易保护主义主要是在较低的关税水平下，通过设置非关税壁垒实现对本国经济的保护，而之前的旧贸易保护主义，主要通过高关税来实现对本国经济的保护。非关税措施的保护作用特点是：灵活性更大、针对性更强；保护作用更强烈、更直接；更具有隐蔽性和歧视性。基于非关税壁垒的众多优点，这种非关税壁垒政策在美国自由贸易主义的旗帜下很是流行。

美国致力于保护国内产业，加强国内产业的竞争优势。1974 年，《贸易改革法》进行了较大的调整和修订。比如，对 1962 年《贸易扩大法》中的援助条款进行修订，降低了美国产业受进口损害的认定标准，调高了对本国产业因进口竞争导致的损害补贴，保护国内弱势企业。1962 年，在《贸易扩大法》第 252 项条例中增添第 301 项条文，据此条文，美国总统有权对其他国家针对美国的不公平贸易进行报复。在具体实施中，由于别国的贸易行为“公平”与否完全由美国单方面认定，这就使“301”条文具有贸易保护主义色彩。不仅如此，美国为了开辟国内产品的国际市场，1974 年，在《贸易改革法》中，规定了美国对发展中国家的普遍优惠制度。“普遍优惠制度”也叫“普惠制”，在 1968 年联合国贸易与发展第二届会议上，“普惠制”就已通过，1970 年被第二十五届联合国大会采纳。“普惠制”的内涵是，发展中国家向工业发达国家出口的产品，特别是制成品和半制成品，工业发达国家应提供非歧视、非互惠、且普遍的关税优待。《贸易改革法》还提出美国在施行普惠制时，要确保美国可以获得发展中国家的市场资源。所以说，普遍优惠制是以美国利益为出发点的，并非从国际道义出发指定受益国，其真正的受益对象或政策施行都由美国决定，即美国是以“公平”之名来对自身产业进行保护的。

20 世纪 80 年代，里根政府选择供给学派的政策主张，即大幅减税、放松政府对经济的管制，使美国经济逐步复苏、走出危机。然而美国经济还存在高赤字、高逆差、收支不平衡等问题，贸易保护主义思潮又一次高涨。1984 年，国会发布《贸易与关税法》，授权美国贸易代表主动行使 301 条文的权利。1988 年，出台《综合贸易与竞争力法》，将 301 条款增补进 1974 年的《贸易改革法》，还设立了“特别 301 条款”与“超级 301 条款”。以上内容的修订便于美国贸易保护政策的实施，特别是坚持单边主义，将国内法凌驾于国际法之上。20 世纪 80 年代之后，美国又把注意力放在双边贸易协定上，用来对抗全球地区性经济联合组织。例如美国和加拿大在1988年签署美加自由贸易协定，随着经济区域性发展，该项协定在20世纪90年代转变为《北美自由贸易协定》，于2018年更换了新的协定版本，也就是“美国－墨西哥－加拿大协定”。

美国在20世纪90年代就与别国多次产生经济贸易摩擦，即使有世界贸易组织这个平台的介入，多数国家也选择利用WTO原则来解决纷端。但是美国却不尊重规则，坚持单边主义倾向，避开世界贸易组织框架，利用国内相关法案解决贸易摩擦。此外，美国强制别国采取它的法案处理贸易争执，不然就会受到美国的报复与制裁。例如，1996年颁布了《赫尔姆斯－伯顿法》，对与古巴有贸易关系的外国公司进行制裁，赤裸裸地实行单边主义贸易政策。

进入21世纪后，美国更加坚定新贸易保护主义政策的实施。自“911”恐怖袭击事件后，小布什扬起反恐旗帜，并把民主、自由、人权等理念同贸易绑定，通过对外贸易极力宣扬美国的政治主张，对从伊斯兰国进口的商品采取歧视态度与政策，并减少双方的贸易与投资。在2008年国际金融危机的冲击下，全球本应该联手抵抗危机，加深贸易往来与经济合作，但是由于美国国内利益集团的施压，总统奥巴马对新兴经济体国家向美国出口的商品设置绿色壁垒，尽管奥巴马竞选时曾承诺不实施“以邻为壑”的贸易保护政策。此外，美国依靠技术创新方面的竞争优势，阻碍别国产品进入市场，从而实现对国内同类产业及就业保障等方面的保护。关于对外贸易与投资方面，奥巴马推行跨太平洋伙伴关系协定和跨大西洋贸易与投资伙伴协议，希望通过与亚太区的合作来维护自身利益，限制中国与亚太地区和国家的贸易往来；同时积极与西欧诸国商谈各种投资与贸易合作，构建21世纪的对外贸易新秩序和准则。总之，美国以以上两个协定为抓手，加速开展与亚太区的经济再平衡计划。美国贸易政策的新阶段是在2016年特朗普总统上任时开始的，从此开启了贸易保守政策，即扬起“公平贸易”旗帜，宣扬“美国优先”的口号，对任何被认为有损于美国国家利益的国家实施制裁。当然，这其中表现最突出的当属打响与中国的贸易战争。这场由美国主动发起的贸易战从2018年3月开始，之后冲突频繁、贸易摩擦不断升级。3月22日，美国贸易代表办公室发布《中国贸易实践的301条款调查报告》。报告显示2018年7月6日和8月23日，美国对中国500亿美元的产品加征25%的关税，其中产品类别包括航空航天、医疗设备、信息通讯等高科技领域产品。在之后的9月24日，特朗普再次声称，要对中国2000亿美元的产品加征10%的关税，2019年1月1日，加征关税税率上调至25%。2018年12月1日结束的20国集团峰会（G20）上，中、美两国在阿根廷谈判成功，双方同意美国从中国进口的产品税率保持在10%，不执行关税上调。除此之外，美国从投资与限制出口的角度，干扰中美企业之间正常的贸易活动。2018年8月，美国批准《出口管制改革法案》和《外国投资和风险审查现代化法案》，在原来相关法案的基础上，美国进一步把国家安全与贸易投资绑定，加大对贸易的审查力度和范围。首先，把中国归类为“特别关注的国家”，对中国企业在美国的投资行为进行严格的审查；其次，限制美国企业出口技术到中国。特朗普还对中美之间的人文交流进行约束，尤其是制约中国赴美留学生的学习内容，比如在高新技术产业、航空技术、机器人等领域限制中国留学生学习。

在美国200多年的贸易发展历程中，其贸易政策一直在“自由”和“保护”之间摇摆。起初实行高关税贸易保护政策，到后来实施多边、双边自由贸易政策，最终回到非关税壁垒的新贸易保护政策，无论哪种政策都是以美国的国家利益为准的。贸易政策从不是无端制定，最终的目的是保障国家经济、政治等安全，服务于国家的发展战略。具体来讲，高关税政策是在国内工业力量较弱时推行的，主要起到保护国内工业、促进幼稚产业的成长的作用；随着国内工业成长与壮大，产品获得足够的竞争优势时，需要实施低关税政策来开辟更广阔的国际市场以迈入产业领军道路。

第三节　美国的文化产业政策

美国凭借世界文化大国、文化强国的地位，以及特有的文化市场竞争力，其文化产业在全球占据重要地位。美国文化产业包括影视业、唱片业、广告业、图书报刊业、网络文化业等，在这中间，除掉文化艺术这类非营利性产业，其他都是营利性产业，都要参与市场竞争。据统计，美国文化产业约占全国GDP的10%，全球85%的收费电视收入、56%的广播和有线电视收入以及55%的电影票房收入，均来自美国的文化产业。总之，在政府的积极作为下，美国保持了文化强国的优势地位。美国文化产业的市场机制改革、投资途径多样化、广阔市场需求更与其先进的科学技术、鼓励文化创新的良好氛围与理念密切相关。

美国政府支持文化艺术事业的发展，秉持着自由竞争的市场准则，审时度势，决定取舍。美国联邦政府结合相关部门，即总统人文艺术委员会、国家艺术基金会、国家人文基金会和图书馆博物馆事业机构，利用政府财政支出、评选奖项等方式，助力文化产业的发展。同时，联邦政府将美国的文化产业进行营利性和非营利性机构的区分，其中，营利性机构不受政府控制，在市场规律下自由竞争；非营利性机构会收到政府的财政补贴与各种直接、间接的资金支持，间接资金支持体现于通过提供财税优惠政策，引导和激励私人企业对文化事业的投资。1964 年和 1965 年，国会颁布《国家艺术和文化发展法》和《国家艺术和人文基金会法》，这是美国政府支持本国文化事业发展的两部重要法规。此外，在美国文化产业领域，行业协定和惯例等发挥着重要作用，尽管这些协定和惯例没有强制性作用，但在一定程度上，却决定了文化产业和文化产品在美国市场的成败。

联邦政府通过财政拨款支持非营利性文化机构的发展。美国财政支持文化产业发展，具体的对象有以下三类。第一类是大型博物馆。在美国，这样的非营利性机构很多，例如纽约大都会博物馆、芝加哥艺术院、波士顿美术博物馆等。由于非营利性质，其功效不仅是收藏和展览，而且是公众欣赏艺术品和休闲、陶冶情操的文化基地。第二类是美国国家公园。公园的产权所有者是联邦政府，联邦政府通过美国国家遗产管理机构进行管理，其管辖范围约 33. 7 万平方千米，对 388 个国家公园、1. 2 万个历史遗址和 8500 座纪念碑与纪念馆进行详细划分。第三类是高雅艺术组织。除了音乐、戏剧、舞蹈等组织团体外，还包括大学、学术团体、宗教组织、行业协会等特殊部门。

美国联邦政府每年直接划拨约 2. 5 亿美元给核心文化产业机构。对肯尼迪中心、史密斯学会、公共广播有限公司等其他单位，联邦政府每年直接给予约 8 亿美元的财政支持。此外，联邦政府还拨款支持国防部门的文化艺术产业，包括国防部附属的军乐队部门、军事基地的艺术设施和驻外使馆文化事务部门。每年美国政府对文化产业的财政投入，保守估计达 20 亿美元。美国在文化艺术发展的过程中，实施国家艺术理事会制度，并选择单一国家文化基金管理模式。其中，国际艺术基金会的主要人事任命，由国会与总统共同决定。总统提议基金会主席和部门首席执行官的名单，得到国会同意后，再由总统宣布最终任命人选，4 年为一任期。国家艺术理事会的 20 名理事中，全国知名的作家、歌唱家、舞蹈家、导演、设计师和建筑师等占到 14 位，他们在文化艺术方面获得过巨大成就；其余 6 人是来自国会的议员代表，具体由参议院任命 2 名成员，众议院任命 2 名成员，以及两议院中多数党领袖各自任命 1 名成员。美国国家艺术基金会受益于美国税收政策，实施配套拨款制度，该制度显示巨大的乘数效应。美国有相关法律政策保障税收优惠政策向文化艺术事业捐赠，即纳税公民以任意方式对非营利性艺术事业进行捐赠，都有资格享受减税待遇。因此，美国联邦政府每向国家艺术基金会资助 1 亿美元，就会有将近 7 亿美元的其他社会资金配套投入。

除了联邦政府对文化艺术产业的资金支持，美国各州和行政区也都成立了自己的文化艺术机构，有针对性地对非营利性文化机构进行投资，与国家艺术基金会互相补充。前者一般资助的是地方性的、规模小的文化组织以及不出名的青年艺术者，甚至对基金会援助范围之外的卫生、监狱、老年医学等方向进行投资。由于州级文化机构的资金来源是各州的财政收入，自然与各州的税收收入紧密挂钩。所以说，一旦各州的经济下滑，就会影响对文化艺术机构的资助。

各地的文化艺术部门的核心任务是支持和组织文化艺术活动、向社区市民宣传多元化的文化产品，并进行有效管理等。在美国，大约有 4000 个不同规模的社区文化艺术机构，这些机构平均每年有 7 亿美元的行政经费，并为全国 80% 的社区服务。这笔高额开支大多来自各地财政拨款、地方税和建筑投资等。与联邦政府投入的事业性资金不同，地方性拨款用于支持非营利性文化机构的发展，基本上是补助的形式。

美国政府对文化产业实施税收优惠政策。第一，国家有相关捐赠免税政策。20 世纪 70 年代，美国政府提出“501－C－3”条款，对文化艺术事业的销售税、财产税进行税收减免，以此方式，为文化艺术事业注入大量资金。美国税法规定，国家艺术基金会对文化事业的捐献额不得低于当年收入的 5%。针对不同类别的纳税，纳税公民每向文化机构捐献 1 美元，就可以得到 28%—40% 的税收减免优待。而且，税法中有关遗产税的规定激励了富人对文化机构的捐赠。税法提出，遗产税的起征点是 70 万美元，如果遗产超过 70 万美元，国家要收取 37% 的遗产税。按照超额累进制税率，一旦遗产大于 300 万美元，就要被征收 55% 的遗产税。为此，国家许多企业、团体、组织乃至个人等都积极融入对文化艺术事业的捐赠。研究数据表明，2003 年美国对“艺术、文化和人文”类的捐赠达 122 亿美元，在这笔高额捐款中，公司占据 17%，基金会组织占据 33%，其余 50% 来自个人。据统计，美国所有基金会组织的资产总额相加达到 4000 亿美元，且在对文化艺术事业的捐赠中，有 40% 来自美国最大的 25 家基金会，其余来自许多小型基金会，另外还有遗产基金、家族基金等。第二，美国联邦政府对流转税也采取了优惠政策，具体包括以下税收优惠政策：（1）出版物不用上缴销售税，对外出口的图书类产品不缴纳增值税和营业税，对进口图书也不交进口税，甚至免除出版物 60% 的邮寄费用；（2）针对相关技术研发类产业，法律提出“永久性研发税优惠”政策，即研发支出可以免除 20% 的税收；（3）美国成立“信托基金”，用来服务国家级艺术项目，就是把联邦政府每一年征收的部分商品消费税纳入“信托基金”；（4）通过抽取一部分地方经营特许权税来资助文化艺术事业。第三，给予营利性文化产业税收优惠政策。美国政府对参与市场竞争的产业较少给予税收优惠或财政补贴，但也有小部分地方政府有一些适宜当地产业发展的税收优惠政策。比如说纽约，其政府部门有以下条文规定：文化艺术类产业能够获得来自市经济发展公司的低息或无息贷款。1997 年，纽约有法案规定，对百老汇营利性剧目在经营过程中产生的各种消费（包括购买、租赁和维修设备、服装、道具等）以 4% 的税率减免；在 1999 年，纽约州政府继续完善法律法规，在上述减免税的基础上再次免除 4.25% 的税收，总共减免 8.25% 的消费税。

由此可见，美国文化繁荣在很大程度上得益于美国政府采取了一系列积极有效的文化产业政策。美国作为世界头号文化强国，纵观其文化发展的成功经验，我们可以得到有益启示。第一，作为一个超级大国，文化的作用举足轻重。以文化产业和知识经济为核心的第三产业占美国 GDP 的 70% 左右，远超传统的农业和工业，成为支撑美国经济大厦的顶梁柱。美国文化产业的实力与地位逐步上升，已经成长为美国经济的重点支柱产业之一，是美国影响力极大的软实力，甚至可以制约世界政治、军事活动，主导世界经济地位。第二，通过政府的有为与不为，不断培育文化产业市场主体的发展。政府部门对文化产业市场做了很好的区分：一类是营利性质的企业，一类是公益性文化产业机构。营利性企业，由市场决定其前途命运，遵循适者生存、优胜劣汰的理念，政府不参与经营、不分享收益，政府在此情况下没有作为。然而在自由竞争的市场机制中，非营利性企业的社会教育职能不可或缺，但又无法完全自力更生，政府通过直接的财政资助或是税收优惠等方式，帮助非营利性文化产业发展，这是政府能够有所为的领域。第三，对文化产业进行有选择、有限度的支持，发挥引导作用。如前所述，美国国家艺术基金采取具有巨大乘数效应的配套拨款制，联邦政府每向国家艺术基金资助 1 亿美元，可带来 7 倍的社会资金配套。此外，美国公民向艺术事业捐赠可享受税收优惠，这也为文化艺术的发展汇聚了数额巨大的资金。

第三篇　中国的产业政策实践

特定的时空背景决定了中国的现代化过程要在追求民族独立中实现对世界先进国家的追赶，最终实现国家繁荣富强和人民共同富裕。中国的产业政策也因此天然地兼具多重使命。

第八章　中国产业政策的多重使命

在关于产业政策理念的讨论中，我们申明，作为经济治理机制的组成部分，产业政策不仅属于经济学范畴，也属于社会学和历史学范畴。相比经济学一般原理的探讨，对产业政策的研究应更加注重其时空特征，或者说，应该把产业政策作为社会发展和历史进程的内容构成来看待。关于中国的产业政策实践也应作如是观。

公元1300年以后，西方主要国家相继走上工业革命和资本主义发展轨道。资本主义生产方式确立，以科技为动力，以工业化为中心，以机器生产为标志，推动着社会经济现代化，引起经济结构、政治制度、生活方式、思想观念全方位变革，并且在西欧发端以后迅速扩展到许多国家，成为一种全球性发展趋势。19世纪60年代开始，中国在帝国主义列强的威逼下逐步被纳入资本主义世界体系，宗法式自然经济及与之相适应的社会结构开始解体，中国一步一步沦为半殖民地半封建社会，中华民族从此开始了经济图强和政治文化觉醒，在一波三折中展开了漫长而坎坷的现代化历程。

如此，特定的历史背景决定了中国的现代化过程肩负着更为复杂和艰巨的任务，那就是要在追求民族独立中，追赶世界上现代化的步伐，最终实现国家繁荣富强和人民共同富裕。中国的产业政策也因此天然地兼具多重使命。

第一节　中国产业政策担负推动大国工业化进程的使命

农业国的经济现代化过程就是工业化的过程。工业化属于发展经济学的概念范畴，指一国工业增长引起的经济发展和经济现代化过程，具体表现为经济结构高级化和人均国民收入水平提高。洋务运动是中国工业化的开端。中国现代工业的基础在辛亥革命后逐步形成，但是，受战争影响，直到新中国成立，几乎没有经济产业，那时的中国经济基础甚至不如当时的印度。新中国成立后，真正的、大规模的工业化进程才开始。1949 年以后，我国社会主义工业化进程正式开启，以改革开放为分界点，改革开放前是计划经济体制下的社会主义工业化道路时期，改革开放后是市场经济体制下的中国特色社会主义工业化道路时期。

1949—1978 年，是新中国计划经济体制下的社会主义工业化道路时期。此时，工业化战略的特征是：以政府为投资主体、以国家指令性计划为配置资源的手段、优先发展封闭型的重工业。1949—1952 年，是国民经济恢复和重建时期。1953—1956 年，第一个“五年计划”取得显著成绩，中国共产党在 1953 年过渡时期总路线中明确指出，要在相当长的一段时期内，实现国家的社会主义工业化。得益于第一个“五年计划”时开始布局的 156 个重点工业项目，新中国工业化的基础在此阶段奠定，后又历经“大跃进”“三线”建设和“文化大革命”等阶段。虽然，当时的经济政策极不稳定，外部面临严酷的发展环境，内部历经多次经济调整，工业化进程也多次受阻，社会主义工业化建设经历十分坎坷。但是，30 年后，新中国独立的、较完整的工业体系和国民经济体系逐步建立，奠定了较好的工业基础，尤其是重工业基础。在广大内地和少数民族地区，兴建起一批新的工业基地；国防工业从无到有，“两弹一星”的成功发射进一步巩固国家政权；资源勘探工作成绩显著；公路、铁路、水运、航空和邮电事业发展迅速。1980 年，全国工业固定资产比 1952 年增长 26 倍多，达到 4100 多亿元；棉纱产值达到 293 万吨，增长 3.5 倍；原煤产量达到 6.2 亿吨，增长 8.4 倍；发电量达到 3000 多亿千瓦时，增长 40 倍；机械工业产值 1270 多亿元，增长 53 倍；钢产量 3700 多万吨，原油产量 1.05 亿多吨。总体上，中国的工业化进程如此迅速的原因，正是这一时期的社会主义工业化建设。

1978 年，改革开放后，中国的工业化进程进入中国特色社会主义工业化建设时期，社会主义市场经济体制下工业化道路的确立，在配置资源中开始发挥市场的作用，确立低成本出口导向，建设开放型经济，基于产业演进规律不断促进产业结构的优化升级。市场化的改革经历了 3 个主要阶段，第一阶段是 1978—1993 年的中国特色社会主义市场经济方向探寻阶段，第二阶段是 1994—2013 年的中国特色社会主义市场经济构建完善阶段，第三阶段是党的十八大以来，全面深化改革的中国特色社会主义市场经济建设新时代。第一阶段，是矫正计划经济时代重工业优先发展战略带来的结构失衡问题。此阶段的前期，农村家庭联产承包责任制引领农业迅速发展，此阶段的后期，城市改革推进轻工业迅速发展。第二阶段，居民消费的重点向耐用消费品转移，这一阶段以重化工为主导，推动经济结构快速升级，极大地提升了经济的外向性，出口导向工业化战略取得显著成效。尤其是2003年，中国明确提出新型工业化战略：以信息化带动工业化、以工业化促进信息化，科技含量高、经济效益好、资源消耗低、环境污染少的产业在人力资源优势的配合下得到充分发挥。在第三阶段，中国实行“四化同步”的发展战略，新型工业化、新型城镇化、信息化和农业现代化更加强调满足创新驱动、包容和可持续的工业化要求，中国经济体现为增速趋缓、结构趋优和动力转换的“新常态”，中国经济从高速增长向高质量发展转型。

改革开放后，中国经济总量跃居世界第二，中国特色的社会主义工业化道路成绩显著，2017年，国内生产总值达827122亿元，按可比价格计算，1979年至2017年的平均增速达9.5%。以2010年不变价美元计算，中国经济总量的世界占比，从1978年的1.8%提高到2017年的15.2%；1979年至2017年间，中国经济增长对世界经济增长的平均贡献率达到18.3%；2013年至2017年的平均贡献率更是达到28.1%，超过美国11.5个百分点；1979年到2017年，三次产业平均增速分别为4.4%、10.7%和10.5%，第二产业起到了龙头带动作用；货物进出口总额方面，1978年是355亿元，2017年达到277923亿元，平均增速为18.6%；2017年，我国实际利用外资1310亿美元，共动用的关于外商直接投资超过2万亿美元，而同年非金融类的直接对外投资达到1395亿美元，投资总额达到1.9万亿美元，对外开放为经济增长作出了突出贡献。

新中国成立以后的70年，中国的工业化水平突飞猛进，完成了从工业化初期到工业化后期、从落后的农业大国到世界性工业大国的双重转变。

新中国成立后，特别是改革开放后，中国工业化进程发展迅速。从工业化初期到工业化后期，到2020年基本实现工业化，再到2035年中国将全面实现工业化。随着工业化进程和工业化阶段的推进，中国从落后的农业大国转变为世界工业大国：1949年，全国人口为5.42亿，其中农业人口4.84亿，国民收入中农业和传统手工业收入占比接近90%，人均国民收入远低于亚洲的平均水平，还不及印度的一半，主要工业产品产量在世界的占比微乎其微，当时的中国是名副其实的、落后的农业大国。如今，中国已是世界第一大工业产出国，非农产业增加值占比超过90%，主要工农产品产量大都居世界前列，特别是油料、粮食、肉类、原煤、粗钢、水泥、钢材和发电量连续多年居世界第一，500多种主要工业产品中，有220多种产量位居世界第一。根据联合国的数据，2016年，中国制造业增加值为30799亿美元，占世界比重为24.5%，相比世界第二位的美国，制造业增加值多出了近万亿美元，几乎是美国和第三位的日本制造业增加值的总和。中国制造业的快速发展，也给世界制造业的格局带来巨大影响，世界制造业的中心已经转移到中国。与此同时，2013年中国成为世界第一货物贸易大国，基础设施方面也有明显的成绩，交通运输、邮电通信业突飞猛进，网络线路纵横交错，水利设施明显改善。当今，中国是世界第二大经济体、第一制造业大国、货物贸易第一大国、商品消费第二大国、外资流入第二大国，外汇储备多年连续位居世界第一。

新中国70年的工业化进程，是在明确目标下推行一系列产业发展战略、政策和措施的过程，积累了丰富的经验。中国特色的工业化道路基于自身国情，根据社会主义制度的根本原则，根据人口众多、人均收入低、后发赶超的农业国的经济背景，根据大量的农业人口、典型“二元结构”的社会环境，基于计划经济体制下，重工业优先发展所奠定的工业基础，遵循工业化产业演进发展的客观规律，顺应经济全球化的世界经济发展趋势，构建符合市场化规律的经济激励机制，适应工业化和城市化互动协同的发展逻辑。

推进工业化进程是一项长期的、复杂的、巨大的系统工程，其中的影响因素有条件、环境、动力、过程四个方面：条件因素——经济增长的基础要素，如人口、资金、技术、自然资源等；环境因素——国家社会政治文化环境；动力因素——驱动工业化发展的技术创新、制度创新和管理创新；过程因素——与工业化推进过程相作用的、各类社会经济技术发展过程。新中国工业化的成功，关键在于遵循工业化的共性规律，同时结合中国的个性化国情，走出了独特的具有中国特色的工业化道路：

1. “稳中求进”持续深化工业化进程。

现代化发展进程中工业化的实现，要保证工业化进程不会因为各种不稳定因素而中断。历史上因危机、战乱等不稳定因素，而中断工业化进程、中断现代化进程的国家并不少，纵观200多年的世界工业化史，只有30多个国家和地区真正实现了工业化。在中国共产党的领导下，新中国工业化进程正式开启，进入到中国特色社会主义工业化建设时期，在中国共产党的坚强领导下，始终坚持“以经济建设为中心”“稳定压倒一切”的指导思想，采用“渐进式”的改革方式，“稳中求进”构建和谐稳定的发展环境，保证经济运行稳定的同时，不断深化改革和结构调整，实现产业可持续发展和工业化进程的不断深化。当今世界，正处于百年未有之大变局，经济全球化进程和全球治理规则正面临新的挑战，中国进入工业化后期，需要持续推进从工业大国向工业强国的转变，随之而来的，是各种发展不平衡不充分的问题，要进一步处理好的，是改革、发展与稳定三者之间的关系，坚持“稳中求进”的总基调，为持续深化工业化进程创造和谐稳定的环境，最终确保工业化的顺利实现。

2. 对工业化要素配置进行“因地制宜”的优化。

新中国工业化的起始条件较为薄弱，“人口多、底子薄”是基本国情，具体表现为农业人口众多，人均收入低，人均占有资源少。新中国成立后，虽然计划经济体制下重工业优先发展的战略一度导致经济结构失衡，但这也奠定了工业基础。改革开放后，推进农村家庭联产承包责任制，乡镇企业快速发展，农民的基本生活问题得到解决，释放了大量农业人口，为工业化提供了大量的低成本劳动力。大量农村劳动力的作用得到了充分发挥，工业化初期的限制条件已经转化为工业化进程的驱动条件。同时，改革开放后不断深化金融、财政、投资体制的改革，以及多元化的投资主体和金融体系逐渐形成，民营资本和外商投资比例逐渐提高，在资金方面为产业发展提供了保障。此外，中国高度重视地方政府的创新精神，鼓励地方政府“因地制宜”探索科学的区域工业化模式，充分利用各地的自有资源发展地方经济。改革开放后，各个地区结合自身实际，创造出许多具有鲜明地区特点和时代特征的经济发展模式，例如“珠江三角洲模式”“苏南模式”“温州模式”等，这些模式在启动条件、发动主体和资本形成方面各不相同，但都给当地的工业化进程带来极大的促进，进一步推动了全国的工业化进程。此外，在推进工业化进程中，扮演重要角色的还有工业园区。工业园区是现代化产业分工协作的生产区，包括经济技术开发区、高新技术产业开发区、保税区、出口加工区等，这些各种形式的工业园区能够通过政策引导聚集生产要素、提高集约水平、突出产业特色、优化产业布局。

3. 通过“改革开放”创新工业化发展动力。

一方面，随着市场化改革和制度创新的推进，经过多年理论探索，中国特色社会主义市场经济理论体系逐步形成，发挥市场在资源配置中的决定性作用，培育多元的市场主体，充分激发企业家的创新精神，为中国工业化进程提供了多元、全面、协调的动力机制。同时，强调正确处理政府和市场的关系，使政府作用能够更高效地发挥，尊重工业化进程中的产业结构演进规律，有效协调产业政策与竞争政策，通过技术创新，实现产业效率的不断提升和产业结构的持续升级。中国工业化进程的成功，很大程度上得益于中国所处的工业化发展阶段，把握住了产业升级的方向，不断提出合理的产业政策，对产业政策与竞争政策有效协调，及时调整产业政策的相关内容及实施方式，促进了技术进步、提升了产业效率和产业结构。另一方面，中国顺应经济全球化趋势，积极融入全球分工体系，推进了工业化进程。从设立特区到开放沿海 14 个城市，再到加入 WTO，中国在开放国内市场的同时也逐渐引入大量外资，大量的先进技术和管理经验被引入国内，提升了创新能力。当今世界，产品模块化程度不断提升，生产过程的可分性增强，以及信息技术、交通技术等“空间压缩”技术带来交易效率的提高和交易成本的下降，导致基于价值链不同工序、环节的产品内分工获得极大发展，制造业全球价值链分工成为一种主导的国际分工形式。因此，一个国家的产业发展，必须坚持对外开放并融入全球价值链。改革开放 40 多年，中国制造业的对外开放创造了中国经济发展的奇迹。通过对外开放，中国自身的市场化进程加速，工业化发展的动力提升，同时顺应了全球的分工、合作和共赢。

4. 在协调推进工业化进程中全面平衡社会经济发展。

工业化，是一种复杂的经济现代化过程，工业化进程中，即使有稳定的环境、有效利用的条件、充足的创新驱动，但是，不平衡不协调等问题依然会出现，只有这些矛盾得到有效解决，工业化才能顺利实现。具体来看，这些不平衡不协调的问题，既有经济增长中产业之间、区域之间、要素之间的矛盾，也有经济增长与社会、民生、生态等方面的矛盾，新中国 70 年工业化进程的关键经验包括动态控制工业化过程和科学调整工业化战略重心，以保证工业化进程的协调推进。举例说明，在工业化进度方面，由于长期的区域发展不平衡，形成了东中西梯度发展格局，为打破这一格局，中国制定并实施系列区域协调发展战略并保证有效实施，近年持续推进了西部大开发、中部崛起、京津冀协同发展、长江经济带发展、东北老工业基地振兴等重大区域发展战略。党的十九大报告提出，“推动新型工业化、信息化、城镇化、农业现代化同步发展”。这是基于我国经济社会可持续发展需求提出的协调工业化过程的重大战略。一方面，新型工业化就是综合考虑资源环境约束，强调现代信息技术与人力资源协调的工业化可持续发展战略；另一方面，“四化同步”对中国工业化过程与社会、技术的协调发展提出新的要求。一个国家的经济现代化过程，是工业化与城市化互动发展的过程。城市化为工业化提供了要素集聚和广阔的需求市场，工业化则为城市化提供了经济基础和成长动力。当今世界，信息技术突破性发展驱动新一轮科技革命和产业变革的信息化时代，信息化已成为现代化的核心特征，信息化与工业化的深度融合持续改变着城市化的内涵。工业化和城镇化的互动发展，推动了农业现代化的发展、农业生产效率的提升、农业人口向城镇的集聚。因此，新时代现代化进程的内在要求和基本规律正是信息化和工业化深度融合、工业化和城镇化良性互动、城镇化和农业现代化相互协调的“四化同步”。

第二节　中国产业政策担负推动资本形成和资本深化的使命

一个国家的经济发展，需要内、外部条件的共同作用。经济发展的内部条件有：资本形成、人口规模和质量、资源与环境状况、科技应用；外部条件有：对外贸易、外资引进和利用以及外援外债等。一个国家的经济从不发展到得以发展就是如何把这些约束性的因素转化为促进性因素的过程，其中资本形成被认为是最初的推动力量。

所谓资本形成（或资本积累，Capital Formation），指储蓄转为实际投资的过程，即经济社会体系中资本存量的增加及由此带来的生产与获利能力的形成与增长，就发展中国家而言，是在经济发展中如何筹措到足够的资本的问题，即如何持续增加资本品存量。关于资本形成如何发挥作用，经济学家进行了深入讨论。

1948 年，在《动态经济学导论》一书中，英国经济学家罗伊·福布斯·哈罗德（Roy Forbes Harrod）将凯恩斯的静态均衡分析模型动态化，建立了一个新的经济增长模型；在《资本扩张、增长率和就业》（1946 年）和《扩张与就业》（1947 年）两篇论文中，美国经济学家埃弗西·多马（Evsey David Domar）提出了与哈罗德模型相似的增长模型。后来，人们将两者合称为“哈罗德－多马模型”（$g = s/v$，简称 H－D 模型）。该模型的推导理论如下：假设单位产出所需投入的资本量不变，储蓄率决定了经济增长率，此模型的前提是储蓄全部转化为投资，因此储蓄率就是资本积累率。在 H－D 模型中，资本积累是经济增长的唯一决定因素。该模型简单明了，曾经颇受推崇，成为第二次世界大战后众多国家制定经济发展政策的重要理论依据。

罗森斯坦－罗丹是发展经济学的重要先驱，其著名论文《东欧和东南欧国家的工业化问题》发表于《经济学杂志》上，提出了资本形成的“大推进（Big Push）”理论。他认为，实现工业化是发展中国家解决贫穷落后问题的关键，其中，资本形成不足是实现工业化的最重要障碍。在增加资本形成的过程中，只有达到足够的规模，才能给工业化提供足够的动力。因此，资本形成的“大推进”战略成为必然，即同时在各工业部门进行大规模投资，形成彼此之间的相互创造需求，并且相互提供市场，克服“不可分性”，产生“外部经济”效应和“规模经济”效应。遵循这样的逻辑，罗森斯坦－罗丹提出了“平衡增长”的战略主张。

1953 年，在《不发达国家的资本形成》这本书中，其作者纳克斯曾提到关于发展中国家贫困的根源，他认为原因在于经济发展中存在些许互相关联与影响的“恶性循环力量”，而最根本的是贫困的恶性循环，得出的相关结论是：“一国穷是因为它穷（A country is poor because it is poor）”。纳克斯指出，发展中国家资本形成受限，因其人均收入水平低，投资的资金供给（储蓄）和产品需求（消费）缺乏。纳克斯式的“贫困恶性循环”有两个具体表现：在供给方面，人均收入低，导致生活消费占比高及储蓄占比低，资本形成不足导致生产规模缩小、生产率下降，最终造成产出与收入都较低；在需求上，人均收入低导致消费不足和购买力低，因而市场需求不足导致投资有限与资本不足，最终造成生产率低下、低产出和低收入。纳克斯认为，发展中国家的经济增长受阻，正是由于资本形成的供给和需求两方面的约束，资本形成不足是“贫困恶性循环”的主要障碍。要打破这一循环，要大幅度提高储蓄率，大规模增加投资，加速资本的形成。同时他也认为，发展中国家需要克服的“瓶颈”问题包括：市场狭小、投资引诱不足、资本需求等，实施“平衡增长”战略，即在众多的行业中同步投资，使彼此之间的需求相互推动，以投资带动投资——形成“供给创造需求”。

1956 年，纳尔逊（Richard Nelson Jones）在《不发达国家的一种低水平均衡陷阱理论》一文中提出，阻碍发展中国家人均收入提高的“陷阱”是人口的过快增长，必然需要大规模的资本形成，跳出“陷阱”的唯一途径就是使投资和产出的增长超过人口增长，只有使投资和产出的增长超过人口增长，人均收入的大幅提高和经济增长才能实现。需要强调的是，无论是纳克斯的“贫困恶性循环”理论，还是纳尔逊“低水平均衡陷阱”理论，都忽视了资本以外的其他因素的作用。

经济学家的讨论以及经济发展的历史事实都表明，由于发展中国家收入水平低、资本稀缺，因而加速资本形成是实现工业化和现代化的关键性条件。虽然随着发展经济学本身的发展，人们已经认识到科技进步和人力资本形成的重要作用，资本形成并不是成功的经济发展的充分条件，然而，发展科技教育事业、提高劳动者素质，都离不开物质资本的支持。所以，千方百计地筹集资本是发展中国家经济起飞时所面临的主要课题。

中国的资本形成走过了一条独特而成效卓著的道路。新中国成立初期，国民经济中农业人口占比高、以手工劳动为基础。中国是典型的农业国，以自然经济、半自然经济为主，现代工业微乎甚微。新中国成立以后，与其他国家所走过的道路不同，中国的经济发展战略并没有遵循世界发达国家产业结构演变的一般规律——以农、轻、重为序的经济发展过程，而是实行了优先发展重工业的经济发展战略。发达国家的工业化通常是在人均国民生产总值达到200多美元才启动的，而我国的工业化在人均国民生产总值仅有50多美元的条件下就启动了，呈现明显的超前性。这种工业化超前发展战略所必需的资本积累主要来自农业部门。1953年的整个国民经济中，农业净产值和农业劳动力所占的比重分别为70.6%和83.1%，以农产品为主要原材料的轻工业占整个工业的73.5%，农副产品及其加工品出口额占总出口量的81.6%。以上数据表明，在中国的工业化进程中，资本积累的主要承担者仍是农业。基于这种状况，我国的工业化发展对我国的农业也提出了更高的要求。一方面，农业在使用价值上要提供必需的农副产品；另一方面，农业在价值形态上要为工业化准备充足的启动资金。为实现国家工业化对农业的上述要求，要创建相适应的生产、流通和消费体制。

1. 农产品的统购统销制度。

对主要农产品实行统购统销，为维持人民生活和工业化发展的基本需求，国家制定农产品低价收购政策，把一部分农业收入转化为工业的启动资金。对重要农产品实行统购统销，看似是普通的商品买卖关系，其本质是利用价格差额，对农民所创造的国民收入进行再分配。所以说低价收购农产品，其本质就是农民向国家缴纳税赋。据统计，1953—1978年，我国农业为工业提供的积累资金达6000亿元，是同期农业净产值的1/3。

农产品统购统销的主要特征是强制压低农产品购销价格，这是违背等价交换原则的。需要一系列强硬的配套措施，方能够顺利推行。比如说，生产环节上直接向基层生产单位下达指标，包括指令性的种植面积、品种、产量等指标；流通环节上，不允许土地转让和买卖，排除土地租金上涨对农产品价格的影响，实行高度集中的国家垄断，并由国企行业占据主导地位；产业政策上，限制农业劳动力的转移和农村人口的流出，倾向于重工业的经济发展战略，这在很大程度上削弱了城市对农村剩余劳动力的吸纳能力，使农业劳动力的机会成本降低，农民被束缚在土地上。

2. 农村全盘集体化制度。

政社合一的农村人民公社是农村全盘集体化的典型形式。其本质是党、政、企三者合一，把农村的各级经济组织转变成行政机构的附属组织，将经济组织的职能通过党和行政机构的职能进行代替，否定各级经济组织独立自主的经济权利。设立农村集体化制度，其目标是保证国家对农业生产的直接管理和控制，强化农业建设的基础力量；设立农村集体化制度，国家收购农产品获得的资金在向工业流入的过程中，能够促使国家投入大量的人力来推进农业发展。农村的全面集体化是保障农产品统购统销制度落实的基本组织形式，对价值规律和市场机制的调节机制起到抑制作用。

3. 在分配、交换与消费的环节，寓分配于交换之中。

国家一方面低价收购农产品，一方面高价提供农用生产资料和工业制成品，推行价格剪刀差政策；对城市居民，一方面低价提供食品，同时保持最低工资。对农产品实行统购统销是在农产品供求失衡的情况下，缓解供需矛盾的有效办法，通过绝对平均的分配，不仅保证了全体居民的基本生活，还抑制了因农产品供求的剧烈波动可能对社会安定造成的影响。国家低价售出农产品，是实行低工资制度的前提，而低工资制度又是把农业部门中的农业收入最终转化为工业利润和投资。

中国的历史经验告诉我们，欠发达国家无法通过协调、平衡的方式推进缓慢的经济增长，因而必然选择相对不平衡、不协调的方式实现经济的快速增长。对于欠发达国家来说，如果选择协调的、平衡的缓慢增长方式，如果要反映消费者偏好和消费者自由，且是依靠市场机制的作用来实现，就要经历漫长的时间，最终的路径和结果还难以把握。因此为了更快的发展，特别是在经济的起步阶段，需要暂时牺牲分配效率，牺牲农民的利益，以能够迅速地动员经济力量，较快地积累起工业化资本。由此可见，这种不协调、不平衡的迅速增长，必然是一种指令性、强制性的经济增长过程。经济落后的国家为了达到经济高速增长的物质条件，为了优先发展生产生产资料的经济部门，必须要通过这样的行政手段，抑制消费者、抑制消费、排斥市场，为工业化急速积累资本。

所以，经济体制改革以前的29年，中国长期实行指令性的计划经济管理体制，全面管制工农产品的流通与价格，旨在集中所有能够集中的资金，为超前工业化的需要提供保障。这是最初的资本积累，也是工业所必备的初始资金，通过国家对农产品统购统销的强制、非市场运营方式，获取相应资金的投入，是一种短暂牺牲农业来保障工业化的资本累积。

除了以上国家收取农业税和以工农产品剪刀差方式获得农业剩余，中国工业资本的获得还来自国企的贡献，即国企缴纳的利润额、工商业上缴的税款和工厂折旧基金，以及社会储蓄。改革开放以后，资本形成的来源进一步多元化，包括公债及企业债、股票市场、海外贷款、各种投资及市场筹集资金等。

历史地看，中国工业资本获取的来源经历了以下三个转型：从几乎全部依赖国内积累资金到大力吸收国外资本；从主要依靠农业剩余和国企利润到依靠居民储蓄和金融资本；从依靠政府储蓄到依靠社会储蓄。

上文中的一系列制度安排推动了中国工业化过程的资本广化，那么，资本深化是随着产业结构的逐步提升必须解决的另外一个问题。

1956 年，新古典综合派经济学家 R·M·索洛，将凯恩斯经济理论与新古典经济学结合起来，提出新古典增长模型：资本深化 = 人均储蓄（投资）– 资本广化。其中，资本广化（Capital Widening）定义为资本增长率与劳动力增长率相等，即保持不变的资本—劳动比率；资本深化（Capital Deepening）指资本形成和积累快于劳动力增加的速度，也即资本—劳动比或人均资本量提高的过程。新古典增长理论的结论是，经济增长的来源包括劳动增长的贡献、资本深化的贡献（即伴随着机械化、自动化而来的资本—劳动比率提高带来的贡献）和全要素生产率增长的贡献（反映技术进步）。资本深化贡献和全要素生产率增长率之和等于劳动生产率增长率。保罗·萨缪尔森认为，在排除技术贡献的前提下，资本深化会提升人均产出，并增加工资和劳动边际产品。

联系中国实际来看，中国经济将会在较长时期内处于转型升级过程中，大量的工业资本投资是首要前提，工业的资本深化将不可避免地维持较高水平。从而，中国的产业政策必然会体现推动资本深化的意图。

就中国经济结构的变迁历程来说，在 20 世纪 80 年代，中国经济增长模式呈现出“劳动密集”的特点，此时主要依靠大量的农业劳动力向工业转移来推动经济增长，以非农产品为原料的制造业的大幅增长，是产业结构演化的重要特征之一。其中，机械制造业的增速最快，特别是机械制造业中的耐用品。由于机械制造业的迅速发展，凭借价格机制也提高了非工业部门的生产效率，从而促进国民经济的整体增长。再者，机械工业的飞速发展，收入分配相对平均，这种收入分配格局有力支撑了耐用消费品的需求增长。由此看来，保障我国 80 年代经济增速的原因有：资源配置效率的改进，主要以劳动力向工业部门转移为特征，凭借大规模机械工业的发展为特征的动态规模效益。

伴随市场化改革的深入，原来的收入分配平均化趋势减弱，原始资本积累体系趋于瓦解，20世纪90年代，开始形成一条新的增长路径，主要特点是大型企业的扩张和资本的深化。经济增长的需求动因从消费向投资转化。经济增长的动力从资源配置效率的改进、动态规模效益的改进，向资本深化的增长模式转化，动态规模效益成为经济增长的引擎。同时，重工业和投资业的比重不断提高是产业结构的演变特点。

按照新古典增长核算，20世纪80年代，中国经济增长中大约一半来自就业人数的增长，大约1/4来自资本深化的贡献，其余则来自全要素生产率的增长。20世纪90年代，中国经济增长中大约10%来自就业人数的增长，另有40%—60%来自资本深化的贡献，其余则来自全要素生产率的增长。在21世纪的最初10年，中国经济增长中大约60%来自资本深化的贡献，大约1/3来自全要素生产率的增长，只有很小一部分来自就业人数的增长。2013—2018年，中国经济增长中的82%来自资本深化的贡献，15%来自全要素生产率的增长，来自就业人数增长的贡献可以忽略不计。可见，中国现在的经济增长高度依赖资本深化的贡献。

从2003年起，我国资本深化的增长模式出现新的表现：一方面，高附加值、高技术工业替代传统主导型制造业开始向资本和技术密集型产业转变；另一方面，农村劳动力向城镇工业和服务业流转加速。此时经济增长的动力与20世纪80年代比较类似，增长的动力均来自于动态规模效益和资源配置效率的提升，两个时期的不同是，20世纪80年代的动态规模效益的特点是“资本广化”，而2003年之后遵循“资本深化”路径。

从资本形成的投向来看，首先，新中国成立后，重点实施第一个五年计划，确立优先发展重工业的赶超战略，在这段计划经济时期，工业格局严重倾向于重化工业，对轻工、农业投资力度较小，资本投资体现“重重轻轻”的局面。其次，改革开放政策的实施使工业格局有了新的变化，为改善民生开始加大投资轻工业，非国有经济主体也集中投资于加工业，国家在重工业的投资力度减弱。再者，21世纪以来，资本形成的产业格局变化更为明显，表现为“轻重重轻”；基础设施与第三产业的比重大幅度提升。最后，中国实施新型工业化战略后，资本投资转向高技术、低能耗、高效益、低污染、信息化、科技化的产业。尤其是在供给侧改革的引领下，资本形成的产业格局更注重“补短板”。

虽然在许多文献中，资本深化通常与粗放型经济增长方式相联系，然而孙早、刘李华（2019）的研究说明，资本深化并不是粗放型经济增长的同义语，但凡伴有技术和效率上的提升，资本深化就能展现出优势，促进全要素生产率增长[1]。自 20 世纪 90 年代中期以来，中国经济的典型特征之一是显著的资本深化，具体表现为，通过不变价格计算的相对劳动生产率与相对全要素生产率之间的差距不断扩大。

中国资本形成道路的特征有以下几点，一是政府主导，资本形成的产业格局都是由政府主导的；二是依赖国内积累资本，主要是通过农业剩余、国有企业利润、居民储蓄等，形成资本积累并不断扩大；三是发挥社会主义公有制优势，扩展国有资本形成；四是拓宽资本渠道，积极利用国内外市场和资源，促进资本形成；五是探索新型资本形成机制，与经济体制相适应，并紧随经济体制变革适时转换资本形成机制。

第三节　中国产业政策担负“去依附”的使命

马克思对资本主义经济的评论是：“对外贸易和世界市场既是资本主义生产的前提，又是它的结果。”[2]“世界市场是资本主义生产方式的基础和生活条件。”[3] 首先，马克思强调的是，资本主义走向成功的一个必要条件是世界市场形成，且资本主义的生产方式的特征是商品生产，这决定了资本主义生产方式一方面要有市场提供的原材料、劳动力和资本，另一方面要有最终的商品销售场所。世界市场的形成和发展，是这些条件的坚实基础。世界市场与资本主义生产方式相伴，世界市场也是资本主义生产方式的结果。资本扩张的本性使资本主义生产处于不断扩大中，资本主义生产使世界市场的范围扩大。马克思认为，资本是产生剩余价值的价值，资本是要通过不断地占有剩余价值来持续积累的，一旦国内市场相对狭小阻碍资本发展时，就必定要寻找更广阔的海外市场。因此世界市场的扩张与资本主义生产方式向世界扩展是密切联系的。“由于需要不断扩大产品的销路，资产阶级就不得不奔走全球各地。它不得不到处钻营，到处落户，到处建立联系。资产阶级既然榨取全世界的市场，这就使一切国家的生产和消费都成为世界性的了。”[4]

马克思在世界市场理论的基础上构建了资本主义“宗主国—殖民地”

---

① 孙早、刘李华：“资本深化与行业全要素生产率增长——来自中国工业 1990—2013 年的经验证据”，《经济评论》2019 年 4 月。

② 《马克思恩格斯全集》第 26 卷（第 3 册），人民出版社 1974 年版，第 278 页。

③ 《马克思恩格斯全集》第 25 卷，人民出版社 1974 年版，第 126—127 页。

④ 《马克思恩格斯全集》第 4 卷，人民出版社 1958 年版，第 469 页。

的分析框架。《共产党宣言》中写道："资产阶级，由于开拓了世界市场，使一切国家的生产和消费都成为世界性的了……资产阶级挖掉了工业脚下的民族基础。古老的民族工业被消灭了，并且每天都还在被消灭。它们被新的工业排挤掉了，新的工业的建立已经成为一切文明民族的生命攸关的问题。这些工业所加工的，已经不是本地的原料，而是来自极其遥远的地区的原料；它们的产品不仅供本国消费，而且同时供世界各地消费。旧的、靠本国产品来满足的需要，被新的、要靠极其遥远的国家和地带的产品来满足的需要所代替了。"① 列宁提出"帝国主义国家—殖民地"框架指出，"到19世纪末，垄断已经成为资本主义的基本特征，资本主义的发展进入帝国主义阶段；国际托拉斯开始瓜分世界，一些最大的资本主义国家已经把世界全部领土瓜分完毕。"②

20世纪50年代开始，拉丁美洲一些经济学家借鉴马克思主义的分析框架，提出了发展经济学的结构主义和依附论。劳尔·普雷维什在"中心—外围"框架中指出，小部分中心国家和一部分外围国家组成了世界经济体，在这里的中心国家是技术上领先和有着强大资本的国家，而外围国家则相反，其经济结构、发展动力都受中心国家的影响。依附理论正是研究中心国家与发展中国家间政治经济关系的学说原理。劳尔·普雷维什和多斯·桑托斯等学者指出，在现今的世界中，发展中国家只是原料和初级产品的供应者，其工业化程度依附于发达资本主义国家。发达国家的关税和贸易壁垒，使得发展中国家的进口替代战略难有成效，这导致发展中国家在政治和经济上被发达国家牵制。发展中国家要想从根本上解决依附现象，一方面要改善不合理的国际分工和贸易合作，另一方面要致力于发展中国家内部的经济改革，实现国民经济的良性循环。安德烈·冈德·弗兰克和萨米尔·阿明等学者，根据"中心—外围"理论指出，世界经济体系形成，经济结构与体系制度由发展中国家与发达国家的联系所构成，"中心—外围"结构的基础是"不平等交换"。发达国家通过技术、资本等控制和剥削发展中国家，发展中国家因为较低的经济发展水平和资金技术的不足而依附于发达国家。发展中国家只有改革自身经济结构，提高技术创新，重点发展消费品生产和基础工业，才能摆脱对发达国家的依附。

20世纪70年代，世界体系理论在依附理论上产生并且兴起。该理论的代表人物是伊曼纽尔·沃勒斯坦。他指出，在16世纪之后，世界结构是

---

① 《共产党宣言》，载《马克思恩格斯选集》（第一卷），人民出版社1972年版，第71页。

② 列宁：《帝国主义是资本主义的最高阶段》，人民出版社2014年版。

由“帝国体系”逐步向“经济体系”转变，根据世界分工国家划分为以下三种：核心国家、边缘国家和半边缘国家。多层次的相互作用关系成为整个世界体系的突出特点，并不是单向的发达国家对发展中国家的关系。在单向性主导的世界市场下，虽然被边缘化的国家和地区被融入世界经济体系的商品链中，但是这种相互的经济关系是不公平的，是以“不平等交换”为规则、由西方中心国家主导全球市场的。从本质上说，世界各国间的经济互动与合作关系就是世界体系内部的资本积累过程，其结果是“经济剩余”从边缘和半边缘国家转移到西方中心国家，以至中心国家越来越发达，边缘和半边缘国家越来越不发达。西方中心国家按照自己的意愿，创立了现代世界经济的结构性基础，并通过多边贸易、双边贸易与金融协定、军事协议，主宰和规范边缘国家与地区的政治经济的发展方向，确保维持现状，并且继续在世界体系内享有中心国家的特权。

无论是从马克思主义的世界市场理论、帝国主义理论角度，还是从后来发展经济学领域的依附理论、世界体系理论角度，19 世纪以来，西方国家一直作为世纪经济格局的主导者是毋庸置疑的。与之相对应，1840 年以后，旧中国无论是政治方面还是经济方面则长期处于所谓的半殖民地、外围和依附的地位上。

新中国经过 70 年的社会主义建设实践，在经济建设、政治建设以及其他各方面积累了丰富的发展经验，走出一条“去依附”的中国道路。

首先，坚持独立自主，根据自身国情，走实事求是的发展道路。从社会主义建设的初始，中国就强调主要依靠自己的力量、根据自己的情况、走中国自己的工业化道路。在新中国革命和建设的不同阶段，党中央阐明了走独立自主发展道路的原因：首先，中国自身国情的独特性决定了中国特色社会主义道路；其次，中国作为世界大国，有着自己的担当和使命，决定了中国要自力更生，依靠自己，走属于自己的道路；再次，中国是根据长期历史经验总结出要坚持走独立自主道路的基本结论的。经过长期的艰苦摸索，中国确实走出一条属于自己的“独立自主”的社会主义道路，并构建了中国特色的经济发展框架。其具体内容如下。第一，建立了独立的国民经济体系，新中国成立以来逐步恢复经济和建设，逐步建立起相对独立的经济体系，第一、第二、第三产业协调发展。1978 年，我国三大产业的生产总值分别为 1028 亿元、1745 亿元和 872 亿元，总的国民生产总值合计为 3645 亿元。从数据上看，产业结构以第二产业、第一产业为主，第三产业相对较弱；自 1978 年实行改革开放，产业结构不断优化，至改革 35 周年时，我国的国内生产总值已达到 588019 亿元，一、二、三产业的生产总值依次升高，其中第三产业数值最高，产业结构发生明显变化，重心倾向于第三产业和第二产业，第一产业占比很小，呈现现代产业结构。第二，建立了独立、完整的现代工业体系。从我国第一个工业五年计划开始，就把工业独立性和完整性作为总目标。1952 年到 1958 年，我国工业发展的实际增长率为 18%，一批国家工业化急需的基础工业建成，工业化水平不断提升，形成了相对完善的工业体系。改革开放后，工业现代化步伐加快，钢铁、有色金属、电力、煤炭、石油加工、化工、机械、建材、轻纺、食品和医药等工业部门迅速壮大，航空航天、汽车、电子等新兴工业部门迅速成长，开始领跑中国经济。目前，我国工业大类已有 39 项，工业中类有 191 项、工业小类有 525 项，工业体系系统、完善。第三，我国已形成独立的科学技术体系。1949 年开始，科技发展被摆在突出战略地位。当下，中国已具有完备、系统的技术体系，专业、庞大的技术队伍，科学技术成果丰硕，是科学技术大国。无论是农业、工业，还是新兴技术产业都在迅速发展。2015 年的数据表明，中国科研人员数量居世界首位，科研经费拨款也居世界第二位，拥有的专利数量居世界第三位。目前为止，中国不仅建立了比较完善的现代科学技术体系，整体科技水平列发展中国家前列，属于科学技术高水准的国家之一，甚至在诸多领域已经赶超国际先进水平，开始引领世界。

其次，中国“去依附”是在融入世界的开放过程中继续推进的。所谓“融入世界”，就是把本国经济看作世界经济的有机组成部分。在世界范围内利用资源和市场。新中国成立后，中国政府希望以对外贸易发展促进国内经济恢复。然而，发达资本主义国家遏制社会主义中国的发展，在中国周围形成“新月形”的包围圈。20 世纪 60 年代，中国同苏联签订经济援助协定，但伴随着政治因素的介入而终止。到 20 世纪 70 年代，中国审时度势地扩大对外经济交流，将对外贸易交流、技术引进转向西方国家。但综合来看，由于国内仍存在“左倾”思想，同时受到西方国家的经济封锁，所以中国大部分时间仍处于“半封闭”状态。党的十一届三中全会是一个新的起点，我国提出要坚定对外开放，逐步融入世界经济体系，加大与世界各国的经济贸易、政治文化交流。之后，我国的对外开放政策具体实施，并积极推进。首先，建立经济特区，发挥开放试验场的作用。1980 年设立深圳、珠海、汕头、厦门 4 个特区，并在 1988 年增加建立海南经济特区。经济特区设立的目的，是集中引进国外的资金和先进技术，进行“对外开放”和“对内搞活”的政策试点，试图将特区经济模式推广至全国。在这 4 个特区内部，比其他地区拥有更多的经济自主决策权，其相关政策也更具有特殊优势，例如，在引进资金和财政政策方面具有优惠，有利于大规模地引进国外的资金，也有利于我国产品的出口。经济特区在从出口导向经济向市场经济的转型过程中，和从劳动密集型产业向技术密集型产业转型过程中，积累了大量经验，为全国的经济开发提供了示范。其次，先行开放的沿海城市带动全国。以上4个经济特区产生积极效应后，中国政府加快开放步伐，相继开放一批沿海城市：大连、秦皇岛、天津、烟台、青岛、连云港、南通、上海、宁波、温州、福州、广州、湛江、北海，不仅促进了这些城市的经济发展，也促进了全国的经济开放和体制创新。第三，是中国于2001年加入世界贸易组织，在全球经济发展中享有自己的位置。中国在加入了WTO之后，坚持遵守国际贸易制度与法律法规，使中国的市场开放程度达到世界市场的开放程度。中国的努力有利于国内贸易规则与国际贸易规则接轨，更推动了我国市场与全球市场的融合。随着加入世界贸易组织，中国迎来了全面开放的时代，对外开放的产业范围从制造业扩大到服务业，开放规模也逐步加深，贸易、分销、物流、金融、通信、旅游、运输等服务领域开放格局形成，推动了对外开放体制机制的建设。最后，“一带一路”建设引领创新开放合作模式。在经济全球化形式下，中国推进建设“丝绸之路经济带”和“21世纪海上丝绸之路”的建设，将“一带一路”经济发展理念与当前经济局势密切融合。中国建设的亚洲基础设施投资银行和丝路基金，更是有助于周边沿线国家经济发展，推动他们的基础设施建设和产能合作；在此基础上，建设了新亚欧大陆桥、中蒙俄经济走廊、中国－中亚－西亚经济走廊、波斯湾－地中海经贸之路、中巴经济走廊、中国－中南半岛经济走廊、孟中印缅经中巴经济走廊，从欧亚经济地带向南亚、东南亚和印度洋地区拓展。

中国在对融入世界经济体系的认识方面是逐步清晰和深化的，同时也形成了比较系统的经济开放思想。首先，开放是国家富强的必由之路，实现可持续发展必须深度融入世界经济；其次，开放是多元、双向的，必须遵循互利、双赢的原则；最后，中国要肩负自己的大国担当与职责，参与全球经济治理，致力于与世界各国建设共同繁荣的世界。

最后，通过构建经济持久增长的动力系统“去依附”。中国是一个典型的后发大国，其经济从粗放型增长开始，经济增长的推动通过投入大量的人力、物力、资金，其经济增长的特征是粗放型的、低端产业结构，缺乏可持续发展能力和国际竞争力。从理论上讲，当经济发展到一定高度时，要合理调整增长方式适应新的发展条件，例如利用技术创新需求和技术市场规模，加大技术创新和研发的力度，提升产业技术水平，促进经济转型。新中国成立后，中国始终重视科技进步对经济建设的推动作用，摸索出一条创新驱动的道路。（1）实施“科教兴国”和“创新驱动”的大国战略。1995 年，“科教兴国”战略在党的十四届五中全会上正式提出，将科技和教育作为国家振兴的重要手段，摆在经济和社会发展的重要位置。2012 年，党在十八大明确提出“创新驱动”战略，将技术创新作为国家经济发展的核心，指导中国走自主创新的道路。（2）坚持从模仿创新向独立创新的道路前进。在实行改革开放的前期，为了缩小与发达国家的技术差距，我国的主要创新方式为“模仿创新”，即大量效仿先进国家的创新技术和购买他们的先进设备，大力吸引外国商家进行产业投资，充分利用国外先进技术的扩散效应，推动中国工业技术的模仿、升级和创新。进入新世纪以后，中国成为世界经济大国，与时俱进地提出“自主创新”道路，从原来的模仿他国技术转向自主研发技术。（3）依靠技术创新推动经济结构转型升级。通过自主研发高新技术，提高企业劳动生产率，推动中国核心产业结构升级，拔高我国重点产业在国际产业链中的层次和地位，提升国际竞争力。

中国在持续推进经济发展方式转变和经济结构调整的过程中，形成了系统、全面的技术创新观念：首先，科学技术是第一生产力，创新是引领经济发展的强大动力；其次，在创新资源和创新压力方面，大国比小国更具优势，从经济大国走向经济强国，科技创新是必由之路；再次，依靠科技创新转换发展动力，是中国经济进入“新常态”的关键，也是从国际产业价值链的低端走向高端的关键。

中国经济“去依附”的当前任务是重构供应链。改革开放 40 年，中国一直坚持“引进来”与“走出去”相结合，努力参与全球经济融入全球供应链，中国制造业和服务业已成为全球供应链体系的重要组成部分。但不能忽视的是，一直以来，在世界价值链中，我国参与的大都是价值链的中低端和低附加值环节，即主要通过外包代工、外包组装、合同制造、贴牌生产、跨国采购等方式嵌入全球供应链。全球供应体系的主导者仍是发达经济体的跨国公司。在中美贸易摩擦中，美国商务部将华为列入“实体清单”后，众多国际巨头纷纷中断与华为的业务往来，包括半导体企业高通、博通、英伟达、英特尔、AMD、美光、联发科，在软件领域，微软和谷歌对华为也做出了限制。事实上，贸易保护主义仍旧在冲击全球供应链。所以，中国必须紧紧抓住各种机遇与挑战，促使企业有目的、有计划、更加深入地融入全球供应链，建设协同创新的供应链，增强中国在全球供应链规则制定中的话语权。第一，从整体国家战略角度，加强顶层设计，制定国家供应链战略的具体规划。结合“一带一路”倡议，对“一带一路”全球供应链体系建设进行研发，制定中长期的供应链创新计划、智慧供应链行动计划、全球供应链安全计划、制造业供应链升级计划等，为中国融入全球供应链提供支撑。第二，培育供应链龙头企业。支持供应链上跨国公司的发展，培育供应链的领先企业，发挥这些企业的组织、整合、生产与服务功能，使中国的标准、技术、产品和服务走出国门；鼓励有条件的企业以跨国并购、股权合作等方式建立健全全球研发、生产和营销体系，提升产业国际化布局水平和运营能力；推动物流业、金融业与制造业联动协调发展，将生产、制造、销售和运输等环节与物流相衔接，形成配套的物流供应链体系和供应链金融体系。第三，推动优势产业在全球供应链体系中的融入。鼓励企业深度参与全球产业链、价值链的竞争、合作与分工。借助“一带一路”倡议，使沿线产业间的合作机制从加工制造向联合研发设计、市场营销、品牌培训等高附加值的环节转变。建立供应链体系应注意基于当地市场，提升全球供应链协同和配置资源的能力。第四，全面升级供应链支撑体系建设。推进各国之间基础设施建设，加强物流通道、交通枢纽、信息平台等供应链基础设施建设，保障国际合作的顺利展开；研究制定数据接口、通信协议、语义标识等基础共性的通用技术标准，提升数据信息兼容水平，使产业链上的信息数据，能够有效率地传输交互，实现供应链相关标准的国内、外对接，力争形成围绕中国产品供应链、中国企业供应链、中国供应链平台的供应链标准体系。此外，还应鼓励企业设置重要资源和产品的全球供应链风险预警系统，提升供应链风险管理水平，增强供应链弹性和快速修复能力。同时，成立全球供应链安全评估机构，加强境外供应链安全预警与防范，提高企业在海外市场的风险防控意识和能力，提升全球供应链安全。

第九章　新中国70年的产业政策实践

中国于1987年态度坚定地引进了产业政策，此后，产业政策在中国备受重视，被置于经济政策的中心位置。政府出台了数量众多的产业政策，形成了复杂、庞大、系统的产业政策体系。中国是目前世界上运用产业政策最多的国家之一。中国重视产业政策，第一个背景是因为中国曾长期处在计划经济体制下，民营经济处在边缘地位，价税财改革还没有开始实施，在这种情况下，国家积极采取相关产业政策，是政府进行产业管理和企业管理的有效形式，可以更好地对接当时的计划经济体制，是一种计划经济思维，也是计划经济管理的方式，总体上，不会动摇政府主导生产要素配置的格局，也不会触动政府作为经济增长主导者的地位。因此，当时政府的一个可行选择就是以产业政策接手国家计划管理。第二个背景是，20世纪90年代后，中国经济进入追赶期，政府以产业政策进行经济增长的推动，以国有企业为依托，进行大规模的投资，以达到短时间内实现经济追赶的目的。第三个背景是，国有企业和国有银行是当时重要领域的主要市场主体，无论是政府还是企业都认为，相对于过去刚性特别强的计划经济，产业政策已经是一种进步。正是由于这三个条件，政府为我所用地接受了产业政策。因此，产业政策引进之后，政府弱化了对企业的直接干预，在一定程度上增强了企业活力。

曾经的产业政策促进了经济增长与结构调整，但这些产业政策仍然是政府选择代替市场选择，在一定程度上刺激了过度投资或加剧了产能过剩，降低了资源配置效率，也不可避免地伤害了公平竞争原则。

第一节　中国产业政策的特点

由于是在计划经济体制背景下引入产业政策，所以中国的产业政策不仅包罗万象，而且从政策意图到实施方式，也都呈现出一定的计划经济色彩和痕迹。政府直接差异化地配置资源，完全是政府直接分配，在市场准入上也实施选择性的限制性审批。项目在话语权更强的地方政府可能会被比较顺利地审批通过。这种不平等也同样存在于企业间——国有企业获得项目审批相对更容易。此外，对于政府认定的新兴产业、战略性产业等，政府会统筹规划，并进行系统性布局，有的还会特别规定发展的时序，在协调财政与税收促进其发展方面，政府的计划性更强。在具体实施中，政府常绕过竞争的筛选，产业聚集地的确定与所依托的企业仍由政府认定。为了避免出现盲目性投资与恶性竞争，政府会以提高产业集中度的名义对市场进入者严格把关。在政府的这种强势干预下，政府干预替代了市场导向，其带来的投资的盲目性和风险性上升。由于市场参与者的数量有限，市场竞争严重不足，削弱了企业的创新活力；同时因为政府的管理，某些企业享受到过度的权利，甚至政府对某些企业过度补贴，容易使企业产生对政府的依赖和自身的懒惰。此外，由于政府与企业联系过于密切，还会出现不规范审批现象，滋生腐败。

另外，培育大型企业的责任也是中国产业政策的使命。中国政府主导经济增长。企业太分散，政府管理不易，就需要有切入点，就需要对大企业进行掌控，因此，政府通常将大企业作为政府行政管理的抓手。产业政策因而具有“规模崇拜”的特点——以规模为导向，坚持“有保有压”“扶优扶强”。“有保有压”指对国有企业和大企业进行“保”的政策，对非公企业和小企业进行“压”的政策。政府是“扶优扶强”的主体。为了实现“扶优扶强”，政府对市场进行准入限制，设立和保持行政垄断。通过“拉郎配”等措施，政府培育实力雄厚、具有强大竞争力的大型企业和企业集团，使之成为国民经济的支柱和参与国际竞争的主要力量。企业的规模经济性当然是重要问题。然而，需要讨论的是，具有强大竞争力的大型企业和企业集团是市场竞争的结果，抑或是政府通过产业政策实现的目标；应该是由企业竞争力造就企业规模，还是相反地，以企业规模来提升企业竞争力。由于特定的体制背景和发展历史，政府既是国有企业的管理者，又是产业政策的制定者和实施者，中国的产业政策被赋予特殊的功能。

国有实体企业与国有金融、国有银行等保持着密切的关联关系，这使得各种市场主体不可能得到同等、公平的产业政策对待，政府不可能在其中完全保持中立。产业政策或明确、或隐性地具有保障公有制为主体、国有经济为主导、做大做强国有企业的功能。在一定程度上，产业政策成为保持垄断、保持企业所有制特性、阻碍市场准入的工具。比如，2006 年，中国的相关政策明确提出，国有企业要绝对控制 7 大产业，较强控制 9 个产业，而国务院出台的促进民营企业发展的36 条，也没有打破市场准入这道“玻璃门”。在这里，产业政策被赋予了保留旧体制的特殊功能。

中央政府大规模实施产业政策，同时，各级地方政府也以产业政策的名义，推进地方经济发展。第一，运用市场壁垒的，以廉价土地、超规模减税让利等为手段，给特定企业与本地企业提供支持；第二，通过投资换市场，引进外来资本。地方政府还通过种种形式，阻止本地企业被外地企业并购，阻止本地企业对外进行投资。无论是中小城市，还是北京、上海等大城市，此类的壁垒都是存在的。应该说，这些以产业政策的名义实施的无规制、无边界的干预割裂了市场，破坏了市场秩序。

总的来说，与别的国家相比，中国的产业政策相对复杂，其特征表现为主体和形式上的多样性。除政策文件外，法令、条例、措施、规划，还包括计划、纲要、指南，甚至是目录、管理办法和通知等形式，都是中国产业政策的不同形式。其中，最具有中国特色的是，政府制定的正式政策，最高的政策表达方式是法律和党的工作报告，这些国家意志的具体体现有时非常具体，对相关产业也会产生很大影响。加之中央部门制定的正式政策、地方政府部门制定的正式政策，还包括各种决议、指示及专项检查等，其特点体现为政策制定界限不明晰、涉及内容广泛、实施方式不规范，对市场干预过多等。

概括而言，20 世纪 70 年代后期以来中国实施的系统化的产业政策具有如下特点。

第一，规模化导向。我国产业政策一向是重视支持大企业发展，特别是对大型国有企业的保护和扶持。举个例子，1993 年，我国对国有企业实行战略兼并与重组；1997 年，“抓大放小”策略在党的“十五大”上被提出，计划对某些大型企业实行强强联合或以强带弱。21 世纪以来，中国产业政策的主要内容为“推动企业兼并重组、实施重点产业部门大企业集团战略、提高中国工业产业国际竞争力”。实施这类政策的理由是：“充分利用规模经济，打造具有国际竞争力的大型企业集团”和“提高市场集中度，避免过度竞争”等。实施这些政策的经济学理论依据有“市场失灵”“经济发展、赶超需要”等。但是，产业发展计划的政策制定主体是政府，产业项目审核的主体是政府，政府依然倾向于大型企业，在一定程度上限制新进入的中小企业。虽然，这样的产业政策提升了产业集中度、企业平均规模及专业化协作水平，但总体上，产业组织结构不合理的状况没有改变。主要原因是产业政策和竞争政策的不协调。一直以来，实现规模经济和专业化协作是中国产业政策的主要目标，对产业组织政策的真正核心作用却有所忽视，产业组织政策的核心作用是“协调竞争秩序与规模经济的关系，实现资源的优化配置”。

第二，对部分过剩产能进行抑制，防止过度竞争与不良竞争。在20世纪80年代，供不应求仍是经济发展要解决的重要问题，但是，政府产业政策也具有控制或限制部分产业发展的作用。例如，1981年的“十二个不准”，1983年的“适当控制重工业的增速”等政策。自21世纪，抑制部分产业的产能过剩成为中国产业政策的主要目标之一。2004年以来，抑制产能过剩一直作为宏观调控的重要内容，其中包括严格限制产能过剩行业的扩大产能项目；对企业各种违反产业政策的融资行为进行严格控制等。

第三，激励企业间进行兼并与重组，提高产业集中度。中国的绝大部分产业，表现出集中度低的特征，需要产业政策鼓励其兼并重组、提高集中度。尤其是“十一五”期间，国家的产业政策大力推进企业兼并与重组，鼓励优势企业兼并落后企业。近些年，有“十大产业调整振兴规划”“十二五规划”“十三五规划”，无一例外地都提出要“引导企业兼并重组，提高产业集中度”。在这种政策导向下，地方政府以《国务院关于促进企业兼并重组的意见》等相关文件为指导，配合地方性政策支持企业兼并与重组，实现“优化资源配置，产业优化升级和企业组织优化整合”，进一步推进企业的兼并重组、提高产业的集中度，导致一些地区、某些行业的格局出现重大改变。

第四，鼓励技术进步和创新。中国的产业技术政策既属于产业政策，也属于技术政策，几乎涉及所有产业，故可视作国家整体的技术政策，且会随着政治、经济的变化而变化，特别重要的是，它还随着产业发展的环境变化而变化。在不同时间段，产业政策也应该有不同的关注重点，但是，中国产业政策的主要内容始终以“推进产业技术进步，创造有利于技术进步的环境，完善促进产业技术进步的法律法规体系，鼓励创新、建设以企业为主体的国家技术创新体系”为内容和具体目标。

第五，各部门联合及综合性行政干预。我国产业政策以综合性行政干预为主要手段，有关管理部门经常与质量监管、投资管理、环境保护、金融、公检法等部门采取联合行动。这种“综合运用法律、经济、技术、标准的行政手段”（事实上是以行政手段为主），配合政府问责，能够有效调动多部门的管理职权，综合应用产业、金融、土地和环保等政策手段，形成强大合力，对产业结构及其布局、市场格局，甚至是企业命运产生重大影响。

第六，直接行政干预微观经济。中国的产业政策也强调对市场机制的利用，但是，计划经济依然具有惯性，加之国家干预主义、各部门利益和寻租动机等，使得中国的产业政策直接干预市场的特征十分明显。具体的表现是：产业政策遍及各行各业，甚至针对具体行业的产业政策数量众多、政策要求详细，其相关措施针对性更强；在企业市场准入、项目审批、贷款核准、土地审批、过剩产能解决等方面，政府干预持续加强。产业结构政策或产业结构政策的实施细则依然会通过强制命令、价格管制等行政手段，将资源配置到政府制定的优先发展的产业或部门，对被限制发展的产业部门采取忽略的态度；以行政手段为主的产业组织政策以“关停并转”等强制性措施为手段；对特定技术、工艺进行选择性支持的产业技术政策，更是广泛地直接干预市场，以政府选择代替市场机制对竞争进行限制，导致产业结构、重点企业、技术路线等均是通过政府主导形成，而不是由市场主体的自身行为决定。

第七，具有多层级特征的产业政策。多层级的产业政策，主要是指中央与各级地方政府都可以制定相关产业政策，并且均可以实施产业政策。产业政策制定主体关系的层级性，不表明中央与各级政府的产业政策是保持一致的。毕竟，制定政策的主体不一样，他们所代表的各自利益与坚持的目标，也是有差别的，会导致产业政策的扭曲或选择性解读。由于产业政策的这些多层级特征，导致在制定产业政策时，中央、各级政府及各类企业等主体均会影响产业政策的制定，造成复杂利益关系，使产业政策的效果大打折扣，甚至事与愿违。

第二节　新中国 70 年不同时期的产业政策实践

在日本通产省代表于 1970 年 OECD 大会上所作的《日本的产业政策》演讲中使用的“产业政策”概念的意义上，中国于 1987 年正式引入了产业政策。然而，如果把产业政策看做是政府为了实现某种经济和社会发展目标，而制定的对产业活动进行干预的各种政策的总和，那么，对新中国产业政策实践的回顾就要从 1949 年开始。

一、1949—1977 年：重工业优先发展时期

1949—1977 年，我国实行计划经济。当时中国经济的发展条件与国际环境加上理论上的支持和先行的标杆，都决定要集中力量发展重工业。在

理论上，刘易斯（1954）[①] 提出了“二元结构理论”，他指出产业发展要大力引进先进技术，同时提高全要素生产率。当时，中国国民经济的主要部门是传统的农业，是工业化将大量剩余的农业劳动力转移至工业部门，提高了劳动的边际生产效率。但是，发展中国家存在工业发展的限制门槛，重工业在一定程度上就是促进工业化的“敲门砖”。赫尔希曼在 1958 年提出“不平衡增长”理论[②]，指由单一产业主导的现代经济发展。通过产业政策合理选择主导产业，为其他产业提供资金和设备，并联动其他产业实现进步。普雷维什（1949）[③] 的贸易条件恶化论认为在国际贸易中，发展中国家主要依赖初级产品开展贸易，与发达国家依靠制造业开展贸易相比是没有优势的，发展中国家在国际贸易中只能处于劣势。重工业的优先发展，可为制造业发展打下坚实基础，最终实现进口替代。其他国家的典型经验为中国选择重工业优先的产业政策提供了范例。特别地，在美苏冷战时期，中国急需国防军事技术的发展。鉴于苏联仅用 14 年就完成工业化，同时极有利于国家军事国防实力的提升，当时的中国选择了重工业优先发展的产业政策。

着重发展重工业是这一时期的产业政策，直到 1978 年，国家才开始重视农业和轻工业。1949—1977 年，中国没有形成系统的产业政策，此阶段主要是国家的计划（见表 9－1）。政府通过资源配置进行产业发展的管控。以重工业为投资的核心，兼顾其他轻工业。在产业布局方面，以传统老工业基地支持新工业区的建设，将重工业布局于东北三省和西部地区，同时依靠中西部地区（如新疆、西藏和陕甘宁地区）丰富的资源，进行资源、能源、机械、国防等工业的发展。

表 9－1　　1949—1977 年各个五年计划产业政策内容

	产业结构政策	产业布局政策	产业组织技术政策
“一五”计划（1953—1957 年）	苏联援助 156 个建设项目；扩大能源、钢铁、重工业设备制造规模；建设纺织与其他轻工业；发展运输邮电业	建设鞍钢东北工业基地；进行西北、华北和华中工业基地建设；西南地区开始部分工业建设；根据需要将企业向内地迁移	加强检查，统一技术标准；提高工业组织程度；提高企业管理水平；加强计划性，平衡地区间供求差异

① Lewis, W. A. Economic Development with unlimited supply of labor. The Manchester School, 1954, 22 (2): 139 - 191.

② Hirschman, Albert O, 1958, "The Strategy of Economis Development." New Haver: Yale University Press.

③ 劳尔·普雷维什：《外围资本主义：危机与改造》，商务印书馆 2015 年版。

续表

	产业结构政策	产业布局政策	产业组织技术政策
“二五”计划（1958—1962年）	工业投资占比60%左右，农业水利等占10%；发展冶金、机器制造业；加速商业发展	三门峡地区发展矿业和水电产业；在新疆和西藏建设石油项目；建设攀枝花钢铁工业基地	大中小型企业并存，分别发挥规模优势和灵活优势
“三五”计划（1966—1970年）	围绕国防和备战开展军事工业建设	由沿海向内地划分为一、二、三线区域，在西北地区、四川、云贵地区、西藏、湖北与湖南西部新建工业基地	
“四五”计划（1971—1975年）	狠抓备战，加强国防工业；农业机械化；加速石油资源开发；发展钢铁机械工业；发展轻工业，达到地区自足水平；发展交通运输业	建设“大三线”战略后方；划分十个经济协作区	权力下放，实行基础建设投资、要素分配与财政收支大包干；产业计划一年一定
“五五”计划（1976—1980年）	建立丰富、适应国内市场和外贸的轻工业；建立比较发达的重工业；建设交通运输与邮电通讯网	建设鞍钢、宝钢、包钢；充实和加强三线工业基地；发展工矿区和城市公共事业、商业、文化业	计划经济为主，市场经济为辅；扩大地方产业部门和企业的权力，推行合同制，建立基金等

资料来源：http：//www. china. com. cn/guoqing/shisanwu/node_ 7245471. htm。

新中国成立以来的几个五年计划（见表9－1），整体上有利于我国战后的经济恢复与整顿，也适应在当时冷战背景下的具体产业布局。总体上，产业组织形式是服从政府的计划经济体制，充分发挥了社会主义优越性的制度条件。

在产业结构政策上，此阶段以重工业偏向为特征的产业政策，给中国制造业奠定了坚实基础，产业政策对制造业的主要贡献表现在大型机械制造业提供大量生产必备工具，有利于各项设备的补给；交通与信息产业加快了物资周转；国防工业强大军事力量；传统能源产业的发展，如煤炭业，为制造业提供充足的动力；保障人民生活所需的轻工业与农业的充足供给，促进重工业的全面发展，使我国整体综合国力不断增强。根据产业布局的相关政策，将重工业基地布局于一线以下城市，逐步形成以东北、西南、西北为代表的老工业基地，崛起一批以鞍钢、宝钢等为代表的优秀企业。当时，产业组织政策有效地促进了国家资源的集中，在各地政府、企业对宏观经济认识不足的背景下，这些具体的产业组织政策提供了生产指导。

但是，此阶段产业政策也存在相关问题，导致中国经济出现产业结构上的偏移。新中国成立初期，我国重工业年均增长达到10.36%，农业增长只有2.6%。到改革开放开始实施之前，我国重工业占比达到40%以上，消费品严重短缺，轻工业产品市场的供求严重失衡。因此，改革开放前后产业政策制定的关键是平衡百姓生活所需与制造业的发展。

二、1978—2000年：经济体制转型时期

1978年中国启动改革开放。高度计划经济体制下的政府有形之手突然被市场无形之手替代，1978—2001年这个阶段是中国经济成长的“市场驱动”阶段。这个发展阶段，一切改革都是为了建设市场经济制度，不断强化市场驱动力量。在这段时期，中国经济保持高速增长、成功飞越“贫困陷阱”。与此同时，一定程度上解决了产业结构失衡和短缺的问题，部分产业甚至已经具有“过剩”的特征。即使这样，在这一阶段，市场经济体制仍然不完善，资源配置仍由政府进行主导。此阶段的产业政策，依旧带有显著的计划性和行政性。且在这段时期，政府开始深入研究产业政策，并设立专门机构制定和保障产业政策落实。

由于产业结构失衡，党中央在十一届三中全会提出“以经济建设为中心”。1988年，国务院发展研究中心公布《我国产业政策的初步研究》，具体提出产业政策要将宏观经济与微观主体相连接，以此填补经济转型时期的空白。在此阶段，产业政策的目标是扶持国家战略产业、优化产业构成。同期成立的国家计划委员会产业政策司，主要职能是对国家层面的产业政策进行研究。1989年，在《国务院关于当前产业政策要点的决定》文件中，首次在标题中使用“产业政策”一词，并把发展基础产业确定为产业政策方向。关于产业政策的制定，国家计划委员会在1993年的一次产业政策座谈会上提出《关于近期产业政策工作的几个问题》，认为产业政策的制定应该加入对国际形势的研判，1994年，在《90年代国家产业政策纲要》中，提出产业政策要与中国特色社会主义市场经济相匹配，要充分体现“市场经济体制要求”，“加强市场在资源配置中的基础性作用”。以上政策理念确定了产业政策的基本方向。此后，1994年颁布《汽车工业产

业政策》（国家发展和改革委员会令第 8 号），1997 年颁布《外商投资产业指导目录》（商务部国家发展和改革委员会令第 12 号），1998 年颁布《当前国家重点鼓励发展的产业、产品和技术目录》，不同年度发布的《当前优先发展的高技术产业化重点领域指南》，2000 年颁布《鼓励软件业和集成电路产业发展的若干政策》（国发〔2000〕18 号），这些文件，为中国各个产业的发展提供了明确的发展规划。

由这个时期的国家经济社会发展五年计划整理出此阶段产业政策的主要内容（见表 9－2）。

表 9－2　　1980—2000 年各个五年计划产业政策具体内容

	产业结构政策	产业布局政策	产业组织技术政策
“六五”计划（1980—1985 年）	工农业总产值年均增长4%；建设国防、通讯业；降低工业能源消耗；发展科技事业	发展山西、东北、内蒙古地区矿业；发展西南、新疆、青海石油产业；在东部沿海建设火力发电厂；高能耗工业从东北华中转移至西北西南	向商品经济转变，强调简政放权；计划向中长期转变；计划部门职权范围外事务交由地方和企业
《国务院关于当前产业政策要点的决定》（1989 年）	重点支持农业，基础工业、电子和出口创汇产业；淘汰落后加工制造产业，限制高能耗消费产品生产		制定固定资产贷款顺序；根据顺序调整税种税率；使用运力、电力调控产业发展；各地区加强规模化发展、专业化分工
“七五”计划（1986—1990 年）	加快能源、原材料工业建设；促进农业全面增长，改善轻、重工业结构；优先发展交通通通讯业、建筑产业、第三产业	沿海经济特区发展高技术产业、旅游业；中部地区加快能源工业建设，发展技术密集工业，发展农业；西部地区发展农、林、牧业以及特色加工业	激发大型企业活力，发展横向产业联系；地区协作，实行分级管理，地方为主；中央对地方兴建的国家重点产业提供资金支撑
“八五”计划（1991—1995 年）	加强农业及基础设施建设；发展电子工业、建筑、第三产业、国防、科教事业	在沿海地区开拓新兴产业，发展第三产业；将运量大、能耗高产业向内迁移；内陆地区以山西为中心发展煤炭业，三江平原、松嫩平原、四川盆地等地区发展农、林、牧业	完善以公有制为主体的所有制结构；改革企业体制；改革价格体制；改革金融体制；改革计划和投资体制；改革财政体制

续表

	产业结构政策	产业布局政策	产业组织技术政策
《90年代国家产业政策纲要》(1994年)	保持农业发展势头；加强基础产业；加快支柱产业和高新技术产业发展；继续发展第三产业	沿海地区、沿江流域和沿交通路线地区建设产业区；沿海地区发展外向型经济；中西部利用资源发展优势产业	对自然垄断企业引入市场机制；打破地区部门分割；鼓励企业平等竞争、兼并；加快市场机制法制建设
"九五"计划(1996—2000年)	农业是第一位；科技兴国，发展教育产业、支柱产业和第三产业	引导地区经济协调发展，规范产业布局；形成长江三角洲、环渤海、东南沿海、东北地区、中部五省等七大经济区	建设现代化企业组织制度；打破产业地区界限；明确"政企分开"；使用改组、合并、股份制改革等方法扩大企业规模

这个时期实行的是计划的商品经济，该阶段的产业政策仍具有计划管理的特征。相对于重工业优先发展的时期，此时期的产业政策放松了对经济的管制，此阶段地方、企业均享有一定的自主经营权与决策权，产业政策相对宽松。党的十四大召开后，计划性产业政策开始退出历史舞台，产业政策工具呈现出多样化的特点。调控工具也有了新的变化，例如税率、审批准入、金融等。此次，对微观主体的计划管理方式完全被产业政策所替代，政府职能得到精简，产业政策体系也更趋完善。

1978—2001年间的产业政策起着承上启下的作用，它既对我国基础工业的建设继续支持，又为我国融入全球经济做足准备。同时，提升企业的自主经营和创新，促进第三产业发展，在国际社会突显中国产业的比较优势。此时的产业结构政策的重点是巩固农业的基础地位，保证人民的生活水平。为解决当时产业结构失衡的问题，产业政策重点关注第三产业。至2001年，中国第三产业增加值已占到国民生产总值的41.2%，相比1977年翻了一番。在产业布局方面，在和平发展的时代主题下，产业开放度在产业政策的推动下明显加大，从沿海开放发展至沿江、沿路、沿边等城市的开放，这些产业政策引导优势产业脱离"三线"布局，转移至发展条件更加优越的城市和地区。在产业组织、技术政策方面，完全取消产业政策中的计划部分，企业拥有更多自主决策权，政府对市场的直接控制全面弱化。

但是，这一时期的产业政策对落后产能的调整力度不足，各种传统重工产业出现产能过剩、创新力不足的状况。另外，中国特色支柱产业在产业政策中没有得到重视，使中国更多地依赖于发达国家的先进技术。所以，未来产业政策应加大落后产能的消化，进一步明确国家新兴产业的发展，致力于新兴产业的技术赶超。

三、2001—2012年：深化体制改革阶段

2001年中国加入世界贸易组织，经济增长迅速，成为世界第一大出口国和第二大进口国，国内生产总值成功位居世界第二，从2001年的11万亿元人民币增至2012年的近43万亿元人民币。我国人均国内生产增长3.6倍。发达国家投资者纷纷将产业转移至中国，这一阶段产业政策的重点指向“调结构”“转方式”，形式向间接干预转变，以政府意见和规划为主，但政策选择性特征依然明显。

1998年爆发的亚洲金融危机，暴露了中国经济中的重复建设和产能过剩的问题。中国的产业发展和布局政策对此做出了反应。

第一，产业技术政策地位显著提高。2002年中国发布《国家产业技术政策》国经贸技术〔2002〕444号，提出要发挥市场配置科技资源的基础性作用；建设技术创新体系，在优先改造传统产业的基础上，重点发展信息、生物海洋、高端设备、航空科技等新兴产业；2004年，出台《当前优先发展的高技术产业化重点领域指南》（2004年度）（国家发展和改革委员会、科学技术部、商务部公告2004年第26号），明确提出，未来中国产业化的重点领域包括：信息技术、生物医药和新能源材料等。随后，《国家中长期科学和技术发展规划纲要（2006—2020年）》（国务院公报2006年第9号）在税收优惠、加强专利保护、发展各层次教育等方面，进一步提出系列的具体产业技术政策。

第二，产业政策中政府进一步减少直接投资。2004年《国务院关于投资体制改革的决定》（国发〔2004〕20号）发布，其政策目标是加强企业自主决策权，以核准制与备案制取代审批制。文件规定，除对国家重点项目，政府仍然保有审批权外，其他项目一律实行备案制。同时，具体规定多种政策工具，包括指导目录、负面清单、土地使用制度、人才管理等。但是，在国家发展和改革委员会发布的《企业投资项目核准暂行办法》（国家发展和改革委员会令第19号）中，政府仍保留了大量的政府裁量权，使得核准制的效果不尽如人意。

第三，在产业结构政策上，注重产业结构调整、鼓励发展新兴产业。2005年，《促进产业结构调整暂行规定》国发〔2005〕40号与《产业结构调整指导目录》（国家发展和改革委员会令第40号）两份文件的出台，为政府指导产业投资方向提供了理论支持。在《产业结构调整指导目录》里，将产业项目明确划分为鼓励项目、限制项目与淘汰项目。对鼓励项

目，采取税收优惠和通行便利；对淘汰项目、限制类项目，坚决禁止或严禁对其投资。这一时期，为解决产业结构失衡导致的产能过剩，政府以行政手段为主要政策工具，进行强制性干预。《国务院关于加快推进产能过剩行业结构调整的通知》（国发〔2006〕11号）和《国务院关于进一步加强淘汰落后产能工作的通知》（国发〔2010〕7号）两份文件由政府颁布；2003年，国家发改委公布《关于制止钢铁行业盲目投资的若干意见》（国办发〔2003〕103号），明确指出新建钢铁联合企业和炼钢厂都是被严格禁止的，后又相继发布《关于制止电解铝行业盲目投资的若干意见》（国办发〔2013〕103号）和《关于抑制部分行业产能过剩和重复建设引导产业健康发展的若干意见》（国发〔2009〕38号）等文件，目的都是要化解过剩产能。

第四，在产业布局政策方面，实施西部大开发战略。“十五”计划于2000年提出一系列重大基础建设项目，如进一步加快西部基础设施建设，发展特色旅游文化产业，建设青藏铁路等。

2008年以后，全球性经济危机的不良后果遍及全世界，中国也未能幸免。为解决这次经济危机的消极影响，中国按照产业经济影响力的先后次序，发布了汽车、钢铁、纺织、装备制造等产业的调整计划；产业政策选择优先发展技术，努力在新一轮技术竞争中取得优势。《国务院关于加快培育和发展战略性新兴产业的决定》（国发〔2010〕32号）定义了国家新兴产业，指出国家新兴产业具体包含：信息技术、节能减排、生物科技、高端制造、新能源、新材料和新能源汽车等技术潜能型产业。2012年，党中央提出《“十二五”国家战略性新兴产业发展规划》（国发〔2012〕28号），认为信息网络产业、高端软件业、网络服务业为重点发展产业。与此同时，综合运用金融与财政产业政策工具增加内部需求，以此助力产业创新和技术升级，提高知名品牌的影响力。此阶段的振兴规划对大中型企业在兼并、转移、生产计划等方面都提出了具体、明确的要求；同时，此时期致力金融业的发展，放宽了贷款审批的相关规定，以保障小型企业的资金供给。

这一时期，在中国的产业政策指导下，企业经营状况有了很大的改善，尤其是区域经济发展更为协调。在经济发展过程中，内需的作用逐渐提高，信息产业逐步成长为中国经济的新增长点，但在产业发展上，仍旧存在一些不容忽视的问题。一方面，在产业结构上，国家推行的产业政策有利于产业结构的升级与改造，传统型钢铁、煤炭等产业相关企业兼并重组初见成效，产能过剩问题也在逐步解决，而原材料产业和装备制造业受到产业政策的影响，产量增速下降明显；在产业组织方面，对企业重组审批手续进行简化，使企业成本降低；在产业技术政策方面，强调节能环保，重点产业里，以原材料产业技术为代表的产业技术不断突破。2012年，我国的金属冶炼技术、天然气制乙炔技术等，均已达到世界一流水平。另一方面，受到全球性经济危机和产业升级的影响，产业发展面临的新问题有：原材料等行业的产业产能过剩，市场有效需求不足，导致产业增速下滑；设备制造类产业的组织分散，整体功能优势不够明显，导致供不应求；消费品类产品技术创新水平不高，国际竞争力弱。总体上，行业标准制定的产业政策不多，医药、食品等公共安全事件频发，导致消费者对产品的信任度下降；电子信息产业仍然处于世界低端，在国际中缺乏竞争力、具有国际影响力的龙头企业数量还比较少，对于投资的长期规划政策不足；信息产业方面的社会投资匮乏。

这一时期的产业政策工具呈现出多样化特征，产业政策更加重视财政、金融、资源定价等手段的使用，产业政策的具体内容整理如表9－3所示。

表9－3　2001—2012年各个五年计划产业政策具体内容

	产业结构政策	产业布局政策	产业组织技术政策
“十五”计划（2001—2005年）	提高农业基础地位；防止工业重复建设，改造传统产业；发展装备制造、建筑、服务、信息产业；加强基础建设	西部大开发战略；中部地区巩固农业优势地位，调整工业结构，沿长江、京哈、京九等地区培育新经济带；东部地区优先发展高科技产业、第三产业	以企业为创新和投资主体，吸收先进技术；加强基础学科的研究和应用；建设科学现代企业管理制度，鼓励国有企业参与资本市场；采取联合兼并、改组等方式激发中小企业活力
《国家产业技术政策》（2002年）	加快淘汰落后工艺技术；重点研究产业共性技术		支持私有企业建立研发部门，加强企业与研究机构合作，培育创新能力；积极加入国际标准制定
“十一五”规划（2006—2010年）	发展绿色产业；发展现代农业；重点发展生物、新材料、重大技术装备产业；优化冶金工业发展；促进服务业发展	调整化工产业布局；西部大开发，发展当地特色产业；振兴东北老工业基地；支持东部地区发展；扶持老、少、边地区发展；划分优化、重点、限制和禁止四类功能区	研究产业节能技术，推进农业节水，工业节能，土地节约的应用

续表

	产业结构政策	产业布局政策	产业组织技术政策
《“十二五”国家战略性新兴产业发展规划》（2012 年）	争取战略性新兴产业增长占比实现 15%，节能环保、新一代信息技术、生物、高端装备制造成为支柱产业，加强新能源、新材料产业发展		市场在产业资源配置中起基础性作用；更好地发挥政府作用；创新驱动产业发展；建设宽带中国、资源循环利用、云计算、集成电路、蛋白质等 20 项重大工程

四、2013 年至今：经济发展“新常态”下的产业政策

2012 年前后，我国经济发展进入“新常态”，中国 GDP 增速逐渐放缓。政府宏观政策贯彻稳中求进的基调。经济“新常态”下，产业增长速度开始向中高速增长转变，产业发展目标也向产品质量和生产效率方向转变。产业结构进入深度调整期，各类产业均需积极消化存量、优化增量，出现劳动力成本提高、资源环境压力增大等问题，使我国产业发展向创新驱动转型。传统依靠投资、消费、出口的经济增长方式已经不能适应新时代需求，服务业发展迅速，全国各地开始进行服务业综合改革试点。

进入“新常态”后的产业政策，更加关注产业创新能力建设和现代产业体系建设。产品研发投入和高技术产业研发力度逐年增加，同时兼顾产业结构调整、淘汰落后产能，以适应经济发展“新常态”。党的十八大以后，继续更新产能成为中国产业政策的重要目标。2014 年，《关于化解产能严重过剩矛盾的指导意见》（国发〔2013〕41 号）颁布，文件显示，中国的高能耗产业产能过剩情况严重。2015 年，中央财经领导小组提出“供给侧结构性改革”，寄希望于降低产能过剩，并通过价格规律作用扩大外部市场规模，挖掘新的经济增长点。国家在 2016 年与 2017 年推出了《国务院关于钢铁行业化解过剩产能实现脱困发展的意见》（国发〔2016〕6 号）、《关于做好 2017 年钢铁煤炭行业化解过剩产能实现脱困发展工作的意见》（发改运行〔2017〕691 号）两份文件，其中，对新建投资产业进行了严格限制，对落后技术设立专项基金进行淘汰。对系列指标的导向作用进行强化，主要强化的指标有创新能力指标、质量效益指标、制造业数字化指标和绿色发展指标。指标导向下探索中国特色的新型工业化道路为：一是产业质量提升依靠技术创新推动，增强科研投入力度，尤其是核

心战略产业的技术革新，发挥制造业发展的创新支撑作用；二是重视资源环境保护，全面推行绿色、低碳、循环发展，建设环境友好型制造业体系，以可持续发展来破解产业发展的资源环境制约；三是注重结构优化，制造业发展的第一目标是结构调整和产业升级，从行业、技术、组织、市场等多方面入手，使产业发展更加高效；四是推动现代产业体系建设。2015 年的《政府工作报告》第一次提出“互联网 +”的产业发展概念，并确立相应的规划。同一时期，又公布了《关于积极推进“互联网 +”行动的指导意见》（国发〔2015〕40 号），提出在“互联网 + 制造业”和“互联网 + 小微企业”为主的基础上，培育中国产品的国际竞争力。此外，2014 年，党中央的第三次集体学习会议上提出“增强文化自信”，此后，各地政府逐步推出具有中国特色的文化产业计划，文化产业服务体系有序建立，文化产业得到快速、迅猛发展。2013 年后，配套的文化产业服务与文化基础设施建设不断普及。

2014 年，《国务院关于进一步优化企业兼并重组市场环境的意见》（国发〔2014〕14 号）里，明确提出完善体制机制是下一阶段产业组织与技术政策方面的首要目标，减少各企业兼并重组的手续环节，降低企业间贸易壁垒，重新创立企业兼并与重组机制。2015 年推出的《中共中央国务院关于推进价格机制改革的若干意见》（中发〔2015〕28 号）和 2017 年推出的《国家发展改革委关于全面深化价格机制改革的意见》（发改价格〔2017〕1941 号），均明确提出仍然存在的价格机制障碍，提出进一步深化行业价格形成机制改革的意见，完善公共事业和公共服务价格机制体系。2016 年发布的《国家创新驱动发展战略纲要》（国务院公报 2016 年第 15 号）主要是关于产业技术政策，关注企业源头创新，注重重大科技项目工程的开发，激发全社会创新创造活力。

应该说，2013 年以后，推动产业技术研发和产业结构调整是产业政策的主要目标。在此推动下，我国与西方发达国家之间的创新技术差距明显缩小。例如，太空航天技术、高铁、神威太湖之光计算机、蛟龙号、C919、移动支付和 5G 通信技术等已经在世界处于领先地位。在产业结构上，2018 年，服务业增加值占生产总值比重已达 52.2%，进一步消化了钢铁、煤炭等过剩产能。以前坚持重工业优先发展带来的产业结构问题基本得到解决，国家新兴战略产业发展迅速，即使是传统产业，也融入了“互联网 +”的产业结构和绿色创新理念，形成了创新型产业运营模式。经济发展“新常态”下产业政策的具体内容如表 9 - 4 所示。

表9-4　经济发展“新常态”下产业政策具体内容

	产业结构政策	产业布局政策	产业组织技术政策
“十二五”规划（2011—2015年）	服务业占经济总量比重提高4%；优化工业结构，发展安全、清洁的现代产业体系；发展循环经济；促进文化产业创新	“七区二十三带”农业格局；中西部布局能源集约型制造业；沿海布局出口导向型制造业，发展核电；推进海洋开发试点工作；振兴东北工业	建设产业技术创新服务平台；引导企业兼并重组；促进中小企业发展；促进产业技术向节约化发展
“十三五”规划（2016—2020年）	落实“三去一降一补”；发展先进制造业；发展绿色现代化农业，建设农村“新六产”；发展互联网产业、大数据产业	京津冀协同发展；长江经济带；西部大开发；振兴东北老工业基地；中部崛起；东部率先发展；优化沿江城镇产业布局	清除妨碍市场自由公正的规定；建设服务型政府；完善金融市场服务体系

纵观新中国70年经济发展，可以看出，产业政策实践在不同历史时期因为承担着不同的发展任务而具有不同的表现形态，但基本呈现出以下变化趋势。

一是产业政策转向功能型政策。随着计划经济体制转向市场经济体制，我国的产业政策逐渐从确定具体的资源分配，演变成为引导产业投资的政策，并在进入21世纪后进一步精细化，逐步向功能型产业政策转变。

二是产业政策工具由单一向多元化转变。计划经济时期，主要产业政策工具单一，以行政法令为主。传统体制转型初期，伴随政府职能转变，政策工具开始向多元化改变，财政拨款、土地分配和公共服务等方式都在其中。在我国进入体制改革深化阶段后，政策工具多元性再次加深，甚至有金融政策、人才政策等工具的设立。

三是重点产业与时俱进，不断提升。在新中国成立的初期，我国产业发展的重点是补短板，尤其是重工业基础设施的建设。在传统体制刚开始转型的时期，由于市场体制转型和外部竞争的压力，此时的产业政策重心开始转向第三产业类。体制改革深化后，产业政策的重点集中于高附加值、技术竞争力强的新兴产业。在新时期经济“新常态”背景下，节能环保技术与产业融合发展等被产业政策越来越多地关注，互联网和文化产业等新技术相关产业得到特别重视。

四是在中国产业政策演变的过程中，农业的健康发展始终被关注。毕竟农业是我国的基础性产业，一直都在产业政策中占据核心地位。从党的十八大开始，综合性是我国农业呈现出的新特点，农业产业政策的目标，也历经从原来强调产量的提高，向做优增量、调整存量转变。

为了反映中国产业政策的趋势性变化，这里把不同历史时期的标志性产业政策文件（会议）列示如表 9 –5 所示。

表 9 –5　　不同历史时期的标志性产业政策文件（会议）

	政府职能	政策工具	重点产业	代表性文件及会议
重工业优先时期	完全控制资源分配	行政命令	农业；基础工业及相关的能源、运输产业；国防工业	《论十大关系》《中华人民共和国发展国民经济的第一个五年计划》
传统体制转型期	政府计划向中长期转变，地方和企业自行决定其他事项	行政计划；财政支出；运力、电力等资源配置	农业；制造工业及相关的能源、通信及运输产业；国防工业；轻工业；建筑业；服务业	《我国产业政策的初步研究》《国务院关于当前产业政策要点的决定》、1993 年产业政策座谈会、《90 年代国家产业政策纲要》
体制改革深化阶段	发挥市场配置资源的基础性作用，由审批制度向核准制与备案制转变	财政支出；公共服务；土地分配；金融工具	现代农业；高端制造业；新能源等战略新兴产业	《国家产业技术政策》《产业结构指导目录》《国务院关于进一步加强淘汰落后产能工作的通知》《重点产业调整和振兴规划工作方案》
“新常态”产业政策时期	发挥市场对资源配置的决定性作用，向服务型政府转变	财政支出；公共服务；土地分配；金融工具；人才培育	绿色农业；高端服务业；绿色能源；互联网产业；文化产业；金融业	《中共中央国务院关于推进价格机制改革的若干意见》《国家创新驱动发展战略》

总结来说，中国在不同发展阶段实施的产业政策在以下三个方面发挥了积极作用：第一，中国的产业政策实施总体上有助于政府职能与市场机制之间关系的正确处理。新中国成立初期，为了奠定新中国的工业发展基础，资源配置权牢牢掌握在政府手中。1978 年前后，政府经济计划表现出如下特点：时间跨度缩短、纵向分权加大、地方政府和企业权力增强，总之，产业政策的市场机制特征更为明显。在中国加入世界贸易组织后，产业政策中的具体生产计划被完全取消，资源按照市场规则自由流动。第二，不同历史时期的产业政策工具基本与当时的发展阶段相配合，促进了产业发展。新中国成立初期，国家的产业政策主要是利用行政命令手段控

制产业发展；改革开放前后，在国家总体经济状况改善的背景下，国家的产业政策主要是通过使用财政政策工具将资源集中于重点产业；自 2001 年中国加入 WTO 之后，产业政策中直接进行的财政投资减少，国家重视各种金融工具的使用，充分发挥各种工具的作用。第三，紧密跟踪经济发展水平和阶段性发展任务，产业政策关注国家产业结构规划与布局。新中国成立初期，主要以重工业为标准，将中国划分为一、二、三线，布局西北、东北地区为重工业的集中地，一方面预防战争威胁，另一方面，重工业和相关产业得到集中发展，逐渐形成规模经济效应。1978 年改革开放政策实施以后，我国的产业方向向基础建设、加工制造业转移，并大力推动沿海开放地区的经济发展。在此阶段，我国的产出政策重点支持沿海开放，也为建立外向型经济提供了支持。加入 WTO 后，产业政策倾向于战略性新兴技术产业，沿江、沿铁路、沿海经济带，在针对性产业政策的推动下逐步形成。党的第十八大召开后，发展绿色产业、文化产业和互联网产业得到国家的重视。在此基础上，国家根据各地区特色优势开展具体的产业政策，例如东部主要倾向于文化、技术与金融产业，基础性农业与高端制造业为中部地区指导产业，而各种新型能源、特色旅游以及矿产资源深加工在西部地区发展，从而进一步优化了产业结构与布局。

第十章　结语：中国产业政策的当前语境

自20世纪90年代，日本经济增长增速减缓，甚至有陷入长期衰退的迹象，由此引发对产业政策的质疑，但产业政策的制定和实施并没有因此在世界各主要经济体销声匿迹，相反，还直接或间接地有所强化。例如，从20世纪90年代开始，一向反对政府干预的美国，开始进行基于多边贸易体制的新式产业政策的探索，强调政府与私人部门密切合作，以共同克服“创新困境”与“协调难题”；2005年，法国由领土整治和发展部际委员会牵头，在全境成立67家“竞争力中心”，以提高法国产品在国际市场上的竞争力。

为了认识中国产业政策的当前语境，这里再简要概括一下关于产业政策的依据和理论思想的早期讨论。在产业政策的萌芽时期，筱原三代平在1957年提出“动态比较成本说”，他认为当时日本纯粹依赖市场，比较优势无法改变，所以需要政府依靠产业政策，改进比较优势。沃格尔（1985）、佐贯利雄（1987）、南亮进（1992）等力推日本成功经验，揭示出产业政策对经济发展的重要影响。Richard Luedde-Neurath（1986）、Sakong & Jones（1987）和Amsden（1989）等也认为产业政策在韩国、日本等国家的经济成功上，发挥了重要作用。我们整理出图10－1来概括这些文献所表达的主要思想：

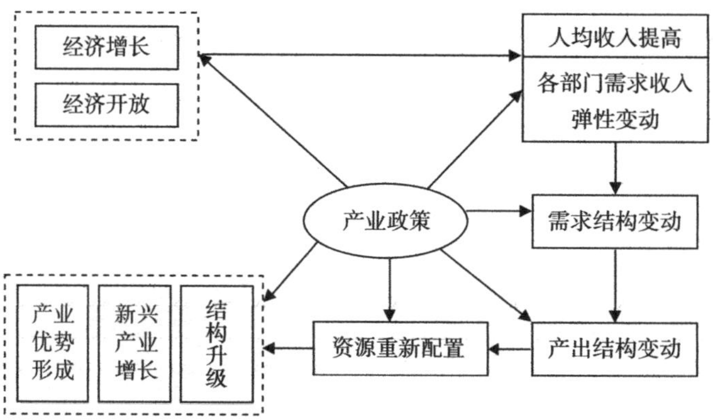

图10－1　产业政策理论的主要思想

一、培育新的产业优势和提升国际分工地位是我国当前产业发展的主线

考虑到我国当前经济发展阶段的特征以及产业转型升级任务的特殊性，对产业政策的了解如果只有图 10－1 所示的信息是不够的。我国目前处于从中上收入国家向高收入国家转变的过程中，比较优势有了明显的改变，需要避免的问题包括传统发展方式依赖、陷入分工锁定等，需要培育新的产业优势，大力提升中国在世界的分工地位，这是我国当前产业发展的主线。为此，应该引入新的产业政策体系，以不同于以往的政策作用方式，适应产业发展的新任务。

20 世纪末以来，人们逐步认识和理解市场失灵的问题，产业政策的理论基础也得到扩展，出现了“新式产业政策”。Rodrik（2007）、Hausmann & Rodrik（2009）是从市场“信息外部性”和“协调外部性”两个方面不足来解释产业政策的理论基础的：通过借鉴和引入新技术，建立新的生产条件，并使其适应本地的新产业，严重的信息外部性问题会在这种创新活动中普遍存在。另外，绝大多数项目盈利需要同时进行大规模投资才能实现，而且相关的上、下游投资也要联动，这就会产生高额的固定成本，因此市场机制通常不能合理地规范投资行为。协调性的解决是一个基础性问题，决定了新产业能否建立和发展。那么由于以上两方面外部性的存在，需要政府通过产业政策支持相关创新活动和新产业的建立。

和以往产业政策作比较，新时期的产业政策以解决两个外部性为根本目标，核心是创新能力的建设：第一，新式产业政策的对象是创新能力建设，而不是某个特定产业。新式产业政策通过合理组织与分配基础设施、资本、技术、人力资本、市场信息等要素，分担各种创新风险和成本，促进产业创新活动；第二，在操作方式上，新式产业政策不是“选择赢家”而是“匹配赢家”，通过政府与企业的互动，完善创新的制度环境，使企业能够尽快匹配到适当的要素组合来完成创新；第三，新式产业政策的具体目标是，增强产业集聚，利用产业聚集的外部经济和规模经济，形成“比较优势要素”来实现政策目标。

具体到经济发展当前阶段的特征，以及相应的产业转型升级的任务，中国引入新的产业政策体系应该具备 4 项特征：强化功能型政策以解决政策效率问题；产业政策体系更加完善；以促进产业结构升级为政策作用方向；继续巩固农业基础地位。

第一，强化功能型产业政策的实施，提高产业政策执行效率。长期以来，中国实施选择型产业政策，过多地以政府选择代替市场选择，容易造

成过度投资或加剧产能过剩，降低资源配置效率，也破坏了公平竞争原则。功能型产业政策对此类问题有缓解作用，在不同地区、不同产业、不同企业之间优化资源的配置，减少或解决了企业与政府之间存在的道德风险与逆向选择问题。一方面，消除产业政策妨碍市场统一和公平竞争的规定，对妨碍公平竞争的部门以及相应的部门职责进行清理。消除产业歧视，促进生产要素在不同产业间的流动，让企业遵循市场规则进行优胜劣汰的竞争。另一方面，政府进行产业政策的制定，要有利于市场价格机制的形成与完善，市场价格要能够明确地反映市场的供求关系，解决产业发展中遇到的市场外部性难题，以及环境成本的内部化问题。产业政策制定和实施应有利于形成行政性主导产业的竞争机制，逐步降低行政性垄断产业的准入门槛，防止在企业市场竞争中滋生保护主义和腐败的问题。

第二，以产业政策工具多元化完善产业政策体系。集聚各种有利资源在创新驱动和高附加值产业中，政府制定“负面清单”“权力清单”以及“企业征信清单”等，注重产业政策与其他相关政策的合作有效性，建构更为丰富、完善的产业政策体系。

第三，以促进产业结构升级和抢占技术制高点为政策作用方向。产业政策制定的重要前提是评估各类产业的市场前景和发展情况。根据产业生命周期划分，可分为开发、引入、发展、成熟、衰落等阶段。产业政策重点应该根据产品在国际市场和国内市场的不同阶段有所侧重。政府的产业政策制定应重点关注、服务高技术产业，尤其是对在国内外均处于初级阶段的高技术产业。这样的产业处于开发或引入阶段，此时的产业政策应在准确把握市场前景的条件下，给予资金投入等帮助。举个例子，我国提供大量的资金与技术支持于5G网络技术，这促使华为与德国的合作，为华为赢得第五代通信技术运营牌照起到了巨大的推动作用。可以说，诸如华为这样的技术型产业，如果其要素条件与现实匹配，我们就应该鼓励该类产业迅速发展壮大、快速进入成熟期、迅速占领国际市场。当产品在国际市场上处于开发阶段，但在国内已经成熟时，继续保持其产业优势是必要的。当产品在国际市场上处于衰退，但在国内市场还仅仅处于引入阶段，证明产品具有比较优势，这种类型的产业既要把握本土化特色，又不宜提供过多政策支持。如果产品在国外还处于成长时期，但在国内已进入衰亡期，产业政策要允许进行产业的跨国转移。

第四，继续确保我国农业的基础性地位。新中国成立70年的时间里，有关农业发展的政策、文件、规划等，始终占据重要位置、篇幅众多。有关农业、农村、农民“三农”的内容，除了政府的每五年计划，从1983

开始，已连续19年发布与农业紧密相关的“中央一号文件”。由此可见农业在我国经济发展、产业发展中的重要地位。农业是国民经济的基础，特别是中国，农业的高度决定了中国的对外依赖程度、人民的生活水平等方方面面。再从农业与其他产业间的关系看，农业为工业发展提供原始材料。在社会稳定方面，“民以食为天”，整个社会的粮食生产、人民生活均受到农业发展的直接影响。在政治上，农产品的质量关系着国家农业的进出口情况和对外的依赖程度，一旦对国外农产品产生依赖，我国就会在国际上陷入被动。目前，中国现有耕地面积在不断缩减，急需对农业产业结构进行升级优化。在今后发展过程中，要将供给侧改革战略在农业产业政策中体现，将农业与互联网、金融、旅游等产业融合发展，创新农业经营方式，介入金融手段诸如“粮食银行”“农业+保险+期货”等保障农民切身利益，提供更加绿色、丰富的农产品，稳固农业的长远战略性地位。

二、传统的产业政策体系越来越不适应中国当前的发展阶段和发展任务需要

第一，传统产业政策干预微观经济的特征亟需调整。改革开放以来，中国大多数产业从“国家垄断”产业组织结构完成了向竞争性产业组织结构转变。从“国家垄断”产业组织结构到竞争性产业组织结构，落后、低效率的企业逐步被市场淘汰，民资、外资的大量进入使市场竞争加剧，推动了经济资源在产业之间、企业之间的再配置过程。对于市场机制发育不完全的中国而言，产业政策的取向应转化为维护市场机制，增强市场机能，扩展市场范围，促进市场竞争，以确保整个竞争性市场过程不受政府干预的扭曲，确保市场过程在开放的环境中透明而有效运行。

第二，传统产业政策过于注重生产环节的特征亟须调整。现代服务业包括文化、体育、旅游等产业，这类产业的兴起与发展，是服务类产业创新改造的方向，这些产业的创新改造也是我国加速发展服务业、推动产业结构优化升级的重要抓手。发达资本主义国家之所以占领世界经济的引领地位，很大程度上是其文化产业的兴盛，美国文化产业从1998年开始就已经成为国内的第二大产业，占GDP比例达到18%—25%。目前，全球体育产业年产值超5500亿美元，增长速度为每年20%，其中，美国1995年的体育行业产值为1520亿美元，到了2015年为2750亿美元，占当年美国GDP的2.4%，成为美国第六大支柱产业。此外，社会服务类产业对提高发达国家的软实力、扩大文化影响力具有重要作用。一个国家的宏观经济特征，包括经济发展模式、产业政策的制定、产业结构的特点等，一个国

家的微观经济特征，包括企业的生产过程、管理方式和名牌产品的创立等，都蕴涵着复杂的人文资源和文化内涵。美国盛名的文化产业可以和任何制造业品牌相媲美，例如好莱坞电影、迪斯尼娱乐、NBA 等品牌均是能够代表美国特色的文化品牌，美国体育类产业中的 NBA 篮球赛事，其比赛及相关节目，在全球 214 个国家和地区以 43 种语言播放，其影响力已经超过一些著名的传统制造业品牌，如戴尔、惠普和百事可乐等。一个国家的"软实力"，归根结底代表这个国家的制度和文化，随着美国这样代表国家的"软实力"的迅速发展，其对世界和不同民族文化的影响显示出国家"软实力"正在向"硬实力"转变。所以，产业政策要与扩大需求相结合，一方面要培养具有竞争力的新兴产业，另一方面也要实现经济的可持续发展。

第三，传统产业政策以扶持产业为主的特征亟需调整。首先，现阶段我国的产业门类已经较为齐全，并且深度参与了全球分工。其次，现阶段我国的产业和企业普遍缺乏核心能力和自我积累能力，在大多数产业领域的研发、营销、资源整合等垂直分工环节中处于弱势地位。再次，各行各业内部产业链的构成繁杂，其行业管理、组织、技术和工艺水平极其不同。比如，IT 产业可以说是属于高新技术产业类型的，但我国目前的 IT 产业实际上多是劳动密集型的单一装配产业；再比如，纺织业本是劳动密集型的产业，可如今的纺织业已经有所改变，创新使用各种新型材料和技术，产业配套能力极强；另外，我国 IT 产业中有极大部分产能被掌控在少数外资企业手中，这样的 IT 行业具有与西方优势品牌竞争的能力，而纺织业中低利润的中小企业居多，缺乏抗风险能力。所以，基于以上现实的对比，政府衡量与总结各种具体的产业政策是有难度的，也很难制定出针对性很强的产业政策措施。

同样重要的是，虽然我国早在 2001 年就加入 WTO，长期以来，也坚持清扫不符合世界贸易规则的政策规定，至今为止，这项工作已经告一段落，但西方发达国家甚至一些发展中国家，仍然指责我国不遵守国际贸易投资规则，这固然有国际社会对我国存在偏见的原因，但客观上，我国的产业政策中仍然有对少数产业领域的直接干预与调控的内容，以及对不同行业和企业的差别化待遇，这些也确实成为类似批评和攻击的口实。应该明确，现行国际贸易法、国际投资法的基本原则是排斥专向性的政策支持，我国传统的选择性产业政策不能回避这方面的嫌疑，所以，为了能够更好地融入国际市场，收获更长远的利益，就需要进一步推动我国产业政策的功能化转型。

三、必须明确新的产业政策体系是当前的主要任务

发展中国家产业政策的根本是向结构调整要效益和要速度。中国进入21世纪以来的经济增长也是如此。围绕中国当前产业结构的定位及未来的发展方向，学界进行了广泛而深入的研究，提出了一系列有重大现实指导意义的观点。

第一，对中国产业发展现状及趋势的阐述，是高强度加工和信息化的结合。对于中国产业发展所处的阶段，一般认为是重化工业化时期，并因此引发多轮激烈的争论。一部分人认为重化工业化与中国国情不符，应该采取措施遏制这一趋势；还有人认为，我国迈向现代化经济体制的重要基础是重化工业；还有人提出重化工业化已经无法继续引领中国经济，不应该是未来经济发展的主角，要克服传统重化工业发展的弊端。而另一些研究者则提出，我国当前的产业发展状况及趋势是信息化产业和高加工产业的融合。即高加工型产业已成为有着巨大潜力和成长空间的产业的代名词。

第二，中国经济面临的一个重大战略问题是产业结构的优化和调整。当前中国既要调整三次产业之间的构成比例，又要调整各产业内部的具体结构；不但要重点发展制造业，还要提升第三产业的发展速度。一方面，国际产业分工和转移为中国提供了难得的机遇；另一方面，中国的经济发展和持续存在的就业压力都需要制造业的进一步发展。当然前提条件为技术进步，以及产业结构升级基础上的扩张。在对制造业结构进行调整时，要打破传统依赖重化工业增长引领我国经济增长的路径，而是需要给予信息产业、新材料产业等新兴制造业更多空间，预防经济发展过程中因市场、资源、环境等因素构成发展制约。

第三，在产业结构调整上，遵循产业分工和地理集中规律。在市场经济条件下，产业结构的形成服从于分工和竞争优势的要求，这一点更需要与中国经济发展的独特性相结合。由于中国的经济发展是建立在一个非独立的开放体系的地县市经济结构之上，这就要求在地区经济发展中，不能盲目依赖原有的产业结构演变规律进行产业结构调整。根据不同地区的情况要采取相适应的产业政策，尤其要考虑当地的资源条件与市场竞争能力。如果仅是将适用于全国经济结构调整的三次产业演变规律机械地套用到地县市区域，要求各个区域层面都满足“三二一”的产业结构分布，就会限制地区之间的经济合作和优劣互补，从而弱化核心城市的功能和地位。

第四，在产业内部，应强调对传统重化工业的存量进行技术升级与结构调整。在对工业化升级改造的过程中，应将传统型重工业改革作为重点，并用长远的眼光发挥技术进步和信息化在重化工业中的作用，切实抓住技术创新机遇，实现重化工业发展方式的快速转变，加速进入技术集约化生产阶段，对装备制造业和其他先进制造业的发展产生积极促进作用。

第五，大力发展现代生产服务业，改变其行政垄断格局。制造产业与现代服务业并不冲突，加快生产服务业的发展，同时可以提升制造业的产业结构升级，优化制造业产业结构。根据我国产业发展现状，要在对服务业实施政策倾斜的基础上对服务业进行超常规发展，这一方面可以缓解就业压力，另一方面也能支持相关产业的发展。因此，需要打破生产服务业的行政垄断经营、市场准入限制和透明度低等政策弊端，严格按照市场主体资质和服务标准，构建公平竞争、规则公开、管理规范的统一的市场准入体制。尤其是创新我国公共事业管理体制改革，如放宽外贸、文化、教育、中介服务等行业市场准入条件。针对性清除服务业准入门槛，精简服务业行政性审批。

第六，大力推进创新驱动发展，解决资源能源约束问题。中国工业化进展产生的新的巨大需求，肯定会导致相关能源、资源价格的上涨，甚至出现供给量不足的状况，这就要实现开源节流，创新工业化发展路径。工业化发展路径的创新，指借助信息化和技术进步，以信息化促进工业化，降低工业化进程中生产环节的物质消耗和环境污染。实现开源节流，可以分为两部分，开源指在尽可能广泛的范围内开拓新能源和资源的供给市场，依靠技术进步开发可替代能源。同时，我国工业生产能耗和原材料消耗还处于较高水平，资源、能源节约的空间很大，节流的作用更值得强调。此外，我国生产过程中，还存在不合理的生产要素激励制度，不恰当的对微观经济活动的干预制度，导致工业化中的资源浪费和粗放增长，因此配套改革必须实施。

我国产业发展的总体目标为：以高新技术产业为先导，基础产业、先进制造业为支撑，形成现代服务业全面发展的产业格局。在这过程中，根本要求是可持续发展，重点是信息化发展，需要依靠技术创新、人力资源优势、城市化和国际化的驱动，走出一条新型工业化道路。

因此，应该从以下方面明确新的产业政策体系当前的主要任务。

第一，新式产业政策要体现我国产业发展由“追赶者”到“领跑者”的角色转变。我国的经济发展在过去的三十多年时间里，受制于发展阶段和水平，采取了“后发优势”战略，即瞄准发达国家和地区的先进科技和产业，通过模仿、学习的方式不断追赶，以期达到快速缩小发展差距的目的。随着我国经济快速增长及综合国力的强大，发达国家开始把中国产业视为竞争对手，认为对他们构成了经济威胁，发达国家不但通过强化全球价值链治理，把中国企业限制和锁定在产业链低端，也用知识产权和贸易限制等手段，严厉地遏制中国。甚至一边在节能、环保和低碳等技术方面进行封锁，一边又要求我国在节能减排上承担更多、更大的责任。因此，无论是在转变发展方式的意义上，还是在国家经济社会安全的意义上，“先发优势”的战略，对改变中国产业在国际舞台上的功能和角色定位，都是迫切且必要的。

实施“先发优势”战略，要求相关产业的角色、功能和市场定位都必须发生相应的改变：在角色上，要以“领跑者”替代“追赶者”；在功能上，要以技术标准的制定者替代技术标准的遵守者；在市场地位上，要以市场领导者替代市场追随者。与充当追赶者不同，领跑者有能力形成以我为主的自主技术发展轨道。一旦中国产业的技术轨道在一定程度上成为主导设计，“先发优势”战略遂告成功。为此，打开技术轨道必须从更接近技术源头的地方开始，势必要经历花费更多、风险更大、时间更长的产业化过程。由追赶者转变为领跑者，就要求中国企业改变技术依赖的策略，改变过去在“后发优势”战略下，靠引进成熟技术实现技术进步的做法，依靠自主研发、建立技术标准和主导技术轨道，来获取产业优势。

第二，新式产业政策要保证我国工业化战略的连贯性。我国工业化的当前处境是，一方面国内大多数产业的技术装备需要实现国产化，进行进口装备的替代，为国产工业品的技术自主化创造条件；另一方面，要提升我国出口工业产品在全球产业竞争中的优势，产业结构急需升级，摆脱由劳动密集型产品贸易条件恶化而导致的“贫困化增长”；同时，我国工业化进程中还面临难以回避的问题，如三次产业间的结构纠偏、工业内部的结构纠偏、城市化水平的提高等。但这并不意味着我国要对工业化战略进行重大调整，更不意味着要走上“去制造业”的道路。制造业是一个大国和强国赖以支撑的基础，不能消亡也不该衰落，否则，这样的大国或强国必将失去技术创新载体，并进一步造成整个国家失去竞争力。我国提出“向现代产业体系转型升级”，并不是要放弃传统工业。发展现代产业体系，就现阶段而言，实质上是要在初步实现工业化之后，向工业化中后期继续推进，并建立相应的、更先进和更发达的产业体系。总之，在新式产业政策视野中，我国工业的转型升级要兼具跨越性与连贯性。其中的跨越性主要表现为，在若干重大核心技术创新基础上，寻求工业技术路线的升级和优化，而连贯性则主要体现为，各工业部门全面技术升级的及时实现。

第三，新式产业政策要推动实现向高附加值产业和高附加值环节攀升。中国企业正逐步致力于从主要由发展中国家与发达国家组成的垂直分工和垂直竞争俱乐部，进入到主要由经济发达国家组成的水平分工和水平竞争俱乐部，这就为我国传统上以“结构政策”为主体的产业政策提出了更细致的要求。从垂直分工和垂直竞争过度到水平分工和水平竞争，中国企业面临的市场结构和市场行为都将发生根本的变化。在垂直分工和垂直竞争情形下，市场结构相对单一，行业的进入壁垒和退出壁垒都比较低，生产流程和设计工艺的技术含量有限，产品差异性不足，众多的发展中国家企业依靠各自来自自然禀赋的比较优势，进行价格竞争为主要手段的竞争，争夺着发达国家企业提供的服务外包的机会。而在水平分工和水平竞争情形下，市场结构较为复杂，沉淀成本巨大，规模经济性和范围经济性都非常明显，行业的进入壁垒和退出壁垒较高，产品以知识密集型和内容密集型为主，技术含量突出，发展中国家企业与发达国家企业依靠各自的要素配置比较优势或生产环节比较优势进行着宽层面、广维度的竞争。分工形式和竞争类别的异质性，以及由此产生的市场结构、竞争行为的差异性决定了在当前阶段中国企业发展模式转变过程的低成功率和高淘汰率，所以，由全球价值链的低端代工者变成价值链的全球性“链主”，是现阶段新式产业政策亟待解决的关键问题。

四、正确理解新的产业政策体系发挥作用的方式

在明确现阶段中国实施新式产业政策应该满足的若干规定性的基础上，我们来讨论“新式产业政策的作用机理”问题。按照传统的经济学逻辑，我国产业组织高级化方向是非常明确的，即从为发达国家企业提供零部件生产、加工配套生产开始，逐步向微笑曲线两端延伸，但由于前述的三方面原因，这样的两端延伸将意味着大多数中国企业将从原先的比较优势环节（劳动密集型、资本密集型）直接过渡到发达国家企业的比较优势环节（知识密集型、内容密集型），这种跳跃式的转型升级不仅会加剧中国企业无法形成连续性创新的困难，而且还将造成我国企业与发达国家企业之间绝对差距缩小、相对差距扩大，以至于产业链断层的特殊局面。新式产业政策的设计与实施，正是为了解决这一产业发展难题。在我看来，新式产业政策应该立足于摆脱资源禀赋边际成本上升的约束，加快技术方面的进步，促成出口多样化的转变，实现生产技术的复杂化，通过促进产

业集聚进而形成比较优势要素，构建企业创新效应进而形成或提升了新的产业优势。

第一，新式产业政策，可以通过聚集效应引起边际成本变化，实现比较优势的要素累积。按照经济学理论，先天资源禀赋优势和后天获得性优势两者共同构成产业优势，先天资源禀赋优势主要包括自然资源和人口数量优势，后天获得性优势主要包括技术、管理、组织能力和社会网络和制度因素等。先天资源禀赋优势的特征是，具有耗损性和边际成本上升，后天获得性优势有正向动态积累效应，表现为边际成本下降或规模报酬上升。先天资源禀赋优势以土地、矿产等自然资源为代表，具有不能再生甚至逐步耗竭的特征，资源开发成本不断上升的特点；加之开采资源的劳动力生活质量逐年提升，导致开采劳动力供给减少与成本上升。与此不同，后天获得性优势，诸如技术能力、组织能力、经营管理能力以及基础设施和制度因素等，随着知识的不断积累，呈现出规模报酬递增的特点。因此，新式产业政策是有利于形成产业集聚效应的，且这种产业集聚效应在发挥作用当中，经济的外部性会导致边际成本变化，并不断累积为投入要素的后天获得性优势。

第二，新式产业政策，可以引导技术进步的方向，促进比较优势要素发展。发展中国家产业技术进步的方向有所不同：工艺升级的技术进步，会促进发展中国家生产率和产品质量的提升，有利于发展中国家企业竞争力的提高，也有利于跨国企业竞争力的提高，这两者的利益关系一致；功能升级的技术进步，会改善发展中国家的贸易条件，但与跨国企业形成竞争关系。结合发展中国家的经济状况，如果选择有相对优势的产业，加大技术创新力度和资金支持力度，则比较优势结构和相对收入比率不会发生改变；如果选择不具有相对优势的产业，发展缩小技术差距的边际产业，并扩大出口产业范围，则比较优势结构和相对收入比率会发生较大改变。根据以上理论，下游的供应商和分包商会加速改造与创新工艺和产品升级，并得到主导厂商的支持，但是在这种情况下，发展中国家的技术、市场却在发达国家的控制之下。总之，新式产业政策能够引导技术进步的方向，促进比较优势要素发展，这种引导主要是在产业聚集的层面上，通过外部经济性和规模经济性改变技术进步的方向。

第三，新式产业政策，可以提升市场势力并改善贸易条件，提高比较优势要素层级。事实上，产业优势以商品内在价值和实现价格的优势为最终体现，而这两者主要受到市场势力、供给水平、供求弹性的影响。现实市场中，商品价格受到供求关系和市场势力两者的共同影响。所以说，在市场贸易中，占据主导地位或拥有垄断实力的企业或国家，其市场竞争力强，就会获得分工带来的高额收益；然而，市场上过度竞争的企业或国家，其市场势力就相对较弱，实际利益也会降低。此外，行业集中度和价值链环节成为决定市场势力的根本因素。基于行业集中度来说，集中度较高的行业，也被称为具有明显规模经济和技术密集性行业，而劳动密集型行业通常是高度分散性的行业。基于价值链环节的控制来说，在国际分工中，中国主要致力于加工制造环节，在技术研发、产品设计、营销、供应链管理和品牌等高附加值环节明显薄弱。我国制造企业之间存在过度竞争是其重要原因之一，国际大型企业由此控制我国制造业的高端环节。典型的例子是，在全球经济危机时，我国政府对出口企业提高退税，国际采购商就会相应压价，甚至是根据政府出口退税的程度进行压价。因此，新式产业政策促进产业集聚，使比较优势要素从低层级向高层级提升，正是提升价值链环节竞争力，增加市场势力、增强议价能力的过程。

五、新型产业政策体系在当前应该以恰当的方式导入

“比较优势要素”既可以看作是产业政策的作用目标，也可以看作是产业政策实施效果的判定标准。借助于“比较优势要素”来分析产业政策实施效果的优势在于：第一，改变了我们看待产业政策实施效果的方式。我们既可以从“比较优势要素”的宏观层面来分析新式产业政策的实施效果，如产业结构协同效应、主导产业带动和产业集聚的外部经济性等，也可以从“比较优势要素”的中观层面来分析，如企业创新效应、厂商的内外部规模经济等，还可以从“产业优势”的微观层面来分析，如生产要素的跨行业配置、生产要素的跨企业配置等。第二，拓宽了我们认识产业政策实施手段的视野。在此基础上，我们能够更好地回答诸如国家层面的产业政策在不同的地区、不同的时期应做如何调整，区域层面的产业政策应当如何因地制宜进行调整，不同省份的产业政策是否应该相互配合、彼此协作等等问题。

应该强调，产业优势的培育，在多边贸易体制背景下，由于贸易规则的限制，主要是培养比较优势要素和比较优势环节，而不是直接对比较优势产业进行培养。为此，首先要理顺产业政策与宏观经济政策手段之间的功能定位关系。逐步实现即时性的、针对景气周期而进行的总量调控措施与产业结构调整脱钩，明确其主要面向机制性问题的基础性、长期性功能定位，突出其在产业管理领域的主导作用，从而使不同性质政策间的功能冲突得以避免。其次，尽快调整和简化现行产业政策的目标体系。为此，

要梳理各行业发展规划中关于企业形态、产品、工艺等具体问题所作的规定，将其转化为统一的底线标准，纳入社会公共管理的范畴，形成对产业的外部硬约束；其他一般性的发展目标应转交行业协会组织制定，以指导性行业标准形式进行公布。国家对行业未来的发展目标不提要求，集中精力于培养产业发展能力、行业整体组织效率以及专业化分工水平的提升上。再次，强化功能类别支持政策，淡化产业类别优惠。对现行支持特定行业、特定企业的有关规定进行修改，增加对基础设施建设、基础研究以及职业教育的直接投入，支持企业的管理、营销、研发等活动，从而把政策重点转向支持共性的产业发展需求。例如，为了加强企业在研发和人员培训工作方面的投入力度，在税法中应更多地采用依据业务发生额进行抵免的办法。与之相应的公共服务体系建设包括，生产服务体系建设、金融促进和支持体系建设、技术支持及信息服务体系建设、产业救济保护体系建设等，并在措施上从公平的投资税收政策、严格的技术质量标准、规范的反垄断法规和快速的市场信息服务等方面创造公平、公正和透明的政策环境，实现产业政策功能化。功能性产业政策避免对贸易活动和市场竞争的扭曲，从而以鼓励基础设施建设、支持科技投入和人力资本形成等“前期支持”为重点，摒弃诸如出口退税、价格补贴、亏损补贴等“后期保护”手段，如果有补贴，也是用于基础性研发、信息服务、人力资本投资等方面。

新的产业政策体系的制定和实施要突出一些重点：一是国家战略性产业，比如国防科技、5G 通信、量子通信、生物科技、海洋开发等；二是比较优势仍有提高潜力的产业，如新能源汽车、高端医药、芯片制造等产业，这些产业国内技术不成熟但进口量巨大；三是在产业供给侧改革继续推进的背景下，在加速淘汰落后产能的基础上，向低能耗、高附加值的现代产业转型；四是在加强与沿线国家的合作与交流的基础上，在坚持“一带一路”倡议背景下，为沿线国家和地区提供基础设施建设，以此促进中国国内产业与沿线国家的共同发展，实现互惠共赢的局面；五是我国的产业政策目标，应以解决公共产品的市场失灵为重点，通过建设公共服务平台，激励产业节能环保为相应手段；六是继续加强实施“互联网 +”战略，以“互联网 +”战略促进其他产业与互联网产业的融合发展；七是进一步支持科研机构与企业的合作，为产业提供技术支持，加速科研成果转化；八是对国有企业行为进行严格监管；九是创新各种融资渠道，为中小型企业提供融资保障。

六、产业政策向竞争政策缓慢转型

中国产业政策的历史作用没有人可以否定：首先，改革开放前，我国实施大力发展重工业的产业政策，初步建立了一定规模的工业发展体系；其次，实行改革开放以来，到20世纪90年代末，重点发展轻工业、农业和第三产业，产业结构逐步合理，结束了短缺经济，一定程度上缓解了经济发展“瓶颈”；最后，2000年以来，产业政策重点支持高新技术产业、战略性新兴产业，自主创新能力有了巨大的提升。

与此同时，中国传统的以选择型政策为主的产业政策体系，不仅在改革开放前片面强调优先发展重工业，忽视轻工业和农业的发展，造成产业结构失衡，还在作用方式上过度干预市场，形成了对资源配置过程和结果的强烈扭曲，并对非公经济造成严重的挤出效应，延缓了中国经济的市场化进程。

党的十八届三中全会提出，要发挥市场在资源配置中的决定性作用。从改革趋势看，在能够展开竞争的领域都要放开竞争。即便是在市场失灵领域，也不一定意味着产业政策是必要的，因为同样会存在“政策失灵”的问题，产业政策领域同样存在官商勾结、设租寻租等腐败现象。日本的产业政策在经济发展中曾发挥过重要作用，即便如此，日本经济学界坚持认为其经济的发展主要依赖于竞争机制和企业家精神。现实中产业政策与竞争政策的冲突越来越严重。2016年，国务院颁布《关于在市场体系建设中建立公平竞争审查制度的意见》，文件中严格规定了18个“不准”，要求今后对产业政策各个环节，都要注重与竞争政策相配合；在实施产业政策时，要以市场竞争机制为基础，需要经过《反垄断法》和公平竞争的严格审查。可看出，选择型产业政策向竞争型产业政策转变是应有的改革方向。

就当前来说，应在供给侧结构性改革中发挥竞争政策的作用。

第一，削弱政府直接干预，纠正政府滥用行政权力、阻碍市场竞争的行为。当前我国正在推进供给侧结构性改革，政府转型是解决我国工业产能过剩的有力措施，特别是政府职能的转变，进一步限制行政部门的权利，防止权利滥用，推行行政审批制度改革，并积极调整产业政策、创新理念，尽可能减少对经济活动直接干预的政策措施。进一步突出竞争政策的基础性作用，重点整治政府或其他行使公共职能的组织滥用权力、阻碍市场竞争的行为；对县级以上政府制定的规章、政策等进行公平竞争审查；进一步加强反垄断相关法律、法规的执行力度，强化全时段监管，创造公平竞争的市场环境，为产权及其他合法权益提供保护。

第二，加快推进国有企业混合所有制改革，塑造竞争型市场主体。供给侧结构性改革的重要内容就是推进国企和垄断行业改革，国有企业和垄断行业也是实施竞争政策的重点领域。当前，我国下一步国企和垄断行业改革的顶层设计方案已经出台，将国有企业特别是竞争性国企改造成为混合所有制企业。为国企现实存在的预算软约束问题提供解决方案，提高内部治理结构和管理机制，最终将其改造成适应市场竞争的市场主体。

第三，运用竞争机制促进企业创新，优化科技创新资源配置。实现创新发展，必须推进科技管理体制改革，将竞争政策和科技政策有机融合，进一步激励科技人员和其他资源的创新动能。加强各种创新要素的流动性，例如取消人员流动、商事登记和产权交易等方面的限制。加快推进对科技成果管理体制的改革，对科技成果的使用、处置和受益管理办法进行改革，激励创新主体。鼓励和支持各类天使投资、风险投资发展，不断探索科技政策与金融政策的结合，从融资担保制度等方面做好金融服务模式的创新。

第四，突出供给侧结构性改革中竞争政策的实施重点，建立公平竞争审查机制。2016 年，国务院出台《关于在市场体系建设中建立公平竞争审查制度的意见》(国发〔2016〕34 号，以下简称《意见》)。《意见》是我国构建公平竞争审查制度的指导性文件，《意见》在指导思想、原则方法等方面为我国公平竞争审查制度提供了基本遵循，对今后逐步取消和废除妨碍公平竞争提出了具体的规定和做法。为保障《意见》作用的发挥，促进公平竞争审查相关制度的有效实施，还需进一步完善我国公平竞争审查机制的体系框架。第一点，是关于公平竞争审查的操作标准。目前，我国可借鉴外国的先进经验，从不同维度加强对公平竞争的审查，正确引导政府行为的规范。例如，一是对限制企业竞争的审查。审查的内容主要包括，是否存在抑制企业间竞争的激励，主要考察内容是对企业竞争的豁免条件是否违规。二是对企业准入资格的审查。按照各国竞争审查的重点，审查的内容主要包括：是否存在对企业准入、退出和经营存在资格限制，以及政府对特许经营权的发放、对商品流通的限制等。三是对企业竞争空间限制的审查。审查的主要内容包括：在质量标准、价格、营销等方面，是否存在限制企业产品或服务的地域管制和歧视制度。四是对企业竞争结果限制的审查。审查的内容主要包括：是否限制了消费者对企业产品或服务以及相关信息的优选权。第二点，是公平竞争审查模式的选择。《意见》条例指出，中国采用以“自我审查”为主、“外部监督”为辅的审查模式，是中国基本建立的公平竞争审查制度模式。但是，我国公共政策的体量十分庞大，竞争执法的资源又十分有限，因此，首先要解决的问题是公平竞争审查制度的正式确立和实施。具有对已有政策和未来拟出台政策的公平竞争审查意识并已经实施，这对习惯于政府干预、习惯于发“红头文件”的各级政府来说，已经实属不易，具备了巨大的决心和勇气，这对审查部门的工作能力也提出了比较高的要求。具体到当前的情况，需要将内、外部评估结合，动员社会各方对公平竞争进行监督。此外，审查结果的第三方评估也非常重要，同时确认竞争审查的归责和惩罚措施。第三点，是关于实施机构的确定。当前我国的竞争执法机构分别是：国家发展和改革委员会、商务部和工商总局3家。但是制定产业政策的部门远不止3家，这就需要扩大我国公平竞争审查机构，进行大范围的公平竞争审查，更高层次、更有权威的领导部门需要统筹协调。第四点是关于其他相关制度的安排。其一，运用二步审查法，即常态和专项审查相结合：在政策制定初期，凭借公平审查清单实施初次评估。针对有反竞争因素出现的情况，要转入竞争评估机构进行全面、深入的公平竞争审查。除一般的常态审查，根据需要可以举行有针对性的专项审查。其二，设定明确和具体的评估标准与指南。其三，建立联席会议等工作机制。不仅要出台相应的实施方案，还要建立联系会议制度，定期对审查评估结果进行会议交流，总结与反思各项审查工作，进一步推动审查工作的落实。

参考文献

[1] Andrews, K. R, 1971, The Concept of Corporate Strategy. Homewood, Illinoia: Richard D. Irwin.

[2] Ansoff, H. I. and McDonnell, E. (1990) Implanting strategic management, UK: Prentice Hall.

[3] Barney, J. Firm Resources and Sustained Competitive Advantage [J]. Journal of Management, 1991, 17 (1) .

[4] Beason, R. , Weinstein, D. E. , 1996: "Growth, economies of scale, and targeting in Japan (1955—1990)" . Review of Economics and Statistics, 78: 286 -295.

[5] Brander, J. A, Spencer, B. J. , 1983: Strategic Commitment with R&D: The Symmetric Case. The Bell Journal of Economics. Vol. 14, No. 1: 225 -235.

[6] Brander, J. A, Spencer, B. J. , 1985: "Export subsidies and international market share rivalry" . Journal of International Economics. Vol. 18 (1 -2): 83 -100.

[7] Chhibber, A. , 1997: "The state in changing world" . Finance and development. 34 (3): 11 -33.

[8] Dani Rodrik, Industrial Policy for the Twenty - first Century, One Economics, Many Recipes: Globalization, Institu - tions, and Economic Growth [M]. Princeton University Press, 2007. 99 -103.

[9] Eccles, Robert G. The Quasifirm in the Construction Industry [J]. Journal of Economic Behavior and Organization 2 , 1981.

[10] Foray, L. , Bertrand, C. , Pinguet, F. , Soulier, M. , Astre, C. , Marion, C. , Pélissier, Y. , Bessière J. M. , 1999: "In vitro cytotoxic activity of three essential oils from Salvia Species" . J Essent Oil Res. 1: 522 -526.

[11] Gale, B. T., Managing customer value [M], Preface: the Free Press, 1994.

[12] Hayek, 1945: "The Use of Knowledge in Society". American Economic Review. XXXV: 519 - 530.

[13] Helpman, E., Krugman, P., 1989: Trade Policy and Market Structure. Cambridge, MA: MIT Press.

[14] Hausman, R., Rodrik, D., 2003: "Economic Development as Self - Discovery". Journal of Development Economics. Vol. 72.

[15] Heo, Uk, Sunwoong Kim, 2000: "Financial Crisis in South Korea: Failure of the Government - led Development Paradigm". Asian Survey. 40 (3): 492 - 507.

[16] Hobbs, C., Lee, L., Driedger, L, 1991: "Implementing Multicultural Policy: An Analysis of the Heritage Language Program, 1971 - 81". Canadian Public Administration. Vol. 34 (4): 664 - 675.

[17] Hofer, C. W., & Schendel, D. (1978). Strategic formulation: Analytical concepts. St. Paul, MN: West.

[18] Ito, T., 1994: "[The East Asian Miracle: Four Lessons for Development Policy]: Comment". NBER Macroeconomics Annual. Vol. 9: 274 - 280.

[19] Jacobs, Jane (1969). The Economy of Cities. New York: Vintage.

[20] Jarillo, J. Carlos. On Strategic Networks [J]. Strategic Management Journal, 1988, Vol. 9.

[21] Jones, Hesterly and Borgatti. A General Theory of Network Governance: Exchange Conditions and Social Mechanisms [J]. Academy of Management Review, 1997, Vol. 22, No. 4.

[22] Johnson, C. A., 1982: MITI and the Japanese Miracle. Chicago: Stanford University Press, 1982.

[23] Keefer, P., Shirley, M., 2000: "Formal versus informal institutions in economic development". In: Claude MÉNARD (ed)., Intuitions, Contracts and Organizations: Perspective from New Institutional Economics, Edward Elgar, 88 - 107.

[24] Klimenko, M., 2004: "Industrial Targeting, Experimentation and Long - run Specialization". Journal of Development Economics. 73.

[25] Klinger, B., Lederman, D., 2004: "Discovery and Development:

An Empirical Exploration of ' New ' Products" . World Bank Policy Research. Working Paper No. 3450.

[26] Krueger, A. O. , 1974: "The Political Economy of the Rent - Seeking Society" . The American Economic Review. 64, 3: 291 - 303.

[27] Krueger, A. O. , B. Tuncer. , 1982: "An Empirical Test of the Infant Industry Argument" . American Economic Review. 72/5: 1142 - 1152.

[28] Krugman, P. , 1997: "What Ever Happened to the Asian Miracle?" . Forture. Vol. 136 (4): 26 - 29.

[29] Lall, S. Industrial Strategy and Policy on Foreign Direct Investment in East Asia [J]. Transnational Corporation, 1995, Vol. 4.

[30] Lall, S. , 1997: Learning from the Asian Tigers: Studies in Technology and Industrial Policy. New York: St. Martin's Press.

[31] Lall, S. , 2001: "Comparing National Competitive Performance" . Queen Elizabeth House Working Paper Series. No. S61.

[32] Laussel, D. , Montet, C. , Peguin - Feissolle, A. , 1988: "Optimal trade policy under oligopoly : A calibrated model of the Europe - Japan rivalry in the EEC car market" . European Economic Review. Vol. 32 (7): 1547 - 1565.

[33] Lavoie, D. R. , 1985: Central Planning: The Socialist Calculation Debate Reconsidered. New York: Cambridge University Press.

[34] Little, Ian M. D. , 1982: Economic Development. New York: Basic Books.

[35] Makadok, R. , Toward a Synthesis of the Resource - Based and Dynamic - Capability Views of Rent Creation, Strategic, Management Journal, 2001, 22 (5) .

[36] Miles and Snow. Organization: New Concepts for New Forms [J]. California Management Review, 1992, No. 3, Spring.

[37] Pack, H. , Westphal, L. , 1986: "Industrial Strategy and Technological Change: Theory versus Reality" . Journal of Development Economics. 22: 87 - 128.

[38] Piore and Sabel. The Second Industrial Divide [M]. Published by Routledge, 1984.

[39] Powell, B. , 2005: "State Development Planning: Did it Create an East Asian Miracle?" . The Review of Austrian Economics. Vol. 18, 3: 305 - 323.

[40] Powell. Neither Market nor Hierarchy: Network Forms of Organization [J]. Reserch in Organization Behavior 12, 1990.

[41] Rajan, R G. & Zingales, L., Power in a theory of the firm [J]. QuarterlyJournal of Economics, 1998, 113 (2).

[42] Ricard Hausmann & Dani Rodrik, Doomed to Choose: Industrial Policy as Predicament [J/OL]. http://www1cid1harvard1edu, 2009-01-04.

[43] Rodrik, D., 1996: "Corodination Failures and Government Policy: A Model with *Applications to East Asia and Eastern Europe*". *Journal of International* Economics. 40: 1-22.

[44] Rodrik, D., 2004: "Industrial Policy For The Twenty-First Century". Paper prepared for UNIDO. www.ksg.harvard.edu/rodrik/, John F. Kennedy School of Government, Boston, September.

[45] Rodrik, D., 2008: "Normalizing Industrial Policy". The International Bank for Reconstruction and Development, The Commission on Growth and Development Working Paper Series.

[46] Sanjaya Lall, Reinventing Industrial Strategy: The Role of Government Policy in Building Industrial Competitiveness, the IMF and the World Bank at Sixty [M]. London: Anthem Press, 2005. 97-23.

[47] Schibany, et. al. Innovation and Technology Policy [R]. Working Paper, 2000.

[48] Schumpeter, J. A, 1934, The Theory of Economic Development: An Inquiry into Profits, Capital, Credit, Interest and the Business Cycle, New Brunswick (U. S. A) and London (U. K.): Transaction Publishers.

[49] Stiglitz, J. E. Jaramillo-Vallejo, J., Park, Y. C. The role of the state in financial markets [J], World Bank Research Observer, Annual Conference on Development Economics Supplement, 1993: 19-61.

[50] Stiglitz, J. E., 2001: "From Miracle To Crisis To Recovery: Lessons From Four Decades of East Asian Experience". in Rethinking the East Asian miracle. edited by Joseph Stiglitz and Shahid Yusuf. Oxford: Oxford University Press: 520-537.

[51] Treacy, M. & Wiersema, F., The discipline of market leaders: Choose your customers, narrow focus, dominate your market, Addison-Wesley, Reading, MA (1995).

[52] Trezise, P. H., 1983: "Industrial policy is not the major reason for

Japan's success". The Brookings Review. 3.

[53] Uzzi, Brian. Social Structure and Competition in Interfirm Networks: the Paradox of Embeddedness [J]. Administrative Science Quarterly 42, 1997.

[54] Williamson, Oliver E. Comparative Economics Organization: The Analysis of Discrete Structural Alternatives [J]. Administrative Science Quarterly 36, 1991.

[55] Zeithaml, V. A. (1988), /Consumer perceptions of price, quality and value: a means – end model and synthesis of evidence, Journal of Marketing, Vol. 52.

[56] (美) 戴维·贝赞可, 戴维·德雷诺夫, 马克·尚利. 公司战略经济学 [M]. 北京: 北京大学出版社, 2000.08.

[57] (美) 菲利普·科特勒. 营销管理 [M]. 北京: 中国人民大学出版社, 2001.01.

[58] 冯子标. 论产业选择及其实现途径 [J]. 经济学动态. 2002.08.

[59] 关爱萍、王瑜. 区域主导产业的选择基准研究 [J]. 统计研究. 2002.12.

[60] 郭克莎. 工业化新时期新兴主导产业的选择 [J]. 中国工业经济. 2003.02.

[61] [英] 哈耶克. 个人主义与经济秩序 [M]. 北京: 生活·读书·新知三联书店, 2003.09.

[62] 黄先海, 宋学印, 诸竹君. 中国产业政策的最优实施空间界定——补贴效应、竞争兼容与过剩破解 [J]. 中国工业经济. 2015.04.

[63] 金碚, 等. 竞争力经济学 [M]. 广州: 广东经济出版社, 2003.05.

[64] 江飞涛, 曹建海. 市场失灵还是体制扭曲——重复建设形成机理研究中的争论、缺陷与新进展 [J]. 中国工业经济. 2009.01.

[65] 江飞涛, 陈伟刚. 投资规制政策的缺陷与不良效应——基于中国钢铁工业的考察 [J]. 中国工业经济. 2007.06.

[66] 江飞涛, 李晓萍. 直接干预市场与限制竞争: 中国产业政策的取向与根本缺陷 [J]. 中国工业经济. 2010.09.

[67] 江小涓. 理论、实践、借鉴与中国经济学的发展——以产业结构理论研究为例 [J]. 中国社会科学. 1999.06.

[68] 江小涓. 《体制转轨时期的增长、绩效与产业组织的变化: 对中

国若干行业的实证研究》［M］. 上海：上海人民出版社，上海三联出版社 . 1999. 08.

［69］江小涓 . 经济转轨时期的产业政策：对中国经验的实证分析与前景展望［M］. 上海：上海人民出版社，1996. 09.

［70］江小涓 . 中国推行产业政策中的公共选择问题［J］. 经济研究 . 1993. 06.

［71］黎文靖，李耀淘 . 产业政策激励了公司投资吗［J］. 中国工业经济 . 2014. 05.

［72］林毅夫，刘明兴 . 经济发展战略与中国的工业化［J］. 经济研究 . 2004. 07.

［73］刘长庚 . 中日产业政策比较［J］. 中州学刊 . 1988. 04.

［74］刘林青，谭力文，施冠群 . 租金、力量和绩效——全球价值链背景下对竞争优势的思考［J］. 中国工业经济 . 2008. 01.

［75］刘伟 . 工业化进程中的产业结构研究［M］. 北京：中国人民大学出版社，1995.

［76］路风、封凯栋 . 发展我国自主知识产权汽车工业的政策选择［M］. 北京：北京大学出版社，2005. 05.

［77］罗时万 . 论战略性顾客价值优势的构建［J］. 企业经济 . 2006. 08.

［78］（英）马歇尔 . 经济学原理（上）［M］. 北京：商务印书馆，1962. 05.

［79］（美）迈克尔·波特 . 竞争战略［M］. 北京：华夏出版社，2005. 10.

［80］（美）迈克尔·波特 . 竞争战略［M］. 北京：华夏出版社，2005. 08.

［81］（日）南亮进 . 日本的经济发展（第二版）［M］. 北京：经济管理出版社，1992. 08.

［82］（美）平狄克，鲁宾费尔德 . 微观经济学［M］. 北京：中国人民大学出版社，1997. 12.

［83］钱雪亚，严勤芳 . 主导产业选择的原则及评价体系［J］. 统计与决策 . 2002. 01.

［84］（日）青木昌彦，凯文·穆尔多克，奥野正宽 . 东亚经济发展中政府作用的新诠释：市场增进论［M］. 政府在东亚经济发展中的作用：比较制度分析 . 北京：中国经济出版社，1998. 05.

[85] (英) 琼·罗宾逊. 不完全竞争经济学 [M]. 北京: 华夏出版社, 2012.01.

[86] 塞风. 关于工业部门结构合理化问题探讨 [J]. 经济理论与经济管理. 1982.06.

[87] (日) 三轮芳郎. 日本产业政策论的误解 [M]. 东京经济新报社, 2002.08.

[88] 石奇. 论转型期产权转移与企业成长的良性互动 [J]. 南京师范大学学报. 2004.04.

[89] 石奇、孔群喜. 动态效率、生产性公共支出与结构效应 [J]. 经济研究. 2012.01.

[90] (美) 斯蒂格利茨. 经济学 [M]. 北京: 中国人民大学出版社, 1997.

[91] 孙早, 席建成. 中国式产业政策的实施效果: 产业升级还是短期经济增长 [J]. 中国工业经济. 2015.07.

[92] (法) 泰勒尔. 产业组织理论 [M]. 北京: 中国人民大学出版社, 1997.06.

[93] 许长新. 产业结构调整定量化初探——关于主导产业的定量研究 [J]. 财经研究. 1989.07.

[94] 严素静. 主导产业选择的方法 [J]. 工业技术经济. 1988.06.

[95] 杨沐. 产业政策研究 [M]. 上海: 上海三联书店, 1989.

[96] 杨云龙. 论我国经济的结构发展模型 [J]. 经济研究. 1988.03.

[97] 杨冶. 产业结构识别与选择的基准问题 [J]. 中国工业经济. 1996.06.

[98] 杨治. 产业经济学导论 [M]. 北京: 中国人民大学出版社, 1985.

[99] 王廷惠. 微观规制理论研究——基于对正统理论的批判和将市场作为一个过程的理解 [M]. 中国社会科学出版社, 2005.09.

[100] 王廷惠. 竞争与垄断: 过程竞争理论视角的分析 [M]. 北京: 经济科学出版社, 2007.04.

[101] 吴敬琏. 中国经济 60 年 [J]. 财经. 2009.20.

[102] 吴三忙, 李善同. 专业化、多样化与产业增长关系——基于中国省级制造业面板数据的实证研究 [J]. 数量经济技术经济研究. 2011.08.

[103] 吴延兵. 企业规模、市场力量与创新: 一个文献综述 [J]. 经

济研究.2007.05.

[104]（日）小宫隆太郎，等.日本的产业政策［M].国际文化出版公司，1988.09.

[105]臧旭恒，何青松.试论产业集群租金与产业集群演进［J].中国工业经济.2007.03.

[106]（美）张伯伦.垄断竞争理论［M].北京：华夏出版社，2013.12.

[107]张同斌，高铁梅.财税政策激励、高新技术产业发展与产业结构调整［J].经济研究.2012.05.

[108]张鹏飞，徐朝阳.干预抑或不干预——围绕政府产业政策有效性的争论［J].经济社会体制比较.2007.04.

[109]张夏准.撤掉经济发展的梯子：知识产权保护的历史教训［J].国际经济评论.2002.06.

[110]张幼文，从廉价劳动力优势到稀缺要素优势论［J].南开学报(哲学社会科学版).2005.06.

[111]（日）植草益.日本的产业组织：理论与实证前沿［M].北京：经济管理出版社，2000.01.

[112]周叔莲，裴叔平，陈树勋.中国产业政策研究［M].北京：经济管理出版社，1990.

[113]周叔莲，裴叔平.试论新兴产业和传统产业的关系［J].经济研究.1984.08.

[114]周叔莲，吴敬琏.调整时期应当优先发展轻工业［J].中国经济问题.1979.06.

[115]周耀东.中国主导产业理论与实践的反思［J].上海经济研究.1998.01.

[116]周振华.产业结构政策的选择基准：一个新的假说［J].经济研究.1989.03.

[117]周振华.产业政策的经济理论系统分析［M].北京：中国人民大学出版社，1991.

[118]郑志刚.产权作为提供专用性投资激励机制的缺陷和通路管制理论［J].南开经济研究.2001.06.

[119]朱雅彦.围绕顾客价值构建企业竞争优势探讨［J].现代财经.2009.05.

图书在版编目（CIP）数据

产业政策：理念、比较与中国的实践 / 石奇著．--
北京：中国财政经济出版社，2022.6
国家社科基金后期资助项目
ISBN 978-7-5223-1428-0

Ⅰ.①产… Ⅱ.①石… Ⅲ.①产业政策-研究-中国
Ⅳ.①F269.22

中国版本图书馆 CIP 数据核字（2022）第 079053 号

责任编辑：王　芳　　　　责任校对：张　凡
封面设计：卜建辰　　　　责任印制：党　辉

产业政策：理念、比较与中国的实践
石奇　著
中国财政经济出版社　出版

URL：http：//www.cfeph.cn
E-mail：cfeph@cfeph.cn

社址：北京市海淀区阜成路甲 28 号　邮政编码：100142
营销中心电话：010-88191522
天猫网店：中国财政经济出版社旗舰店
网址：https：//zgczjjcbs.tmall.com
北京财经印刷厂印刷　各地新华书店经销
成品尺寸：165mm×238mm　16 开　17 印张　286 000 字
2022 年 9 月第 1 版　2022 年 9 月北京第 1 次印刷
定价：72.00 元
ISBN 978-7-5223-1428-0
（图书出现印装问题，本社负责调换，电话：010-88190548）
本社质量投诉电话：010-88190744